最了解自己身體的是你，而⋯
醫學總會有它的極限，要學會與你的身⋯

求醫也要求己

陽春　著

前 言

早上起床連續打了幾個噴嚏，就認為自己是感冒了⋯⋯

於是，馬上服了一堆感冒藥 —— 而沒有聽聽身體的聲音！

一口氣爬上樓梯，竟然氣喘如牛⋯⋯

於是，懷疑自己是不是心臟有問題了 —— 其實只是爬得太急了！

蹲在地上擦了好久的地板，站起來竟然頭昏眼花一陣暈眩⋯⋯

哎！是不是高血壓了 —— 不是啦，這是血液還沒送回腦部，不必慌！

最近，晚上老是不同地做夢，是不是身子太虛弱了⋯⋯

別急，做夢和身虛完全無關 —— 只不過是你處於淺眠的狀態罷了！

生病了，要去看醫生 —— 這是眾所皆知的常識。

不過，有人過度地依賴醫院與醫師，反而治不了自己的疾病，只能當個天天上醫院的閒漢。不相信你可以持續到某家醫院去觀察半個月，你將會發現一些熟面孔，這些人看表面說病像是有病，說沒病也算沒病，只是見他活得實在不夠光彩，感覺上蔫蔫的，像是在書寫一部書名叫《灰色的人生》的作品。

其實世界上最了解自己的，就是你！所以 —— 求醫也要求己。

心理因素、情緒狀態不但會致病，也會加重已有病情。我們常聽說某人在醫院檢查確診為癌症晚期後，幾天、幾星期之內便蒼老許多，彷彿換了一個人，幾個月甚至一兩個月就命歸黃土了。其實到檢查出癌症時，癌症已經在體內和平共處了幾年或十幾年。為什麼十幾年來能正常生活、工作，而一旦知道自己患了癌症就立即倒下了呢？

這正是心理因素對健康影響的集中體現。人們平時從各種傳媒中知道癌症是絕症，是死亡魔鬼，一聽說自己也患上了癌症，就立即聯想到自己在劫難逃，於是精神崩潰，陷入絕望之中。一時間，對死的恐懼，對生的留戀，對親朋的牽掛，對未了的事業的遺憾一齊襲來，對悲懷難遣。在這種高強度的心理壓力下，身體的各種機能急遽減弱，對疾病的抵禦力大大降低，癌變便如一名猛將入無人之境，勢不可當，急遽發展，導致悲劇迅速發生。

美國一家規模頗大的綜合性醫院，對來問診看病的患者進行隨機調查，得出的結論頗為驚人。大約有６５％的癌症發病原因與社會逆境有關，諸如事業失敗、婚姻受挫、蒙受屈辱、職務下降、財務被盜、經濟困難、人際關係緊張等等。

美國另一家醫院則調查發現，在５００名胃腸道病患者當中，由心理因素、情緒狀態引起的癌症竟高達７４％。一位英國醫生曾調查２５０名癌症患者，發現１５６人在患癌之前遭受過重大的精神打擊。於是他得出一個結論 ── 「壓抑情緒容易致癌」。

其實，醫學常識更豐富的人，有時反而會陷入健康的迷思，「盡信書不如無書！」時下，各種健康情報常會擴大渲染、令人目不暇給，無從選擇。所以，不管什麼有的沒的、權威人士、民間秘方等等，我們都要以平常心去做一番探究，不要一味追求健康，而把自己當成試驗品。最重要的是 ── 要聽聽自己身體的聲音！

目 錄 contents

第一部 | 是不是你的心
讓你病了

疾病其實是一種訊息的傳達，它教會我們如何去

疾病其實不是懲罰，是要我們去正視自己的

內心，告訴我們某些事情。

——莉茲‧布爾波

第 1 章
擁有一個健康的心理

第一節｜人人都面臨心理健康問題

有一位公司的 OL，生活過得很幸福，她有一個天真活潑的兒子，和一位稱職的丈夫。原來每當談起那丈夫與兒子時，她總會情不自禁地流露出自豪與驕傲。然而，最近幾次提起她丈夫的時候，她總是說：「他什麼都好，就是有時莫名其妙地朝我們母子倆發火，不久又莫名其妙地親熱起來，反反覆覆，簡直像個精神病。基本上每個月月底都是這樣。」

還有一位同事，平時在公司的人緣特好，但就是有個「怪毛病」，每個月幾乎都有那麼一兩天沉默寡言，一副心事重重的模樣，而且這時，就連他最好的朋友也遭到他的冷落。出於好心，同事們有時主動請他去喝茶，或者散步，都被他婉言謝絕，但隨後他又「單獨行動」，或飲酒，或喝茶，或漫步，令人百思不得其解。

對於以上二人的現象，你知道該如何解釋嗎？我可以告訴你，這是由於他們的心理健康出了問題，需要心理方面的調適和保健。

就人本身的生物屬性而言，人整個身心在不停運轉的過程中，不可能總是一帆風順，而是會不同程度地呈現出一種週期性情緒起伏現象，在某些時候心理狀態趨於異常。

為什麼正常的人也會間歇性地發生心理異常現象呢？其「病因」主要有如下幾個方面——

其一，人本身固有的「情緒積累」（興奮或壓抑）達到一定程度，就容易出現身心失衡，這時就需要通過某種適當的方式來發洩。

其二，工作和生活壓力所迫，超過了身心所能承受的負荷，激起了情緒的「抗議」。

其三，天象的影響，如風雨雷電陰晴雨雪等，而比較明顯的則是「月亮‧潮汐」。一般而言，月亮的盈虧不僅會讓海洋出現潮汐，也會使人的情緒之海出現起伏。

此外，特別的性格、特殊的環境，以及突出的事件也會為心理異常——不健康的心理埋下「伏筆」。所以，無須視不健康的心理為洪水猛獸，身為凡夫俗子，不健康心理的出現是不可避免的。

第二節｜何謂健康的心理

古往今來，人人都希望健康。因為健康總是與家庭的幸福、學業的成功和社會的發展聯繫在一起的。有人曾這樣描述：人生有兩大意願，一是家庭幸福，二是事業有成。如果家庭幸福為 50 分，事業有成為 50 分，那麼健康就是兩個加起來 100 前面的那個「1」，可見沒有健康一切都無從談起。

一、什麼是健康

世界衛生組織（WHO）1946 年成立時，在其憲章中對健康的含義做了科學的界定——「健康乃是一種在身體上、心理上，和社會適應方面的完好狀態，而不僅僅是沒有疾病和虛弱的狀態。」就是說健康這一概

念的基本內涵，應包括生理健康、心理健康和社會適應良好三個方面，表現為個體生理和心理上的一種良好的機能狀態，亦即生理和心理上沒有缺陷和疾病，能充分發揮心理對機體和環境因素的調節功能，保持與環境相適應的、良好的效能，狀態和動態的相對平衡狀態。

二、心理因素與疾病

被譽為國寶之一的中醫，一開始就將精神心理因素列入致病原因，一方面強調外邪入侵體內而致病，另一方面也不忽視「七情致傷」「病從心生」。中醫認為──「怒傷肝」、「喜傷心」、「思傷脾」、「憂傷肺」、「恐傷腎」。又因為心臟為五臟六腑之首，所以喜、怒、憂、思、悲、恐、驚七情中任何情緒失調，都可傷及心臟，而心傷則會引起其他臟腑功能的失調。

心理因素、情緒狀態不但會致病，也會加重已有病情。我們常聽說某某經醫院檢查確診為癌症末期後，幾天、幾星期之內便蒼老了許多，彷彿換了一個人，幾個月甚至一兩個月就命歸黃土了。其實到檢查出癌症時，癌症已在體內和平共處了幾年、或十幾年了。為什麼十幾年來能正常生活、工作，而一旦知道自己患了癌症就立即倒下了呢？

這正是心理因素對健康影響的集中體現。人們平時從各種傳媒中知道癌症是絕症，是死亡魔鬼，一聽說自己也患上了癌症，就立即聯想到自己在劫難逃，於是精神崩潰，陷入絕望之中。一時間，對死的恐懼，對生的留戀，對親朋的牽掛，對未了的事業的遺憾一齊襲來，悲懷難遣。在這種高強度的心理壓力之下，身體的各種機能急遽減弱，對疾病的抵禦力大大降低，癌變便如一名猛將入無人之境，勢不可當，急遽發展，導致悲劇迅速發生。

美國一家規模頗大的綜合性醫院，對來問診看病的患者進行隨機調查，得出的結論頗為驚人。大約有 65%的癌症發病原因與社會逆境有關，諸如事業失敗、婚姻受挫、蒙受屈辱、職務下降、財物被盜、經濟

困難、人際關係緊張等等。

　　美國另一家醫院則調查發現，在 500 名胃腸道病患者當中，由心理因素、情緒狀態引起的癌症竟高達 74％。一位英國醫生曾調查過 250 名癌症患者，發現 156 人在患癌之前遭受過重大精神打擊。於是他得出一個結論──「壓抑情緒容易致癌」。

三、現代心理健康的新十項標準

　　1. 充分的安全感　安全感是人的基本需要之一。如果惶惶不可終日，人便會很快衰老。抑鬱、焦慮等心理，會引起消化系統功能的失調，甚至會導致病變。

　　2. 充分了解自己　對自己的能力做出恰如其分的判斷，如果勉強去做超越自己能力的工作，就會顯得力不從心，於身心大爲不利。超負荷的工作，甚至會給健康帶來麻煩。

　　3. 生活目標切合實際　由於社會生產發展水準與物質生活條件，有一定的限度，如果生活目標定得太高，必然會產生挫折感，不利於身心健康。

　　4. 與外界環境保持接觸　因爲人的精神需要是多層次的，與外界接觸，一方面可以豐富精神生活，另一方面可以及時調整自己的行爲，以便更好地適應環境。

　　5. 保持個性的完整與和諧　個性中的能力、興趣、性格與氣質等各種心理特徵，必須和諧而統一，方能得到最大的施展。

　　6. 具有一定的學習能力　現代社會知識更新很快，爲了適應新的形勢，就必須不斷學習新的東西，使生活和工作能得心應手，少走彎路，以便取得更多的成功。

　　7. 保持良好的人際關係　人際關係中，有正向積極的關係，也有負面消極的關係，而人際關係的協調與否，對心理健康有很大的影響。

　　8. 能適度地表達和控制自己的情緒　人有喜、怒、哀、樂不同的

情緒體驗。不愉快的情緒必須釋放，以求得心理上的平衡。但不能發洩過分，否則，既影響自己的生活，又加劇了人際矛盾，於身心健康無益。

9. **有限度地發揮自己的才能與興趣愛好** 人的才能和興趣愛好應該充分發揮出來，但不能妨礙他人利益，不能損害團體利益，否則，會引起人際糾紛，徒增煩惱，無益於身心健康。

10. **個人的基本需要應得到一定程度的滿足** 當然，必須合法的，不能違背社會道德的規範，否則將受到良心的譴責、輿論的壓力，甚至法律的制裁，自然毫無心理健康可言。

第三節 | 心理不健康的表現及原因

不健康的心理狀態表現於心理缺陷、變態心理和心理疾病。

一、心理缺陷

所謂的心理缺陷是指無法保持正常人所具有的心理調節和適應等能力，心理特點明顯偏離心理健康標準，但尚未達到心理疾病的程度。心理缺陷的後果是社會適應不良。最常見的心理缺陷就是性格缺陷和情感缺陷。

【性格缺陷的情形】

1. **無力性格** 精力和體力不足，容易疲乏，常述說軀體不適，有疑病傾向。情緒常處於不愉快狀態，缺乏克服困難的精神。這種人對精神壓力和心身矛盾，易產生心理過敏反應，由此可誘發心理疾病。

2. **不適應性格** 主要表現為社會適應不良。這種人的人際關係和

社會適應能力很差，判斷和辨別能力不足。在不良的社會環境影響下，容易發生不良行為。

3. 偏執性格　性格固執，敏感多疑，容易產生嫉妒心理，考慮問題常以自我為中心，遇事有責備他人的傾向。這種心理如果不注意糾正可能發展為偏執性精神病。

4. 分裂性格　性格內向，孤獨怕羞，情感冷漠，社會適應能力和人際關係很差，喜歡獨自活動。此種心理可能發展成為精神分裂症。

5. 暴發性格　平時性格黏滯，不靈活，遇到微小的刺激，也會引起爆發性憤怒或激情。

6. 強迫性格　強迫追求自我安全感和軀體健康。有不同程度的強迫觀念和強迫行為，可能發展成為強迫症。

7. 癔症（歇斯底里）性格　心理發展不成熟，常以自我為中心，感情豐富而不深刻，熱情有餘，穩重不足，容易接受暗示，好表現自己。這種性格的人，容易發展成癔症。

【情感缺陷的情形】

1. 焦慮狀態　對客觀的事務和人際關係，表現出焦慮、緊張、憂心忡忡、疑慮不決。雖然具有強烈的生存欲望，但對自己的健康仍然存有憂慮。

2. 抑鬱狀態　情緒經常處於憂鬱、沮喪、悲哀、苦悶狀態。常有長吁短歎和哭泣的表現。這種人不但缺乏人生的動力和樂趣，而且生存欲望低下。

3. 疑病（Hypochondriasis 又稱疑病性神經症）狀態　常有疑病情緒反應，有疑病性不適症狀。自我暗示性強，求醫心切。

4. 狂躁狀態　情緒高漲、興奮，活躍好動，動作增多，交際頻繁，聲音高亢，有強烈的歡快感。這種狀態易發展為狂躁症。

5. 淡漠狀態 對外界客觀事物和自身狀況漠不關心，無動於衷。在人際關係中表現爲孤獨，不合群。

二、變態心理

變態心理也稱病態心理。它是指人們的心理活動，包括思想、情感、行爲、態度、個性心理特徵等方面，產生變態或接近變態，從而出現各種各樣的心理活動異常（精神活動異常）。變態心理表現爲個體心理變態的主要標誌是心理障礙。心理障礙是各種不同的心理和行爲失常的總稱。變態心理不只限於精神病人的變態心理，而且也指個體心理現象的異常。

根據心理障礙的表現，變態心理可以分爲以下幾個方面——

1. 人格障礙 人格明顯偏離正常軌道，並表現出不良的行爲障礙。

2. 精神疾病 是一種嚴重的心理變態，已失去對客觀現實的理解或者對外界的接觸能力。例如精神分裂症。

3. 缺陷心理障礙 指大腦或者軀體缺陷而引起的心理障礙。例如，大腦發育不全所導致的心理障礙，聾、啞、盲人的心理障礙等。

4. 身心障礙 由社會心理因素而引起的軀體障礙。

三、心理疾病

心理疾病主要包括人格障礙、神經症、精神病等。

1. 人格障礙

人格障礙包括心理變態人格及性變態人格，其特點爲——

人格變態大都從幼年開始，發展緩慢，青春期前後明顯加重。人格變態者，有人格缺陷做基礎。病人智力尚好，認識能力完整，但是自我控制力差。

病態人格形成後，一般較爲頑固，不易改變，具有相對穩定性。

【心理變態人格】

❶ 攻擊型人格障礙 這種人格特點是對外界事物做出暴發性反應。容易衝動，常表現出強烈的憤怒和強暴行為。

❷ 強迫型人格障礙 這種人格障礙的特點是刻板固執，墨守成規，缺乏自信。由於過分的自我克制，往往表現出焦慮和苦悶。

❸ 癔症型人格障礙 這種人格障礙的特點是人格不成熟和情緒不穩定，有較強的暗示性，情緒容易激動，變化無常。

❹ 偏執型人格障礙 這種人格障礙的特點是固執、自信，分析問題主觀片面，對周圍事物敏感多疑。這種人好爭論，多詭辯，堅持己見不鬆口，甚至還會有衝動的行為發生。

❺ 分裂型人格障礙 這種人格障礙的特點是個性孤獨，不好人際交往，情感冷淡，性格怪僻，膽怯害羞，活動能力差，沒有進取心。

另外，心理變態人格還包括反社會型人格障礙、迴避型人格障礙、依賴型人格障礙、自戀型人格障礙等。

【性變態人格】

1. 性倒錯

又稱性變態，是指性衝動障礙和性對象歪曲的一種心理變態。性變態的表現形式很多。按性的對象異常可以分為同性戀、戀物癖、異裝癖等；按手段異常可以分為露陰癖、窺陰癖、性虐待狂等。

2. 神經症

神經症又稱神經官能症。它是大腦功能活動暫時性失調所致的一組心理疾病的總稱。神經症的特點敘述如下——

神經症的發病通常與不良的社會心理因素有關，故稱心因性疾病；症狀多樣性，但是客觀檢查多數見不到相應的特徵；患者一般能適應社

會，但是其症狀對學習、工作有不利的影響；患者常以性格缺陷作為發病的基礎；患者對自己所患的疾病一般有較好的認識能力，並感受到痛苦，要求治療；心理治療是基本的治療方法，配合上藥物和其他的治療，效果較好。常見的神經症類型有七種：強迫性神經症、恐怖性神經症、癔病性神經症、疑病症、焦慮性神經症、抑鬱性神經症、神經衰弱。

3. 精神病

精神病是一組心理疾病，也是一種嚴重的心理變態。

四、心理不健康的原因

心理不健康的原因較多，一般認為大致有以下幾種——

1. 生物學原因

指遺傳、生化、生理、腦及軀體損傷等因素導致的心理不健康。

① **遺傳**　大量的調查研究資料表明，在心理疾病中，遺傳因素，有一定的作用，尤其在精神分裂症、狂躁性抑鬱症等疾病中，遺傳因素的致病作用較為明顯。

② **生化**　近代神經化學研究表明，中樞神經遞質中的乙醯膽鹼、去甲腎上腺素、多巴胺等物質代謝失常，可以成為誘發心理障礙的主要原因。

③ **機體損傷**　機體損傷或患病可以引致心理變態。例如腦外傷可引起變態行為；癌症、糖尿病等可以引起適應不良的人格變態等。

2. 心理學原因

指那些因環境條件的變化，通過心理的影響而引起人的心理與行為異常的因素。學術界在闡述心理因素的致病作用的問題上，形成了心理動力學派、行為主義學派和人本主義學派。

① **心理動力學派**　以佛洛伊德（S.Freud）為代表。該學派認為，被壓抑的情緒和心理衝突是心理變態的動力學原因。內在的矛盾衝突或情緒的紊亂是在意識水準之下進行的。個體在無意識中隱藏著被壓抑的

本能欲望和衝動，這種欲望和衝動由於社會道德、規範的限制，不能得到滿足。但在某些外界條件的作用下，無意識的矛盾和衝突就會釋放出來，導致了某些心理和行為的變態。

②**行為主義學派** 以華生（J.B.Watson）為代表。他們用實驗的方法研究人的行為，觀察刺激和反應，學習和習慣的表現來解釋變態心理的原因。華生做過模擬性恐怖實驗。他讓一個喜歡玩弄動物的幼兒，接觸一隻白鼠，幼兒並不害怕白鼠，可以用手觸摸。當他用手觸摸時，實驗者發出可怕的巨響，結果幼兒被嚇得哭鬧起來，可見幼兒的恐怖行為是由學習和習慣獲得的。行為主義學派的觀點認為：人的行為是通過學習和訓練而得到的，心理不健康的表現可以看作是曾經經歷過的異常行為導致的。

③**人本主義學派** 美國臨床心理學家羅傑斯（C.Rogers）創立。羅傑斯認為，人具有自我實現的需要。人本身就有一種自我實現的無限潛能。如果受到巨大挫折，使內在的潛能不能很好地發揮，這時人就產生了自我防禦和失調現象。羅傑斯還認為，在自我實現的過程中，人很重視自我價值，願意得到別人的肯定和尊重。如果失去自尊的需要，其人格正常發育受到影響，就可能導致心理與行為的異常。

3. 社會文化因素

心理學家研究證明，生物學因素決定著心理現象的發生和存在，而社會文化因素決定著心理現象發生、發展和變化的方向。此處社會文化因素包括社會制度、經濟條件、生活與文化水準、倫理道德，以及教育程度等等。

①**文化因素** 文化因素對某些心理疾病的發展有著巨大的影響。當今世界，科學技術與物質文明高速發展，給人們的心理帶來的壓力越來越大，如果適應調整不良，就會危害人的心身健康。文化水準低，迷信巫術的人，心理與行為變態就容易發生。

②**社會文化關係的失調** 社會文化關係包括階級、民族、宗教、職

業、道德、兩性關係等等。關係失調的原因很多，但主要來自社會生活事件。例如，配偶死亡、離婚、失業、考試失敗、失戀、家庭不幸、職業緊張等等，也有地震、火災等突發原因。如果這種失調的強度大，時間長，就可能導致人發生心理和行為異常。

③**社會動亂的心理創傷**　長時間的社會動亂或者暴動會對心理造成巨大的影響。

④**社會緊張狀態的心理作用**　人口過密、擁擠、雜訊騷擾、生活貧困、工作緊張、社會犯罪、歧視等等，都可以造成緊張狀態。伴隨緊張狀態而產生的消極情緒，例如憂愁、悲傷、焦慮、恐懼等等，可以擾亂人的心理和行為。

第四節｜心理健康的「營養素」

一般人都知道，身體的生長發育需要充足的營養，事實上，心理「營養」也非常重要，若嚴重缺乏，則會影響心理健康。那麼，人重要的心理健康「營養素」有哪些呢？

1. **最為重要的精神「營養素」就是愛**　愛能伴隨人的一生。童年時代主要是父母之愛，童年是培養人心理健康的關鍵時期，在這個階段若得不到充足和正確的父母之愛，就將影響其一生的心理健康發育。少年時代增加了夥伴和師長之愛，青年時代情侶和夫妻之愛尤為重要。中年人社會責任重大，同事、親朋和子女之愛十分重要，它們會使中年人在事業家庭上倍添信心和動力，讓生活充滿歡樂和溫暖。至於老年人，愛更是晚年幸福的關鍵。

2. **重要的精神「營養素」是宣洩和疏導**　無論是轉移迴避還是設法自慰，都只能暫時緩解心理矛盾，而適度的宣洩具有治本的作用，當

然這種宣洩應當是良性的，以不損害他人、不危害社會為原則，否則會惡性循環，帶來更多的不快。心理負擔若長期得不到宣洩或疏導，則會加重心理矛盾，進而造成心理障礙。

3. 善意和講究策略的批評，也是重要的精神「營養素」 一個人如果長期得不到正確的批評，勢必會滋長驕傲自滿、固執、傲慢等毛病，這些都是心理不健康發展的表現。過於苛刻的批評和傷害自尊的指責，會使人產生叛逆心理。遇到這種「心理病毒」時，就應提高警惕，增強心理免疫能力。

4. 堅強的信念與理想也是重要的精神「營養素」 信念與理想對於心理的作用尤為重要。信念和理想猶如心理的平衡器，它能幫助人們保持平穩的心態，克服坎坷與挫折，防止偏離人生軌道，進入心理暗區。

5. 寬容也是心理健康不可缺少的「營養素」 人生百態，萬事萬物難免都能夠順心如意，無名火與委靡頹廢常相伴而生，寬容是脫離種種煩擾，減輕心理壓力的法寶。

第五節｜學做自己的心理醫生

其實，生活中的每一個人，承擔各自的社會責任，都存在不同程度的心理衛生問題。隨著社會不斷變革，人們的情感、思維方式、知識結構、人際關係在發生變化，引發心理問題的因素也是多種多樣的。據專家介紹，由於現代人的生活方式的改變，生活節奏的加快，一些人的盲目行為增多，加之過分追求短期效益，因而失敗的機率較高，內心失去平衡，容易產生心理問題。

心理專家認為：「一個人的心理狀態常常直接影響他的人生觀、價值觀，直接影響到他的某個具體行為。因而從某種意義上講，心理衛生

比生理衛生顯得更爲重要。」

從理論上講，一般的心理問題都可以自我調節，每個人都可以用多種形式自我放鬆，緩和自身的心理壓力，和排解心理障礙。面對「心病」，關鍵是你如何去認識它，並以正確的心態去對待它。雖然我們找心理醫生看病還不能像看感冒發燒那樣方便，但提高自己的心理素質，學會自我調節，學會心理適應，學會自助，每個人都可以在心理疾患發展的某些階段，成爲自己的「心理醫生」。

首先是掌握一定的心理科學知識，正確認識心理問題出現的原因；其次，是能夠冷靜清醒地分析問題的因果關係，特別是主觀原因和缺欠，安排好對己對人都負責任的相應措施；另外，是恰當的評價自我調節的能力，選擇適當的就醫方式和時機。

現代社會要求人們心理健康、人格健全，不僅要擁有良好的智商，還要有良好的情商（EQ）。在出現心理問題時，人們開始重視並尋求諮詢和醫療，這是社會文明進步和人們文化素質提高的一種表現。據專家介紹，生活條件越好，文化層次越高，人們對心理衛生的需求也就越迫切。隨著文化科學知識的普及和心理衛生服務的完善，解決「心病」將會有更多更好的管道和辦法。

【測試】心理健康的自我檢查

這是心理健康狀況的一種簡便的自我檢查方法，共 49 題，可以直接用「是」或「否」在問題後回答。問題列舉如下：

(1) 每當考試或被提問時，是否會緊張得出汗？

(2) 看見不熟悉的人是否會手足無措？

(3) 看見不熟悉的人是否會使工作不能進行下去？

(4) 緊張時，頭腦是否會不清醒？

(5) 心理緊張時是否會出錯？

(6) 是否經常把別人交辦的事搞錯？

(7) 是否會無緣無故地掛念不熟悉的人？

(8) 沒有熟人在場是否會感到恐懼不安？

(9) 是否常猶豫不決，下不了決心？

(10) 是否總希望有人和自己閒聊？

(11) 是否被人認為不機靈？

(12) 在別人家裏吃飯，是否會感到彆扭和不愉快？

(13) 和別人會面，是否會有孤獨感？

(14) 是否會因不愉快的事纏身，一直憂憂鬱鬱，解脫不開？

(15) 是否經常哭泣？

(16) 是否因處境艱難而沮喪氣餒？

(17) 是否感到厭世？

(18) 是否有生不如死之感？

(19) 是否總是愁眉不展？

(20) 家庭中是否有愁眉不展的人？

(21) 遇事是否會無所適從？

(22) 別人是否認為你有神經質？

(23) 是否有神經功能症？

(24) 家庭成員中是否有人進過神經病醫院？

(25) 是否進過精神病醫院？

(26) 家庭成員中有無神經過敏的人？

(27) 是否神經過敏？

(28) 感情是否容易衝動？

(29) 一受到別人批評，是否就會心慌意亂？

(30) 是否被人認為是個好挑剔的人？

(31) 是否總是會被人誤解？

(32) 是否一點也不能寬容別人，甚至連自己的朋友也是這樣？

(33) 是否會一門心思想某件事或做某件事，而不聽從別人的勸告？

(34) 脾氣是否暴躁、焦慮？

(35) 做任何事是否都是鬆鬆散散、沒有條理？

(36) 是否稍有冒犯就會火冒三丈？

(37) 是否被人批評就會暴跳如雷？

(38) 是否稍有不如意就會怒氣沖天？

(39) 是否別人請求幫忙就會感到不耐煩？

(40) 是否會怒髮衝冠？

(41) 是否身體經常發抖？

(42) 是否經常會感到坐立不安，情緒緊張？

(43) 是否會因突然的聲響而驚跳起來，全身發抖？

(44) 別人做錯了事，自己是否也感到不安？

(45) 半夜裏是否經常聽到響聲？

(46) 是否經常會做惡夢？

(47) 是否經常有恐怖的景象浮現在面前？

(48) 是否經常發生膽怯和害怕？

(49) 是否突然間會出冷汗？

凡答「是」的記 1 分。得分在 15 分以上的人，即有可能有某種心理衛生問題，需要在專業人員諮詢和治療下提高心理健康水準。

那麼，我們又是根據什麼定出 15 分這個標準呢？通常，通過衡量人的行為適應情況來判斷人的心理健康與否，這是一個比較嚴格的標準，如果某人能很好地按自己的社會角色做事，對自己所處的社會環境能安然處之，並能有效地解決自己所面臨的問題，則其心理是健康的，反之則為不健康。

第 2 章
常見心理問題與自我調適

第一節 | 虛榮心理

什麼是「虛榮心」？《辭海》解釋為：表面上的榮耀、虛假的榮譽。此最早見於柳宗元詩：「為農信可樂，居寵真虛榮」。心理學上認為，虛榮心是自尊心的過分表現，是為了取得榮譽和引起普遍注意，而表現出來的一種不正常的社會情感。

一、為什麼人會有虛榮心

虛榮心是一種常見的心態，因為虛榮與自尊有關。人人都有自尊心，當自尊心受到損害或威脅時，或過分自尊時，就可能產生虛榮心，如珠光寶氣招搖過市、嘩眾取寵等等。

虛榮心是為了達到吸引周圍人注意的效果。為了表現自己，常採用炫耀、誇張甚至戲劇性的手法來引人注目，例如用不男不女的髮型來引人注目。虛榮心與趕時髦有關係。時髦是一種社會風尚，是短時間內到

處可見的社會生活方式，製造者多為社會名流。虛榮心強的人為了追趕偶像、顯示自己，也模仿名流的生活方式。

虛榮心不同於功名心。功名心是一種競爭意識與行為，是通過扎實的工作與勞動取得功名的心向，是現代社會提倡的健康的意識與行為。而虛榮心則是通過炫耀、顯示、賣弄等不正當的手段，來獲取榮譽與地位。虛榮心很強的人往往是華而不實的浮躁之人。這種人在物質上講排場、搞攀比；在社交上好出風頭；在人格上很自負、嫉妒心重；在學習上不刻苦。

虛榮就是「打腫臉充胖子」。五十多年前，林語堂先生在《吾國吾民》中認為，統治中國的三女神是「面子、命運和恩典」。「講面子」是中國社會普遍存在的一種民族心理，面子觀念的驅動，反映了中國人尊重與自尊的情感和需要，丟面子就意味著否定自己的才能，這是萬萬不能接受的，於是有些人為了不丟面子，通過「打腫臉充胖子」的方式來顯示自我。

虛榮的心理與戲劇化人格傾向有關。愛虛榮的人多半為外向型、衝動型、反覆善變、做作，具有濃厚、強烈的情感反應，裝腔作勢，缺乏真實的情感，待人處世突出自我、浮躁不安。虛榮心的背後掩蓋著的是自卑與心虛等深層心理缺陷。

具有虛榮心理的人，多存在自卑與心虛等深層心理的缺陷，作為一種補償，往往竭力追慕浮華以掩飾心理上的缺陷。

二、正確認識虛榮心

荀子說過：「人生而有欲。」因為人是一種生命，生命自然有欲。有欲無欲是生命與非生命的分界。欲是生命之所以成為生命的本源。所以說，人的欲望是天生的。但凡是生命，都是一種群體。有群體便有差異與不同，便有攀比和嫉妒的欲，於是便產生虛榮心了。所以說，虛榮心總是與攀比、嫉妒、追求等相伴而生的。

但虛榮心是一種遞增的發展事物，好像一隻被吹起來的氣球一樣，總是希望越吹越大。生命的虛榮心特別是人的虛榮心可以說是無限的，俗話說做了皇帝還想成仙。滿足了一個願望，隨之又產生了兩三個願望。滿足了這個瑣細的願望，很快又新生了那些龐大的願望。由此可見，虛榮心具有一種強烈的渴求的力量。求而得之，則滿足快樂；求而不得，便苦惱愁悶，便尋求新的獲得途徑，自然要進入創新的境界。

再者，虛榮心還有一個顯著的特徵，就是跟時尚有關。時尚推動虛榮心的旺盛和強大，旺盛的虛榮心反過來又推動時尚的繁榮和更大面積上的流行。比如大街小巷美女如雲，便是女人的虛榮心造就的錦繡景觀。女人比男人對青春的敏感度要強烈得多，所以追求年輕和漂亮便成為女人們互相攀比的虛榮心了。年齡不是隨便能伸能縮的東西，所以年輕是肯定求之不得的。

於是女人便把心思都集中在追求美麗上，大概是美麗了也就年輕了。於是扮靚便成了女人最直觀的表現。女人們紛紛去美容廳去健身房去游泳池，為的都是關心自己、呵護自己和美麗自己。由於虛榮心使女人對自己的美麗更賦予細緻和耐心，當然也無形中使城市的街道日益繽紛燦爛。你說這虛榮心有什麼不好？她們不僅用自己的身體成為滿街流動的風景讓人賞心悅目，而且還積極有效地推動了服裝業、化妝業、美容業等行業的快速發展；再比如家庭裝潢的時尚化，也是虛榮心帶來的結果。

十八世紀的著名詩人威廉‧科貝特在他的《鄉間行》中，曾經挖苦地描述新一代資產階級追求時髦的心態：「擺上幾把招眼的坐椅和一個沙發，掛起六、七幅鑲有金框的版畫，裝滿小說的旋轉書櫃……許許多多的酒瓶酒杯和『一套正餐餐具』、『一套早餐餐具』，以及『甜食刀具』……最糟的是客廳！還有地毯和拉鈴！」

這種消費攀比的熱烈景象和氛圍，生活在今天的我們恐怕是再熟悉不過了。當然，這也沒什麼不好，又沒有殺人越貨，帶來惡劣效應。相

反，卻不僅美化了居室，還推動了裝潢業、家具業等行業的發展，何樂而不爲？

所以說，虛榮心也沒什麼不好。它在生產和消費方面，全面支撐著人滿足溫飽之後的消費競賽，並由此促進了國家經濟的發展和繁榮。曾經就有學者指出，在十八世紀的英國，不但率先開始了人類歷史劃時代的工業革命，而且也持續地進行著一場同樣意義深遠的消費革命。因爲日益流行的觀念，會把人變成一種欲望無止境的消費動物。這種嫉妒攀比、追求奢華的虛榮和膨脹的野心會產生一種驅動力量，不斷驅動經濟，不斷實現新的繁榮，給國家帶來經濟效益。

生與欲密不可分。虛榮心的滿足，究其實質應該是有利於生命，有利於生存，有利於進步。但是，對於虛榮心的滿足，要適可而止，如果食而厭精，飽而不止，也會導致災害。虛榮心不能無限制地求滿足，因爲人是在社會裏生活的，自身之外還有大量的他人。爲了社會的安定繁榮，甚至爲了自身的生存和幸福，你必須兼顧他人與社會，不然就成爲斯威夫特筆下的「格列佛國」了。

「格列佛國」中的公民是一種叫耶胡的人形動物。他們都骯髒、自私、互爲仇敵。爲什麼呢？因爲每一隻耶胡都有強烈的虛榮心，都想擁有大量貴重的東西，都認爲錢總是越多越好。因爲只要有了金錢或貴重的東西，就可以買到他所需要的一切，比如最漂亮的衣服，最華麗的房屋，大片的土地，最昂貴的酒類和肉食，還可以挑選最年輕最美麗的母耶胡。他們天性如此，不是奢侈浪費就是貪得無厭。富人享受著窮人的勞動成果，而窮人和富人在數量上的比例是一千比一。

因此「格列佛國」的民眾大多數被迫過著悲慘的生活。僅僅爲了拿到少許工資而不得不每天勞動，讓少數人過闊綽的生活。僅僅爲了一位有錢的母耶胡預備一頓早餐，那些貧窮的耶胡們至少要繞地球轉三圈才能辦到。爲了滿足公耶胡的奢侈無度和母耶胡的虛榮心，他們要把大部分的必需品運往外國，再從這些國家換回疾病、荒淫和罪惡的原料供大

家享用。因此廣大的耶胡們必然會無以為生，只好靠討飯、搶劫、偷竊、欺騙、拉皮條、作偽證、諂諛、教唆、偽造、賭博、說謊、奉承、威嚇、包辦選舉、濫寫文章、星象占卜、下毒、賣淫、假充虔誠、誹謗，以及種種類似的事情來糊口度日。這便是虛榮心禍國殃民的危害性。

看來，對虛榮心這種東西，要正確把握、合理引導和適當應用，千萬不能任其發展，殃及他人，禍及社會。對於我們每一位公民來說，就是要使自己的虛榮心適可而止，做到順著大路跑而絕對不亂來。

三、不要被虛榮奴役

英國哲學家培根和德國哲學家叔本華的兩句格言——「虛榮的人被智者所輕視，愚者所傾服，阿諛者所崇拜，而為自己的虛榮所奴役。」「虛榮心使人多嘴多舌；自尊心使人沉默。」

有心理學家下了不少工夫研究人類的虛榮心，得到一個簡單的結論：虛榮心是 20 世末過渡到下一個世紀間，最頑強也最類似愛滋病的痼疾。因為要邁向成功，必須遠離虛榮；不想成功，就會愛慕虛榮；要事事踏實，便會遠離虛榮；想獲得不實在的榮譽，就會滿足虛榮。唐代詩人柳宗元有詩云：「為農信可樂，居寵真虛榮」，便是最好的對比。

從近處看，虛榮彷彿是一種聰明；從長遠看，虛榮實際是一種愚蠢。虛榮者常有小狡點，卻缺乏大智慧。虛榮的人不一定少機敏，卻一定缺遠見。虛榮的女人是金錢的俘虜，虛榮的男人是權力的俘虜。太強的虛榮心，使男人變得虛偽，使女人變得墮落。

古語云：「上士忘名，中士立名，下士竊名。」虛榮，也是一種「竊」。虛榮者，容易輕浮；輕浮者，容易受騙；受騙者，容易受傷；受傷者，容易沉淪。許多沉淪，始於虛榮。虛榮，很像是一個綺麗的夢。當你在夢中的時候，彷彿擁有了許多，但當夢醒來的時候，你會發現原來什麼也沒有。既然如此，與其去擁抱一個空空的夢，還不如去把握一點實實在在的東西。

日本人福富太郎在《智慧賺錢法》一書中，提到獲得財運的第四十八種方法就是「勿一味追求時尚」。

前人認為吸引女性的要素有下列五項：(1) 膽量，(2) 金錢，(3) 面貌，(4) 才幹，(5) 幽默感。

可是現在的年輕人卻本末倒置，覺得能言善道、儀表堂堂最為重要，因此鼻子較塌的人便趕快去整形動手術，如此愛慕虛榮的人，怎麼可能節儉致富呢？這類人在公司雖抱怨薪水太低太少，但卻不知如何爭取合理的薪水，瞻前顧後，亦沒魄力脫離公司，獨立經營事業，他們能否受到女性歡迎，也是頗令人懷疑的。

若除了外表，其他一無可取的人，大概也就不會有財運了。

觀察目前社會上，那些口口聲聲談裝扮、標榜個性風格的年輕人卻多半也穿著路邊攤上的衣服，每個人都像穿制服似的，並無什麼特色可言，就好像打著宣傳廣告說：「我崇尚流行」，而實際上卻沒有自我一般，如此的流行，便意味著盲目，更是種浪費。

毫無疑問，創造流行，使之蔚為風尚，可引入財源，但是追隨流行者，花錢必形同流水，因流行如巨輪不斷向前轉，追隨者必須不斷跟進才行，之所以推斷追求流行者不能存錢，道理即在於此。

披頭髮型曾經風靡一時，我認為披頭士可能是因沒錢上理髮廳而蓄長髮，本意不在模仿，他們所企盼的是搖滾樂能成為曠世之音，而無心插柳柳成蔭，其披肩的長髮竟也成為注目的焦點，甚至為英國賺進大量的外匯。使其成為樂壇巨匠，是因為對音樂的狂熱和不同流俗的膽量，他們的流行是走在時代前端的，不同於一味地模仿，故能致富。

虛榮心重的人，所欲求的東西，莫過於名不副實的榮譽，所畏懼的東西，莫過於突如其來的羞辱。

虛榮心最大的後遺症之一是促使一個人失去免於恐懼、免於匱乏的自由；因為害怕羞辱，所以不定時地活在恐懼中，經常沒有安全感，不滿足；而虛榮心強的人，與其說是為了脫穎而出，鶴立雞群，不如說是

自以為出類拔萃，所以不惜玩弄欺騙、詭詐的手段，使虛榮心得到最大的滿足。問題是——虛榮心是一股強烈的欲望，欲望是不會滿足的。

四、別為虛榮而「忙」

人很容易掉到自己給自己設置的陷阱裏面去，通常這個陷阱都是由虛榮建造而成的。只要隨便給我們一點虛榮，我們就可以像隻無頭蒼蠅一樣飛來飛去，明明自己的舉動沒有任何實質的意義，解決不了任何實際的問題，也許只是想顯示給別人：我是個重要人物。

張是某企業的地區主管，他總是在說他的事情太多，他太忙，他的時間太緊張。比如某日，指著桌曆上的記事欄，他說：「九點，Ａ工廠開張，要去講幾句話，不去又該說不重視了。十點，有個公益活動，被邀請出席，我跟他們說了，去坐坐，話就不講了。十一點，接下來有個項目要簽字。倒不是什麼大項目，不過必須簽字！。中午還約了客戶吃飯。你看，下午從三點開始，又要開會了，晚上還要看時裝表演，這也是政治嘛。瞧，滿滿的，天天如此，我算被判了無期徒刑了。」

他確實忙，忙著開幾個不痛不癢的會，講幾句不痛不癢的話，轉幾個不痛不癢的地方，念幾篇不痛不癢的文章。可悲的是，忙著這些勞什子的他，還以為正在建立不朽的功勳呢！

中國有句成語叫做「碌碌無為」，這個詞可能我們在小學時就用它造過句子，但我真正理解它的意義是在幾年前的一個夜晚，當我把疲憊的身軀扔在床上時，腦中忽然閃現出這個詞語，不禁渾身激靈一顫：碌碌，忙得不可開交，但卻是「無為」，這也實在太可怕了。

很多時候我們恐怕都沒有把什麼叫做「忙」真正的定義搞清楚。忙是什麼呢？忙應該是在特定的時間段中朝著特定的目標進行連續不斷的努力的生存狀態。忙碌可以使我們的生活充實，讓我們回憶起來覺得自己對得起時間對得起自己，但是如果你只是為了不閑著去忙，只是為了向人表明自己「很重要」而去忙，那麼無知的謊言往往就會欺騙你的心

靈。忙是不能欺騙和褻瀆的。

記得李宗盛曾在一首歌中這樣唱：「忙、忙、忙，忙得沒有了方向，忙得沒有了主張……。」其實，瞎忙的人就像放大一條軌道中身不由己的一個物件，一個被抽打著而轉動的陀螺，它陷入這種狀態而不清楚自己在幹些什麼。

五、克服虛榮

物質生活中的虛榮心行為，主要表現為一種攀比行為，其信條是「你有我也有；你沒有我也要有」，以求得周圍人的讚賞與羨慕。社會生活中的虛榮心行為，主要表現為一種自誇炫耀行為，通過吹牛、隱匿等欺騙手段來過分表現自己。例如有的人吹噓自己是某要人的親戚、朋友，有的人將自己的某些短處隱匿起來，偷樑換柱，欺世盜名。這些情況已蔓延到生活的各個方面。總之，在真實面上製造一處眩目的「光環」，使你真假難辨，而虛榮者從中得到極大的心理滿足。

精神生活中的虛榮心行為，主要表現為一種嫉妒行為。虛榮與自尊及臉面有關，自尊與臉面都是在社會活動中才能得以實現。通過社會比較，個體精神世界中逐步確立起一種自我意識，自我意識又下意識地驅使個體與他人進行比較，以獲得新的自尊感。「尺有所短，寸有所長」，有虛榮心的人是否定自己有短處的，於是在潛意識中超越自我，有嫉妒衝動，因而表現出來的就是排斥、挖苦、打擊、疏遠、為難比自己強的人，在評職、評級、評優中弄虛作假。

虛榮心是一種為了滿足自己榮譽、社會地位的欲望，生活中每個人都或多或少的會產生這種欲望。然而，如果你表現出來的虛榮超過了範圍，那也許就成為一種不正常的社會情感。有虛榮心的人為了誇大自己的實際能力水準，往往採取誇張、隱匿、欺騙、攀比、嫉妒甚至犯罪等反社會的手段，來滿足自己的虛榮心，其危害於人於己於社會都很大。

要克服虛榮心，必須要樹立正確的榮辱觀，即對榮譽、地位、得失、

面子要持有一種正確的認識和態度。人生在世界上要有一定的榮譽與地位，這是心理的需要，每個人都應十分珍惜和愛護自己及他人的榮譽與地位，但是這種追求必須與個人的社會角色及才能一致。面子「不可沒有，也不能強求」，如果「打腫臉充胖子」，過分追求榮譽，顯示自己，就會使自己的人格受到歪曲。同時也應正確看待失敗與挫折，「失敗乃成功之母」，必須從失敗中總結經驗，從挫折中悟出真諦，才能自信、自愛、自立、自強，從而消除虛榮心。

社會比較是人們常有的社會心理，但在社會生活中要把握好攀比的尺度、方向、範圍與程度。從方向上講，要多立足於社會價值而不是個人價值的比較，如比一比個人在學校和班上的地位、作用與貢獻，而不是只看到個人工資收入、待遇的高低。從範圍上講，要立足於健康的而不是病態的比較，如比成績，比幹勁，比投入，而不是貪圖虛名，嫉妒他人表現自己。從程度上講，要從個人的實力上把握好比較的分寸，能力一般的就不能與能力強的相比。

從名人傳記、名人名言中，從現實生活中，以那些腳踏實地、不圖虛名、努力進取的革命領袖、英雄人物、社會名流、學術專家為榜樣，努力完善人格，做一個「實事求是、不自以為是」的人。

如果你已經出現了自誇、說謊、嫉妒等行為，可以採用心理訓練的方法，對不良的虛榮行為進行自我心理糾偏，即當病態行為即將出現或已出現時，個體給自己施以一定的自我懲罰，如用套在手腕上的橡皮筋反彈自己，以求警示與干預作用。久而久之，虛榮行為就會逐漸消退，但這種方法需要有超人的毅力與堅定的信念才能收效。

第二節｜攀比心理

一、人比人，氣死人

其實人比人並不會氣死人，如果可以客觀地比較的話，結果肯定是比上不足，比下有餘，對於任何一個人來說，都是如此。而會氣死人的，只是因為自己拿自己的缺點跟別人的優點比較，卻忽略了自己的優點，比別人差的地方看得很重，比別人好的地方覺得很普通，甚至忽略看不到。有人會說：人怎麼可以跟比自己差的人比呢？要比，當然是跟比自己好的人比了。這句話聽起來是很積極的心態啊，好像是在向好的學習啊，看到不足，然後加以改善，不好嗎？當然，如果是這樣的心態的話，當然是很好，但問題是，往往自己看到別人好的地方之後，並不是開始好好學習和努力，而是不斷地埋怨自己，甚至認為自己一無是處。

人比人並不要緊，看到別人的優點可以去學習，但是這不應該是自卑和煩惱的理由。事實上，人比人而生氣的人，往往因為自身的性格和心理上的問題，使自己產生了自卑的心態，跟心理醫生談談，才可以更好地了解自己為什麼會產生自卑（人比人氣死人）的心態。

二、宮殿有悲哭，茅屋裏有笑聲

這世間，有的人家財萬貫、錦衣玉食；有的人倉無餘糧、櫃無盈幣；有的人權傾一時，呼風喚雨；有的人抬轎推車、謹言慎行；有的人豪宅、香車、嬌妻美妾；有的人醜妻、薄地、破棉衣……一樣的生命不一樣的生活，常讓我們心中生出許多感慨。

看到人家結婚，車如龍，花似海，浩浩蕩蕩，又體面，又氣派。想想當年自己，幾斤喜餅幾斤喜糖，糊裏糊塗就和自己的男人圓了房，心裏就委屈萬分。

看到人家暮有進步，朝有提拔，今日酒吧，明日茶樓，而自己卻是滴水穿石，總在原地，窩在家裏，像隻冬眠的熊，心裏就酸。

看到人家逢年過節，送禮者踏破門檻、擠裂牆，而自家卻是「西線無戰事」「頓河靜悄悄」，心裏就妒。

看到人家兒成龍，女成鳳，而自家小子又倔又強又沒出息，心裏就怨……看看別人，比比自己，生活往往就在這比來比去中，比出了怨恨，比出了愁悶，比掉了自己本應有的一份好心情。

攀比，或許是人的一種天性，聯想的天性。一個人有思維，必定有思想。看到人家好，人家強，凡夫俗子，哪個不心動？就算是道人法師，也要三聲「阿彌陀佛」，才能鎮住自己的欲望和邪念。生活的差別無處不在，而攀比之心又是難以克服，這往往給人生的快樂打了不少折扣。但是，假如我們能換一種思維模式，別專揀自己的弱項、劣勢去比人家的強項、優勢，比得自己一無是處，那樣多累。要把眼光放低一點，學會俯視，多往下比一比，生活想必會多一份快樂，多一份滿足。正如一首詩中所寫——「他人騎大馬，我獨跨驢子，回顧擔柴漢，心頭輕些兒。」再說騎大馬的感覺也並不一定就是你想像的那麼好，也許跨著驢子，優哉遊哉，尚能領略一路風光，更感優閒、自在。

再說，理性地分析生活，我們也會發現，其實，終其一生，生活對每一個人都是公平的，公正的，沒有偏袒。人生是一個由起點到終點，短暫而漫長的過程，在這個過程中每個人所擁有和承受的喜怒哀樂、愛恨情仇都是一樣的、相等的。這既是自然賦予生命的規律，也是生活賦予人生的規律，只不過我們享用、消受的方式不同，這不同的方式，便演繹出不同的人生。

於是，有的人先苦後甜；有的人先甜後苦；有的人大喜大悲，有起有落；有的人安順平和無驚無險；有的人家庭不和，但官運亨通；有的人夫妻恩愛，卻事業受挫；有的人財路興旺，但人氣不盛；有的人俊美嬌豔，卻才疏德虧；有的人智慧超群，可相貌不恭，正如古人說：「佳

人而美姿容，才子而工著作，斷不能永年者。」人間沒有永遠的贏家，也沒有永遠的輸家，這一如自然界中，長青之樹無花，豔麗之花無果。雪輸梅香，梅輸雪白。

有一婦人，年輕的時候，心靈貌美，賢慧能幹，可嫁人十年，就「剋死」了三個丈夫，當年一雙水靈靈的眼睛硬是被淚水泡得混濁癡呆。當她的第三個丈夫撒手人寰的時候，她誓不再嫁！她拉扯著三個丈夫留下的兒女守寡至今，現在已經60多歲了。幾十年來村子裏的人壓根兒就沒見她笑過，大家同情她、可憐她，說她命真苦。可就是這麼個命苦的人，養的一兒一女卻格外地爭氣，雙雙考取大學，畢業後再城裡成家立業。兩兄妹親自開著轎車回來，把母親接走了。那會兒，老人僵硬的苦臉終於露出了欣慰的笑顏，鄉親們也第一次向老人投去羨慕的眼光，大家都感慨地說：真是苦到了盡頭。是啊，也許這就是生活，有苦有甜，有悲有喜，有山窮水盡之時，也有峰迴路轉之日！

有些人羨慕那些明星、名人，日日淹沒在鮮花和掌聲中，名利雙收，以為世間苦痛都與他們無緣。其實名導謝晉的兒子是弱智，美國前總統雷根曾幾度風光，晚年卻備受不孝逆子的敲詐、虐待，戴安娜王妃如果沒有魂斷天涯，幾人知道她與查理斯王子那場「經典愛情」，竟然是那般地糟糕……

俗話說，人生失意無南北，確實宮殿裏有悲哭，茅屋裏有笑聲。只是，平時生活中無論是別人展示的，還是我們關注的，總是風光的一面，得意的一面，這就像女人的臉，出門的時候個個都描眉畫眼，塗脂抹粉，光豔亮麗，這全都是給別人看的。回到家後，一個個都素面朝天，這就難怪男人們感歎：老婆還是別人的好。於是，站在城裏，嚮往城外，而一旦走出圍城，才發現生活其實都是一樣的。

三、模糊概念

不少人為求完美而吹毛求疵，結果卻是降低了自己生活的品質。我

們有時精神委靡，心境惡劣，疲憊不堪，不正是由於我們過分注重一些毫無價值的小事才引起的嗎？這種性格上的弱點除了自我折磨以外，並不會產生任何積極的結果。

吹毛求疵者的眼光總是非常狹隘、非常近視的。他們只顧眼下，不管將來；只計較細小的事情，沒有遠大的計畫；只貪圖分釐的利益，不計算萬千的收入。有這樣性格的人，必將使自己的精神境界，局限於一個極小的範圍，逐漸變得自私、冷漠、吝嗇、苛刻，失去一切感情，失去一切友誼，煢煢而立，形影相弔。

對待生活中的其他事也是如此。一個健康的人，有時感到不愉快、不舒暢，對一些過去的事惋惜和悲傷，這些都是正常的現象。但總的態度都應該是積極的，想得開，放得下，朝前看，從而才能從瑣事的糾纏中超脫出來。假如對生活中發生的每件事都尋根究柢，去問一個為什麼，那實在既無好處，又無必要，而且敗壞了生活的詩意。

這時，你就可以發揮一下「模糊概念」的魔法，有些雞毛蒜皮的小事，即使弄得清清楚楚，又有什麼意義，完全可以撇下不管。至於有些並不太重要的事，基本了解也就可以了，更不必要鑽進牛角尖，細細考證，吹毛求疵。只有對一些小事「模糊」一些，才能真正品味到生活的樂趣，也才能有充沛的精力去處理大事，進而有所發現，有所領悟。這樣，心境也就自然日益變得舒暢起來。

如果你有喜歡指責自己或他人一切小錯誤的心理，或者被一些小事困擾而情緒惡劣，那麼，專家建議你——

【退一步想】　一件已經發生的事情，永遠是無法挽回了。往事已成為歷史，它並不因你的焦慮、悔恨和自我折磨而有所改變。

【價值觀念】　你吹毛求疵，是因為你把許多無足輕重的事看得太重要了。實際情況肯定並非如此。在人的一生中，真正值得重視和謹慎處理的是那些足以改變命運的事件、機遇和挫折。人沒有必要處處留神，那只會增加你的負擔。

【自我提問】　經常自問：「我可能遇到的最糟糕的事是什麼？」這樣，你就會發現自己的吹毛求疵是一種可笑的心理。

【努力忘掉】　試一試把一些你認為亟待處理的事擱置一邊，努力忘掉它。一段時間以後，這件事也許果真就不那麼重要了。時間的長河會淘洗掉許多生活瑣事的痕跡，你如果為它付出了過多的精力，那麼你的生命有很大一部分就被白白浪費掉了。

最後，你也許會驚訝地發現一個竅門——許多事我們知道就行了，不必把它常常掛在心上。

第三節｜猜疑心理

有一個寓言，說的是「疑人偷斧」的故事：一個人丟失了斧頭，懷疑是鄰居的兒子偷的。從這個假想目標出發，他觀察鄰居兒子的言談舉止、神色儀態，無一不是偷斧的樣子，思索的結果進一步鞏固和強化了原先的假想目標，他斷定賊非鄰子莫屬了。可是，不久之後在山谷裏找到了斧頭，再看那個鄰居兒子，竟然一點也不像偷斧者。

這個人從一開始就自己給自己先下了一個結論，然後自己走進了猜疑的死胡同。由此看來，猜疑一般總是從某一假想目標開始，最後又回到假想目標，就像一個圓圈一樣，越畫越粗，越畫越圓。最典型的恐怕就是上面這個例子了。現實生活中猜疑心理的產生和發展，幾乎都同這種作繭自縛的封閉思路，主宰了正常思維密切相關。

一、「疑心生暗鬼」

我國古代寓言「疑人偷斧」諷刺了那種疑心重重，戴著有色眼鏡看人，甚至毫無根據地猜疑他人的人。在猜疑心的作用下，被猜疑的人的

一言一行往往都被罩上可疑的色彩，即所謂「疑心生暗鬼」。有些人疑心病較重，乃至形成慣性思維，導致心理變態。一個人如果心胸過於狹窄，對同事、朋友乃至家人無端猜疑，不但會影響工作、影響人際關係、影響家庭和睦，還會影響自己的心理健康。

猜疑是建立在猜測基礎之上的，這種猜測往往缺乏事實根據，只是根據自己的主觀臆斷，毫無邏輯地去推測、懷疑別人的言行。猜疑的人往往對別人的一言一行很敏感，喜歡分析深藏的動機和目的，看到別的同學悄悄議論就疑心在說自己的壞話，見別人學習過於用功就疑心他有不良企圖。好猜疑的人最終會陷入作繭自縛、自尋煩惱的困境中，結果還導致自己的人際關係緊張，失去他人的信任，挫傷他人和自己的感情，對心理健康是極大的危害。為此英國思想家培根曾說過：「猜疑之心如蝙蝠，它總是在黃昏中起飛。這種心情是迷惑人的，又是亂人心智的。它能使你陷入迷惘，混淆敵友，從而破壞人的事業。」因此，消除猜疑之心是保持心理健康的方法之一。

下面我們提供一些消除猜疑心的一些建議——

（1）樹立坦蕩無私的心態，人們常說「做賊心虛」，就是說自己內心不坦蕩就會心懷鬼胎而猜疑他人；只有「心底無私」，才能「天地寬」，這樣對他人及周圍的事情，才會看得比較自然。

（2）要拋棄成見和自我暗示，為此要學會客觀而辯證地看待他人看待自己，運用事實來消除成見和驅除自我暗示。

（3）要同別人交心通氣，開誠布公，同時要寬以待人，信任他人，才會消除隔閡、疑惑，增進友情和信賴感。

（4）產生了猜疑心，你可以有所警惕，但不要表露於外，這樣，當猜疑有道理時，你因為做好了準備而免受其害；而當這種猜疑毫無道理時，就可以避免誤會好人。

（5）希望所有朋友們都能撥開心頭的疑雲，摘下有色眼鏡，將愛和信任撒向人間。

二、猜疑似一條無形的繩索

不知道你是否曾有這樣的體會：當幾個同事聚在一塊說悄悄話時，你是否會懷疑他們正在講你的壞話；你告訴朋友一個祕密後，你會不停地想他是否會講給別人聽；老闆在會上說了公司發生的不好現象時，你會懷疑是不是針對自己說的；一位同事近來對你的態度冷淡一些，你是否會覺得他可能對你有了偏見……如果你有這些情況的話，那麼就可以說你的猜疑心相當重。

有些人在某方面自認為不如別人，但自尊心過強，因而總以為別人在議論自己、算計自己、看不起自己。越想越認為是真的，陷入猜疑的惡性循環而無力自拔。有些人以往比較輕信別人，並視之為知己，告訴許多個人的祕密，但卻遭到他的欺騙，從而蒙受了巨大的挫折和失敗，甚至產生很強的防禦心理，不願再信任他人，遇到什麼事情都要懷疑再三。這些都可能導致猜疑不斷。

猜疑似一條無形的繩索，會捆綁我們的思路，使我們遠離朋友。如果猜疑心過重的話，那麼，就會因為一些可能根本沒有或不會發生的事而憂愁煩惱、鬱鬱寡歡。猜疑者常常嫉妒心重，比較狹隘，因而不能更好地與同學朋友交流，其結果可能是無法結交到朋友，變得孤獨寂寞，對身心健康都有危害，因此需要加以改變！

1. 理性思考，不無端猜疑　當發現自己生疑時，不要朝著猜疑的方向思考，而應問自己：為什麼我要這樣想？理由何在？如果懷疑是錯誤的，還有哪幾種可能發生的情況？在做出決定前，多問幾個為什麼是有利於冷靜思索的。

2. 發現自己的優點，增強自信心　每個人都不是十全十美的，都有自己的優點和不足。不要只看到缺點而灰心喪氣，更重要的是發現自己的優勢，培養自信心和自愛心，相信自己有能力，會給他人一個良好印象。這樣就會充滿信心地學習和生活。

3. 增強對自我的調節能力　一個人在人生旅程中，難免遭到別人

的議論和流言，不必放在心上，但丁有一句名言：走自己的路，讓別人說去吧！要善於調節自己的心情，不要在意他人的議論，該怎樣做就怎樣做，這樣不僅解脫了自己，而且產生的懷疑也會煙消雲散。

4. 加強交流，解除疑惑　有些猜疑來源於相互的誤解，如果是這種情況的話，就應該通過適當的方式，兩人坐下來交流。通過談心，不僅可以使各自的想法為對方了解，消除誤會，而且還能避免因為誤解而產生的衝突。

總之，我們必須做到實事求是，理性思考，才能從猜疑枷鎖中解脫出來。

三、把猜疑消滅在萌芽狀態

《三國演義》中曹操刺殺董卓敗露後，與陳宮一起逃至呂伯奢家。曹呂兩家是世交。呂伯奢一見到曹操到來，本想殺一頭豬款待他，可是曹操因聽到磨刀之聲，又聽說要「縛而殺之」，便大起疑心，以為要殺自己，於是不問青紅皂白，拔劍誤殺無辜。

這是由猜疑心理導致的悲劇。猜疑是人性的弱點之一，是害人害己的禍根。一個人一旦掉進猜疑的陷阱，必定處處神經過敏，對他人對自己心生疑竇，損害正常的人際關係。那麼，在人際交往中應如何消除猜疑心理呢？

優化個人的心理素質。拓寬胸懷來增大對別人的信任度，排除不良心理。擺脫錯誤思維方法的束縛。猜疑一般總是從某一假想目標開始，最後又回到假想目標。只有擺脫錯誤思維的束縛，走出先入為主的死胡同，才能促使猜疑之心在得不到自我證實，和不能自圓其說的情況下自行消失。

1. 敞開心扉，增加心靈的透明度　猜疑往往是心靈閉鎖者人為設置的心理屏障。只有敞開心扉，將心靈深處的猜測和疑慮公諸於眾，增加心靈的透明度，才能求得彼此之間的了解溝通，增加相互信任，消除

隔閡，獲得最大限度的諒解。

2. 無視「長舌人」傳播的流言。猜疑之火往往在「長舌人」的煽動下，才越燒越旺，致使人失去理智、釀成惡果。因此，當聽到流言時，千萬要冷靜，謹防受騙上當。

當我們開始猜疑某個人時，最好能先綜合分析一下他平時的為人、經歷，以及與自己多年共事交往的表現，這樣有助於將錯誤的猜疑消滅在萌芽的狀態之下。

四、猜疑會讓你失去最珍貴的東西

哪怕只是一點點的猜疑，也可能讓你失去最珍貴的東西。

一個小鎮商人有一對雙胞胎兒子。當這對兄弟長大後，就留在父親經營的店裏幫忙，直到父親過世，兄弟倆接手共同經營這家商店。

生活一切都很平順，直到有天為了一美元丟失後，關係才開始發生變化：哥哥將一美元放進收銀機，並與顧客外出辦事，當他回到店裏時，突然發現收銀機裏面的錢，已經不見了！

他問弟弟：「你有沒有看到收銀機裏面的錢？」

弟弟回答：「我沒有看到。」

但是哥哥對此事一直耿耿於懷，咄咄逼人地追問，不查個水若石出不甘休。

哥哥說：「錢不可能會長了腿跑掉的，我認為你一定看見了這一塊錢。」語氣中隱約地帶有強烈的質疑意味，怨恨油然而生，不久手足之情就出現了嚴重的隔閡。

開始雙方不願交談，後來決定不再一起生活，在商店中間砌起了一道磚牆，從此分居而立。

二十年過去了，敵意與痛苦與日俱增，這樣的氣氛也感染了雙方的家庭與整個社區。之後的某一天，有一位開著外地車牌汽車的男子，在哥哥的店門口停下。

他走進店裏問道：「您在這個店裏工作多久了？」哥哥回答說他這輩子都在這店裏服務。

這位客人說：「我必須要告訴您一件往事：二十年前我還是個不務正業的流浪漢，一天流浪到您們這個鎮上，肚子已經好幾天沒有進食了，我偷偷地從您這家店的後門溜進來，並且將收銀機裏面的一美元取走。雖然時過境遷，但對這件事情一直無法忘懷。一塊錢雖然是個小數目，但是深受良心的譴責，我必須回到這裏來請求您的原諒。」

當說完原委後，這位訪客很驚訝地發現店主已經熱淚盈眶，並語帶哽咽地請求他：「是否也能到隔壁商店將故事再說一遍呢？」當這陌生男子到隔壁說完故事以後，他驚愕地看到兩位面貌相像的中年男子，在商店門口痛哭失聲、相擁而泣。

二十年的時間，怨恨終於被化解，兄弟之間存在的對立也因而消失。可是誰又知道，二十年猜疑的萌生，竟只是源於區區一美元的消失。

第四節 ｜ 悲觀心理

對悲觀心理的調適是培養人樂觀、開朗、灑脫、豁達性格的開始，對人終生有益。悲觀是人自覺言行不滿而產生的一種不安情緒，它是一種心理上的自我指責、自我的不安全感，和對未來害怕的幾種心理活動的混合物。

一、容易悲觀的人

容易悲觀的人是與世無爭的好人。他們心地善良，潔身自好，習慣在處理事務中忍讓、退縮、息事寧人，常常是生活中的弱者，生性膽小、怯懦。他們不僅對自己的言行不檢「負責」，甚至對別人的過錯也「負

責」。明明是別人瞪了自己一眼，他也會立即覺得自己肯定是做了什麼不好的事了。

極端悲觀的人常用反常性的方法保護自己。越是怕出錯，越是將眼睛盯在過錯上。一句話會後悔半天，人家並未介意的事他也神經過敏。他對人際衝突極為恐懼，解決人際衝突的辦法也很奇怪。自己的孩子被人家打了，他還跟著打自己的孩子，因為孩子給自己惹是生非。

與別人發生衝突，在對方恃強要脅之下，他會當眾打自己耳光，以求寬恕。同時用這種辦法來平衡自己的苦悶，「因為我該打，打了自己才心安理得。」

平常的人也有悲觀情緒。表現為事情發生後的自我檢查，總結不足，找出不足的原因，從而在以後的行動中做積極的調整。就這一點來說，人人都會有悲觀，它是人類進步的校正器。但極端的悲觀卻是心理不健康的表現，必須進行適當調適。

人們經常不自覺地用一種刀子來刻畫自己的形象，「因為我是忠厚無能的人，所以我能忍氣吞聲，寧願傷害自己也不指責對方。」這一形象一旦刻畫成功，品嘗「後悔」的苦酒，就成為一種自我安慰的享受。習慣成自然，一事過後，不是尋求勝利的喜悅，而是尋覓不幸與失誤。只有打破這種感情體驗的習慣，只有不再沉湎於後悔體驗，才能很有效地克服悲觀情緒。

開朗人的特點是把眼光盯在未來的希望上，把煩惱拋諸腦後。只要讓更具有意義的事佔據你的腦際，你的心就會變得光明一點。

有的人害怕行為失誤會給自己帶來危險，其實真正危險的不是危險本身，害怕危險的心理，比危險本身還要可怕一萬倍。你如果在最擔心害怕的時候，向自己大呼一聲：「我豁出去了！」可能就不會那麼擔驚受怕了。培養灑脫、豁達的性格，將會對你終生有益。

二、樂觀——幸福的通道

　　人的心理活動，可以說沒有一刻的平靜，忽而興奮、歡樂，忽而沮喪、消極。情緒樂觀的人也有不幸與煩惱，但善於排遣解脫。也有的人大部分的生活被消極情緒佔領，或哀歡不已、灰心喪氣，或牢騷滿腹、怨天尤人，而不善於解脫排遣。

　　你可能對多少次受到別人的「搶白」和不公正的待遇記得很牢，或你總是對自己說：「我真倒楣，總被人家曲解、欺負。」那你當然沒有一刻的輕鬆愉快。如果你把注意力盯在與別人友善、和好的事物上，常常告訴自己，誤解、敵視畢竟是次要的，並把愉快、向上的事串連起來，由一件想到另一件，你就可以逐步排遣自怨自艾或怨天尤人的情緒。

　　樂觀的人常常自我感覺良好，對失敗有點可貴的馬馬虎虎精神。而有的人經常焦慮不安，後悔本應做得更好的事未能做好，對別人獲得的每一個成就、榮譽都想無條件地取得，企求盡善盡美。最後總是既有無窮的欲望又有無窮的懊悔。

　　大凡樂觀的人往往是「憨厚」的人。而愁容滿面的人，又總是那些不夠寬容的人，他們看不慣社會上的一切，希望人世間的一切都符合自己的理想模式，這才感到順心。挑剔的人常給自己戴上是非分明的桂冠，其實是一種消極的干涉人格。怨恨、挑剔、干涉是心理軟弱、心理「老化」的表現。

　　遇到情緒扭不過來的時候，不妨暫時迴避一下，打破靜態體驗，用動態活動轉換情緒。只要一曲音樂，會將你帶到夢想的世界。如果你能跟隨歡樂的歌曲哼起來，手腳拍打起來，無疑，你的心靈會與音樂融化在純淨之中。同樣，看場電影，散散步，和孩子玩玩都能把你帶到另一個情緒世界。

　　保持樂觀健康的情緒，關鍵在於有信任、現實的處世宗旨，相信自己和別人都在不斷地改善人際能力，在這個基礎上設計一條自我可以接受的幸福道路。

三、趕走沮喪和悲觀，讓自己春風滿面

人們都經歷過一些小的失意，有人遇到這些失意時，覺得一切都不如人意，憂鬱不安，悲觀自憐，結果更加失意，以致失去了幸福和歡樂。正確思維應是尋找產生沮喪悲觀心理的原因，一旦找到並能做出答覆，就可能幡然醒悟，得以解脫。

改變悲觀心理的一個辦法是，避免老是看到自己的不足，而應突出自己的優勢，重視自己的優勢。隨著你有意的積極思維自然而然地增加，消極思維自然地減少了。突出優勢的另一面是最大限度地削弱失敗的影響。儘管無法避免偶爾的失敗，但是你可以控制失敗對自己的影響，承認失敗是生活中的一部分，會使自己情緒好一些。過分強調失敗，只會降低自信，使自己處於沮喪之中。

在工作和家庭環境沒有改變的時候，「積極想像法」會使你對生活更樂觀。你可以想像自己做了一些想做的事後，度過一段非常愉快美好的日子。要知道，任何事情在想像中都是可能的。當你打算參加某項活動而又心存恐懼，就對自己說：「我能做好這件事，我比別人更善於控制自己的生活。」這種語言暗示法好處是你對自己所說的話語，往往能影響你的自我感覺，明顯改善沮喪情緒。

多數沮喪悲觀者對未來擔憂，正為自己建立越來越狹窄、有限的世界；假如你做些與他人合作的工作，受到他人的約束，你就得考慮自己以外的事情，生活也就會出現新的意義。愉快的社交活動對人們情緒的影響是任何一項獎賞都不能比擬的。當人們掌握了處理人際關係的技巧後，自重感增加，也會慢慢地趕走沮喪心情。

一個沮喪悲觀的人老待在屋子裏，便會產生禁錮的感覺。然而，當他離開屋子，漫步在林蔭大道，就會發現心緒突然變了，怒氣和沮喪也消失了，心中充滿了寧靜，自然的色彩給人帶來陣陣快意。另外，任何一種體育運動都有助於克服沮喪，經常參加體育運動會使人精神振奮，避免消極地生活下去。

照照鏡子，如果現在的你看起來有些沮喪的話，快點趕走沮喪，讓自己春風滿面吧！

四、笑一笑，十年少

「笑一笑，十年少」，這是流傳在我國民間的一句有關精神衛生的諺語。它是精神情緒與健康長壽二者關係的最生動、最精闢的總結，也是古今中外的一條經過長時間驗證的「長壽祕方」。

人是精神和肉體的統一體，身、心之間有明顯的相互作用。

一個人情緒的好壞直接影響到他的工作、生活和身體健康。從醫學上來看，笑是心理和生理健康的反應，是精神愉快的表現。

笑能消除神經和精神的緊張，使大腦皮質得到休息，使肌肉放鬆。特別是在一天緊張勞動之後或工間休息時，說個笑話，聽段相聲，大腦皮質出現愉快的興奮灶，有利於消除疲勞，增進健康。

歡笑還是一種特殊的健身運動。人一笑便引起面部眼、口周圍的表情肌和胸腹部肌肉運動。「捧腹大笑」時連四肢的肌肉也一起運動，從而加快了血液循環，促進全身新陳代謝，提高抗病的能力。

笑對呼吸系統具有良好的作用，隨著朗朗笑聲，胸脯起伏，肺葉擴張，呼吸肌肉也跟著活動，好比一套歡笑呼吸操。同時，哈哈大笑還能產生「出汗、淚湧和涕零」之效果，起到促進汗液分泌，清除呼吸道和淚腺分泌物的作用。笑是一種最有效的消化劑，愉快的心情能增加消化液的分泌，歡聲笑語可促進消化道的活動，使人食欲大增。

笑還具有袪病保健、抗老延年的意義。偉大的生理學家巴甫洛夫認為——「愉快可以使你對生命的每一跳動，對生活的每一印象易於感受，不管軀體和精神上的愉快都是如此，可以使身體發展，身體強健。」美國出版的《笑有益於血液——幽默的醫療作用》一書中列舉了笑能治療多種疾病的科學道理，指出：笑能緩解頸部肌肉的緊張度，所以對頭痛病特別有效。著名化學家法拉第因用腦過度，年老時經常頭痛，他受

「樂以治病」的啓發經常去看喜劇，被逗得大笑不已，最終頭痛病不藥而癒。

美國記者卡曾斯得了一種在目前醫學上難以治療的疾病，他也是在一次因爲看喜劇片大笑鎮痛的實踐下，自己擬定了看喜劇影片——笑——吃飯——睡覺——笑的「治療」方案，經過一段「治療」，病情大有好轉，十年後他已是個完全健康的人。

近年來，對長壽老人的調查也說明，性格從容溫和，樂觀開朗是他們共同的養生大法。爲此，只有「笑口常開」才能「青春常在」，讓我們盡情地歡笑吧！

第五節｜自卑心理

自卑，就是自己輕視自己，看不起自己。自卑心理嚴重的人，並不一定就是他本人具有某種缺陷或短處，而是不能悅意容納自己，自慚形穢，常把自己放在一個低人一等，不被自己喜歡，進而演繹成別人看不起的位置，並由此陷入不可自拔的境地。

自卑的人心情低沉，**鬱鬱寡歡**，常因害怕別人瞧不起自己而不願與別人來往，只想與人疏遠，缺少朋友，甚至自疚、自責、自罪；他們做事缺乏信心，沒有自信，優柔寡斷，毫無競爭意識，享受不到成功的喜悅和歡樂，因而感到疲勞，心灰意懶。

由於自卑的人大腦皮層長期處於抑制狀態，中樞神經系統處於麻木狀態，體內各器官的生理功能相應得不到充分的調動，不能發揮各自的應有作用；同時分泌系統的功能也因此失去常態，有害的激素隨之分泌增多；免疫系統失去靈性，抗病能力下降，從而使人的生理過程發生改變，出現各種病症，如頭痛、乏力、焦慮，反應遲鈍，記憶力減退，食

欲不振，性功能低下等等，這些表現都是衰老的徵兆所在。

可見，自卑的心理就是促使一個人在人生道路上常走下坡路，加速自身衰老的催化劑，因此，希望健康的人如果想要防止早衰，就應摒棄自卑心理，客觀地分析自我，認識自我，熱愛自我，樹立起生活的勇氣。

一、自卑心理的特點

下面這些想法是自卑者的典型心理——

1. 消極地看待問題，凡事總往壞處想　自卑者最難忘懷的便是失望和厄運。他們整天想著消極的事情，談了又談，算了又算，而且牢牢地記著，準備將來還要談這些事情。

2. 多疑，對別人和自己的信心都不足　「別做這件事。這件事對你來說是相當困難的，會把你搞垮的。」、「糟了，我好像又迷路了，我一定找不到回家的路了。」

3. 高興不起來　如果你對於生活前景的看法是消極的，你就不可能快樂。對於情緒消極的自卑者來說，幾乎根本沒有過歡笑愉快的經歷。他們把現時可能享受的歡樂也失去了，因為他們還在回味昨日不愉快的記憶呢！

4. 老是想掃興的事　一旦看到別人熱情地去做某件事，會覺得不可思議！他們把前途看得一片黯淡，連氣都透不過來，於是把所有的氣氛都破壞了。失敗者不管要做什麼事情，總是處處碰上他們自己設下的牢籠，處處都應驗了他們自己所說的話。

5. 不願意改變，不願意嘗試新事物　總是自責和自怨自艾：「什麼事情出了毛病都是我倒楣。」「我們家的問題就是誰也不為我考慮。」

希望得到幫助或機會，又覺得不可能會有這樣的好事——「在我的生活中，要碰見一個好人是不可能的。」

6. 意志消沉　自卑者的意志是消沉的，他們心情沉重的原因之一是「背負情感包袱」。他們像負重的牲畜一樣，把沒有解決的老問題、

老矛盾背在身上，天天翻來覆去地叨念那些煩惱事情。

　　長期被自卑情緒籠罩的人，一方面感到自己處處不如人，一方面又害怕別人瞧不起自己，逐漸形成了敏感多疑、多愁善感、膽小孤僻等不良的個性特徵。自卑使他們不敢主動與人交往，不敢在公共場合發言，消極應付工作和學習，不思進取。因為自認是弱者，所以無意爭取成功，只是被動服從並盡力逃避責任。

二、自卑產生的原因

　　一個人曾經過去的經歷，個人的性格特點和出人頭地的想法等，都有可能導致自卑感的產生。

　　1.曾經有過的經歷　通常，自卑感強的人往往是有過某一特別嚴酷的經歷，有過心理創傷。如有個學生，在整個小學期間的成績都很差，但四年級前完全無憂無慮，然而後來發生的一件事，卻使他難以忘卻。那天他與同學正興致勃勃地踢足球，此時有位成績優良的同班同學故意搗蛋，他對此提出抗議，並據理駁倒了對方。可對方竟大吵大罵起來。這時有位任課老師正經過此地，將他們勸解開了，但老師一味訓他，反倒安慰那個同學，並衝著他說：「不好好讀書，只知道玩！」

　　過去，他不怎麼介意學習不好的問題，這時他意識到問題的嚴重性，並由此產生自卑感。人之所以會產生自卑心理，絕大部分是由於兒童時代所受到的創傷所引發的。成年時代產生自卑也大有人在，但是兒童時代所受創傷造成的自卑感持續時間最長，影響最大，克服起來也最不容易。如父母或其他成人經常打罵訓斥孩子、數落孩子的缺點等，這些都會在孩子幼小的心靈裏，留下影響其健康發展的陰影。

　　但是，自卑心理在兒童身上並不十分明顯，而在青少年當中卻相當普遍。這是因為，進入青春期以後，人的自我意識發展得很快，青少年開始獨立地觀察、分析社會，用自己的觀點評價他人，也極其重視他人對自己的評價，非常關心「我」在別人心目中的形象。

　　青少年開始重新審視自己，用挑剔的眼光尋求自己的不足，並常常將其誇大。每個人都在自己心目中塑造出了一個理想的、完美的自我形象，越是希望向「他」靠近，越是發現理想與現實的差距，於是暗自滋生不滿、失望和悲觀。同時，如果兒童時代曾有過創傷，這時會愈加強烈地浮現出來，一併合成而加劇了自卑。

　　2. 個人的性格特點　同樣的心理創傷，並非所有的人都會產生自卑感，因為心理創傷並不是完全起因於外部的刺激，而還有其主觀原因——性格。自卑感較強的人一般具有以下幾種性格特徵：小心、內向、孤獨和偏見，完美主義。

　　3. 出人頭地的想法　現代社會「出人頭地」的風氣越來越盛行，這也是造成某些人自卑感的重要原因，自卑感往往就在類似入學考試、錄用面試、體育比賽等比試優劣的場合產生。

三、自卑的弊端

　　自卑的人，總哀歎事事不如意，老拿自己的弱點比別人的強處，越比越氣餒，甚至比到自己無立足之地。有的人在旁人面前就臉紅耳赤，說不出話；有的人遇上重要的會面就口吃結巴；有的人認為大家都欺負自己因而厭惡他人。因此，若對自卑感處置不妥，無法解脫，將會使人消沉，甚至走上邪路，墮入犯罪的深淵，或走上自殺的道路。不良少年為了逃避自卑感會加入不良的集團。

　　與此同時，長期被自卑感籠罩的人，不僅自己的心理活動會失去平衡，而且生理上也會引起變化，最敏感的是心血管系統和消化系統，將會受到損害。而生理上的變化反過來又會影響到心理變化，逐加重人的自卑心理。

　　自卑，是個人對自己的不恰當的認識，是一種自己瞧不起自己的消極心理。在自卑心理的作用下，遇到困難、挫折時，往往會出現焦慮、洩氣、失望、頹喪的情感反應。一個人如果做了自卑的俘虜，不僅會影

響身心健康，還會使聰明才智和創造能力得不到發揮，使人覺得自己難以有所作爲，生活沒有意義。所以，克服自卑心理是一個相當重要的心理健康問題。

四、從自卑的束縛下解脫出來

怎樣才能從自卑的束縛下解脫出來呢？可以採用以下方法——

有時候，問題的關鍵是我們的想法，而不是我們想什麼事情。人的自卑心理來源於心理上的一種消極的自我暗示，即「我不行」。正如哲學家斯賓諾莎所說：「由於痛苦而將自己看得太低就是自卑。」這也就是我們平常說的自己看不起自己。悲觀者往往會有抑鬱的表現，他們的思維方式也是一樣的。所以先要改變帶著墨鏡看問題的習慣，這樣才能看到事情明亮的一面。

1. **放鬆心情** 努力地去放鬆心情，不要想不愉快的事情。或許你會發現事情眞的沒有原來想的那麼嚴重。會有一種豁然開朗的感覺。

2. **幽默** 學會用幽默的眼光看事情，輕鬆一笑，你就會覺得其實很多事情都很有趣。

3. **與樂觀的人交往** 與樂觀的人交往，他們看問題的角度和方式，會在不知不覺中間感染到你。

4. **嘗試一點改變** 先做一點小的嘗試。比如換個髮型，畫個淡妝，買件以前不敢嘗試的比較時髦的衣服……看著鏡子中的自己，你會覺得心情大不一樣，原來自己還有這樣的一面。

5. **尋求他人的幫助** 尋求他人的幫助並不是無能的表現，有時候當局者迷，當我們在悲觀的泥潭中拔不出來的時候，可以讓別人幫忙分析一下，換一種思考方式，有時看到的東西就大不一樣。

6. **要增強信心** 因爲只有自己相信自己，樂觀向上，對前途充滿信心，並積極進取，才是消除自卑、促進成功的最有效的補償方法。悲觀者缺乏的，往往不是能力，而是自信。他們往往低估了自己的實力，

認爲自己做不來。

記住一句話：你說行就行。事情擺在面前時，如果你的第一反應是我行，我能夠，那麼，你就會付出自己最大的努力去面對它。同時，你知道這樣繼續下去的結果是那麼誘人，當你全身心投入之後，最後你會發現你眞的做到了；反之，如果認爲自己不行，自己的行爲就會受到這念頭的影響，從而失去太多原本該珍惜的好機會，因爲你一開始就認爲自己不行，最終失敗了也會爲自己找到合理的藉口：「瞧，當初我就是這麼想的，果然不出我所料！」

7. 正確認識自己　對過去的成績要做分析。自我評價不宜過高，要認識自己的缺點和弱點。充分認識自己的能力、素質和心理特點，要有實事求是的態度，不誇大自己的缺點，也不抹殺自己的長處，這樣才能確立恰當的追求目標。特別要注意對缺陷的彌補和優點的發揚，將自卑的壓力變爲發揮優勢的動力，從自卑中超越。

當在現實中陷入困境後，不要從一個極端跳到另一個極端。切不可爲了面子羞於求教，而要向老師、同學或同事虛心學習。

俗話說：「尺有所短，寸有所長」，「金無足赤，人無完人」。每個人都有長處與短處，因此，正確的比較應該全面。既比上，又比下；既比優點，也比缺點。跟下比，看到自身的價值；跟上比，鞭策自己求進步。這樣，就會得出「比上不足，比下有餘」的結論。世上任何人都逃脫不了這個公式，明白了這一點，心理也就取得了平衡點。其實，最重要的比較，是自己跟自己比。走自己的路，奮發努力，不斷進步，放出自己的光和熱，這就是光榮的、有意義的人生。

8. 客觀全面地看待事物　具有自卑心理的人，總是過多地看重自己不利和消極的一面，而看不到有利、積極的一面，缺乏客觀全面地分析事物的能力和信心。這就要求我們努力提高自己透過現象抓本質的能力，客觀地分析對自己有利和不利的因素，尤其要看到自己的長處和潛力，而不是妄自嗟歎、妄自菲薄。

9. **積極與人交往** 不要總認為別人看不起你而離群索居。你自己瞧得起自己，別人也不會輕易小看你。能不能從良好的人際關係中得到激勵，關鍵還在自己。要有意識地在與周圍人的交往中，學習別人的長處，發揮自己的優點，多從群體活動中培養自己的能力，這樣可預防因孤陋寡聞而產生的畏縮躲閃的自卑感。

10. **在積極進取中彌補自身的不足** 有自卑心理的人大都比較敏感，容易接受外界的消極暗示，從而越發陷入自卑中不能自拔。而如果能正確對待自身缺點，把壓力變動力，奮發向上，就會取得一定的成績，從而增強自信，擺脫自卑。

愛迪生說：「如果我們能做出所有我們能做的事情，我們毫無疑問地會使自己大吃一驚。」你一生中有沒有為自己的潛能大吃一驚過？事實上，人通常比自己認為的要好得多，對你的能力抱著肯定的想法，這樣就能發揮出心智的力量，並且會產生有效的行動。

第六節 ｜ 恐懼心理

演化論心理學家認為，人類向來就受過「威脅」的訓練，以害怕回應威脅是生存之道——也就是說，心存一點點恐懼有益健康。不過，渥太華大學心理系教授布拉德溫認為，害怕的心理加劇到某種程度或變質的時候，就變成病態了。

他說：「大多數人認為稀鬆平常的情況，你卻認為極端恐怖，這就叫做「不健全的焦慮症」；恐怖片裏面，劇中人連對鄰居講話都害怕的情況，即是如此。」

一、輕度恐懼有益健康

正常的恐懼心理可以訓練我們應對真正的威脅。這點從野生動物的例子也可以看得出來。馬里蘭州貝色斯達國立衛生研究所的研究員史渥米說：「不知天高地厚的小猴子看到蛇，目不轉睛地跟牠相互瞪眼，通常都活不長命；如果母猴教得好，凡事小心謹慎的小猴子，反而不容易早死。」

哈佛大學心理系主任卡林說：「養成凡事稍微害怕的心理，有個重要的作用：教我們明白四周環境裏，有些東西必須十分注意、十分小心，這些本領是可以訓練的。」

密西根大學的中古史專家米勒出了一本書——《神祕的勇氣》，書中從歷史觀點闡述了畏懼心理，指出，勇氣其實是害怕的幻影，只不過被榮耀化了。

米勒研究了許多英勇武士的背景，結論是——剛猛不是正面的特性，而是負面的特性，缺乏自省能力的人才具備這種特性。他認為，大部分人都不是剛猛之士，也就是不勇敢、心存畏懼的普通人，只願面對少許的可怕狀況，而不願不顧一切地豁出去。

他說，面對的可怕狀況不致造成生命危險的話，我們反而認為具有娛樂效果呢！大多數我們喜歡的娛樂，不就是有一點點危險嗎？

二、不再恐懼失敗

有個人的簡歷是這樣的——

22 歲：做生意失敗	23 歲：競選州議員失敗
24 歲：做生意再次失敗	25 歲：當選州議員
26 歲：情人去世	27 歲：精神崩潰
29 歲：競選州議長失敗	31 歲：競選選舉人團失敗
34 歲：競選國會議員失敗	37 歲：當選國會議員
46 歲：競選參議員失敗	47 歲：競選副總統失敗
49 歲：競選參議員再次失敗	51 歲：當選美國總統

這個人就是亞伯拉罕‧林肯。許多人認為他是美國歷史上最偉大的總統。的確，「失敗」是個消極的字眼，它的聲音都是消極的。除了「死亡」之外，沒有別的字眼能比它更令人聽而生畏。但是不可避免，我們每個人在人生的道路上，都會或多或少地遇到它，那究竟應該怎樣去面對它呢？告訴自己：「我要成功！我真的很不錯！」然後你會發現，在以前你認為自己不行的事情，現在也可以做出很好的成績來。

不要害怕失敗，問題出現時，光去叫嚷、埋怨是沒有用的，**關鍵**是要努力去找出解決問題的方法來。而這個方法，最終只有一個人去完成，那就是你。

因為終有一天，你是要獨立去面對自己的人生的！

三、拋棄恐懼

對於多數人尤其是怯懦者而言，與陌生人見面往往產生一些不自在的煩惱。其實膽怯無關乎個性，而往往由於接觸的經驗不夠，進而排斥他人的情形居多。

一般說來，若能進行自我訓練，累積與他人相處的經驗，即使無法改變自己的個性，亦不至於以與他人接觸為苦。為加強自我的信心，不妨先做心理建設，常常提醒自己要多接觸不尋常的人物，藉以改變自己的人生觀，以及增加人生樂趣。

一般人與陌生人會面時所以會感到不安，原因之一便是覺得無話可說──找不出話題的約會的確令人乏味。其實，此種想法並不正確。與陌生人會面的恐懼心態，與第一次嘗試沒吃過的食物有點相似，大多基於自我保護的心態，所以絕不願多接觸素不相識的人。如此，又怎能了解與人相交的樂趣呢？事實上，因相見而遭受嚴重挫傷的情形畢竟少之又少，若是因噎廢食，讓自己過著封閉的人生，豈非得不償失？所以，放開膽子，與人交往，融入社會，這才是智者之舉。

其實，沒有人能夠完全擺脫怯懦和畏懼，最幸運的人有時也不免有

懦弱膽小、畏縮不前的心理狀態。但如果使它成為一種習慣，它就會成為情緒上的一種疾弊，它使人過於謹慎、小心翼翼、多慮、猶豫不決，在心中還沒有確定目標之時，已含有恐懼的意味，在稍有挫折時便退縮不前，因而影響自我設計目標的完成。

怯懦者害怕面對衝突，害怕別人不高興，害怕害別人，害怕丟面子。所以在擇業時，因怯懦，他們常常退避三尺，縮手縮腳，不敢自薦。在用人單位面前他們唯唯諾諾，不是語無倫次，就是面紅耳赤、張口結舌。他們謹小慎微，生怕說錯話，害怕回答問題不好而影響自己在用人單位代表心目中的形象。在公平的競爭機遇面前，由於怯懦，他們常常不能充分發揮自己的才能，以至於敗下陣來，錯失良機，於是產生悲觀失望的情緒，導致自我評價和自信心的下降。

生活在現代社會，我們必須摒棄害怕受傷、怯懦畏懼的心理，端正心態，以一顆健康有力的心嘗試生活，明天才會有更好的開始。

第七節｜逃避心理

許多研究心理健康的專家一致認為，適應能力良好的人或心理健康的人，能以「解決問題」的心態和行為面對挑戰，而不是逃避問題，怨天尤人。

然而，在現實生活中，能夠以正確的態度和行為面對挫折與挑戰其實並非易事。我們可以看到周圍的不少人或因工作、事業中的挫折而苦惱抱怨，或因家庭、婚姻關係不和而心灰意冷，甚至有的因遭受重大打擊而產生輕生念頭，生命似乎是那麼的脆弱。

其實，你再逃，又能逃到哪裡？

一、逃避解決不了任何問題

阿華有著令人羨慕的職業，有一天他竟然對朋友說他曾經有過輕生的念頭。他是一個因循守舊的人，不習慣面對變化與改革。當他得知自己可能被指派去幹他既不熟悉也不喜歡的工作時，潛在的焦慮、恐懼與厭世情緒隨即湧上心頭。他本來可以去競爭另外一個更適合自己的職位，可是他由於膽怯自卑而失去了競爭的勇氣。正是這種逃避競爭、習慣於退縮的心態，使他陷入絕望的深淵之中。這種扭曲的心態和錯誤的認知觀念，使他放棄了所有的努力。

其實，人的一生，或多或少都會遇到一些意外和不如意的事情，我們能否以健康的心態來對待是至關重要的。

有這樣一則故事——住在樓下的人被樓上一隻掉在地板上的鞋子所驚動，那種聲音雖然攪得他煩躁不安，可是真正令他焦慮的卻是不知道另一個重物什麼時候會敲破他的天花板，他惶恐地等待了一整夜。

在實際生活中也常常這樣，往往是高懸在半空中的鞭子才給人以更大的壓力，真正打在身上也不過如此而已！

由此我們可以得到什麼啓示呢？等著挨打的心情是消極的，那種等待的過程與被打的結果都是令人沮喪的。一個人在心理狀況最糟糕的狀態下，不是走向崩潰就是走向希望和光明。有些人之所以有著不如意的遭遇，很大程度上是由於他們個人主觀意識在起著決定性作用，他們選擇了逃避，而事實上逃避根本解決不了任何問題。如果我們能夠善待自己、接納自己，並不斷克服自身的缺陷，克服逃避心理，那麼，我們就能擁有更爲完美的人生。

二、不要逃避責任

你是否經常聽到有人在問「這是誰的錯」呢？即便這種話不是每天都能聽得到，你也會看到許多人在抵賴狡辯，或者爲了推卸責任而指責別人。也許你會發現你自己也有這種習慣呢！

　　生活中的事情沒有盡善盡美的。每一天，你都會遇到麻煩。有時你就會想：「為什麼倒楣的又是我呢？」你犯了錯誤、判斷失誤、記錯事情、受人干擾分了心，你沒辦法做到無所不知，因而有時會在常識方面有所欠缺。誠然，有許多在所難免的錯誤可以澄清、解釋並改正。但是，人們有時還會故意搗亂，然後再編造藉口或尋找漏洞以逃脫懲罰。如果指責無關痛癢，人們就不必為那些小小的失誤或錯誤行為解釋開脫了。

　　但是，指責往往會引起不快和懲罰。為了避免這些不快與懲罰，許多人想盡辦法逃避責任，比如轉移批評、推卸責任、文過飾非等等。「免罪」理論可以幫助我們理解常見的逃避責任的行為的深層原因。免罪理論的內容如下——

　　避免或逃脫責罰是人類的一種強烈本能。

　　多數人在「有利」與「不利」兩種形勢的抉擇中都會選擇趨吉避凶。

　　通過各種「免罪」行為，人們可以暫時逃脫責罰，保持良好的自身形象。

　　現在，讓我們看一些逃避責任的伎倆，並分析其內在含義——

　　「這不是我的錯。」

　　「我不是故意的。」

　　「沒有人不讓我這樣做。」

　　「這不是我幹的。」

　　「本來不會這樣的，都怪……」

　　這些辭令是什麼意思呢？

　　「這不是我的錯。」是一種全盤否認。否認是人們在逃避責任時的常用手段。當人們乞求寬恕時，這種精心編造的藉口經常會脫口而出。

　　「我不是故意的。」一種請求寬恕的說法。通過表白自己並無惡意而推卸掉部分的責任。

　　「沒有人不讓我這樣做。」表明此人想藉裝傻蒙混過關。

　　「這不是我幹的。」是最直接的否認。

「本來不會這樣的，都怪……」是憑藉擴大責任範圍來推卸自身的責任。

找藉口逃避責任的人往往都能僥倖逃脫。他們因逃避或拖延了自身錯誤的社會後果而自鳴得意。這種心理強化使得這些藉口得到了廣泛使用。這類「免罪」的藉口經常能夠獲得部分或完全的成功，否則，人們就不會使用這種手段了。

為了免受譴責，大多數人都會選擇欺騙手段，尤其當他們是明知故犯的時候。這就是所謂「罪與罰兩面性理論」的中心內容，而這個論斷又揭示了這一理論的另一方面。當你明知故犯一個錯誤時，除了編造一個敷衍他人的藉口之外，有時你會給自己找出另外一個理由。桑德拉沒有按時完成小組工作計畫中，自己的那一部分任務，她給自己的理由是她需要時間進入狀態。而當同事們問起她延誤的原因時，她卻對他們說自己生病了。

三、承擔責任贏得信任

人們在逃避指責時，經常會含糊其詞或者故意隱瞞關鍵問題或者乾脆靠撒謊來逃脫批評與懲罰。比如說，工作拖拉的人多半不會輕易承認：「我的報告交得遲是因為我不喜歡幹煩人的工作。我才不在乎我的延誤會不會對別人造成影響呢！我偷懶的時候，從來是只圖自己舒服的。」相反，他們常常會說：「我家裏出了一些事情。」或是其他一些誇大其詞的謊言。

編造藉口可以博取同情。一旦贏得了同情，那些工作拖拉的人們就能免受懲罰，並因此而自鳴得意。但是，隨著編造藉口逐漸習慣成自然，撒謊的技巧漸趨熟練，也就積習難改了。養成為逃避公正的譴責而撒謊的習慣，等於做出了一個危險的選擇。踏上這條不歸路，你就很難再有其他的選擇了。如果你對事態的發展真的無能為力，大多數明白事理的人是不會苛責你的。只有當一個人明知故犯並造成惡果時，人們才會對

他進行譴責。

人生在世，孰能無過。從你出生時起，你就在與周圍的世界產生積極的互動。環境對你產生影響，但是你往往更會對周圍的事物產生影響。你能夠在眾多選擇中做出自己的決定，這就是所謂「自由意志」。這同時說明了你擁有主宰自身行為的能力，因而完全能夠對周圍環境產生影響。

如果是這樣，你就應該為自己的行為負責。你做出決定，就理應承受相應的責備與讚揚。但是有時，人們在做決定時確實會受到種種客觀情況的干擾：比如資訊不通、缺乏常識、時間緊迫或者精神不夠集中等等。所幸人類具有創造力，因此你有辦法逃避應當承擔的責任。當然，如果你真是無辜的，你經常能夠通過事實、證據和邏輯駁斥對你的指責。但是，如果你真的有責任，就應該接受別人的責備。不過，這樣做往往是有風險的。

如果你辜負了同事的信任，繼而若無其事地對他們撒謊，你們之間的關係就會遭到毀滅性的破壞。為了免受應得的責備，有些人會掩蓋真相、敷衍搪塞、編造藉口、無中生有、言不對題，或者真真假假，閃爍其辭。這些欺騙伎倆並非總能奏效，但是其目的卻已昭然若揭：不過是想方設法逃避譴責與懲罰罷了！承認「我錯了」意義非常重大。因為人人都難免犯錯，所以大多數人都能原諒別人的過失。勇於承認自己的錯誤可以提高一個人的信譽，並且有助於自我完善。

四、面對現實挑戰人生

從媒體上不斷傳出自殺新聞，淡水河畔曾發生一起母親在子女面前跳河的慘劇，隔幾天同樣在淡水河，又發生一起十九歲男子在父母面前跳河事件。更令人感到驚訝的是，在泰國有一名女子，竟然跑到曼谷號稱全球最大的鱷魚養殖場，在大批遊客面前跳潭自殺，當場被一百多隻鱷魚分屍。大家在震驚之餘，不免會感到疑惑，為什麼這些人，有這麼

大的勇氣自殺，而不願意將這股勇氣拿來挑戰人生！

　　事實上，人對於未來會感到不安與恐懼，害怕面對死亡，也因此知道珍惜生命，雖說如此，但是為什麼還有人敢自殺呢？這和人的潛在意識有非常密切的關係，當人對於某些事情感到痛苦時，這個痛苦就會不斷傳輸給潛在意識，而潛在意識就會忠實地依照訊息，在情境來臨時去實現。

　　潛在意識是什麼，它為什麼能掌控我們的意識？如果我們將人比喻成一艘船，潛在意識就像船長，引領船隻駛向心所嚮往的地方。換言之，潛在意識就是我們意識裏的相信，這種相信使潛在意識認同，而使相信變為真實。例如我們心中一直懼怕某件事的發生，心中一直掛念著，果真這件我們極不願意發生的事，就會發生，所以有人往往在事後，會認為自己早有預感，其實預感就是來自我們長期給予潛在意識的資訊。

　　世界著名的走鋼索專家卡爾‧華倫達曾經說過：「走鋼索才是我真正的人生，其他都只是等待。」他就是以這樣的態度來面對走鋼索的生涯，所以每次表演都非常成功。但是在 1978 年，他在波多黎各的一場重要表演中，竟然意外地從 75 英尺高的鋼索上墜下而死。

　　事後他的太太回想道出了原因，她說：在表演的前三個月，華倫達開始懷疑自己在這次的表演中可能失敗，所以他不時憂慮著，萬一失敗掉下去怎麼辦？在表演的當天，他因為不放心還一反常態特別去檢查鋼索是否牢固，但是卻沒有因此更為小心，最終導致了這場悲劇。

　　人的行為有 90% 是受潛在意識所控制，而潛在意識是從我們出生開始，經過每日意識沉積所形成。所以它不僅會反映在我們的心理上，更會反映在我們的生理上，因為人的身體是由自律神經所掌控，而自律神經是由交感神經和副交感神經兩者作用而形成。如果交感神經兩者作用互動平衡，自律神經就會正常，我們身體各方面的運作也會因此而得以順暢。

　　而我們是無法用意志去控制自律神經的，例如當我們感到生氣、

焦慮、恐懼時，交感神經是處於極度緊繃的狀態，使心跳及血壓跟著起伏，整個身體就會不聽使喚，處於極度興奮的狀態，就連肌肉都會緊繃起來。如果長時間下來我們的心理都是處於低潮，或情緒的緊繃，身體就會產生極大的警訊，最後也會因為我們不能承受這樣的壓力，而使我們崩潰，理智（顯在意識）完全被潛在意識所掌控。

自殺的動機絕不是臨時起意，而是因為人感到痛苦，所以不斷告訴自己，死去總比活著要好，潛在意識就產生活著幹什麼的意念，最後終於帶領人走上死亡。所以人應該時時刻刻朝正面思考，而不要讓負面的痛苦浮現，例如我們信仰宗教求神拜佛，無非是祈求痛苦能獲得解決，這個過程就是不斷在告訴潛在意識，我們要遠離痛苦，重複的告知，潛在意識確實就會帶領我們遠離痛苦。

有人害怕痛苦，而選擇規避問題，其實人的成長，就是因為人生中經歷過無數挫折與失敗，如果我們能體認痛苦的價值，願意面對現實，有勇氣承擔痛苦，我們就能活得更堅強、更有價值。

第八節│逆反心理

「逆反心理」一詞在近幾年廣泛流行，引起了人們的普遍關注。提到逆反心理，每個人都可以舉出不少例子。比如：對於先進人物的宣傳，人們的反應不僅冷淡、反感，甚至貶低宣傳及宣傳者；當見到商品廣告出現「價廉物美」字眼時，很多人的第一反應是──「這種商品的品質肯定是次級的」；還有人說：「我一見到他就反感，一聽到他講話就不舒服」……凡此種種，都是逆反心理的表現。

究竟逆反心理的本質是什麼，目前爭議很大，可謂仁者見仁，智者見智。在各種關於逆反心理的說法中，《心理學大詞典》的解釋基本上

把它的本質屬性揭示了出來,是比較規範的「逆反心理是客觀環境與主體需要不相符合時,產生的一種心理活動,具有強烈的……抵觸情緒。」換言之,逆反心理是指客體與主體需要不相符合時產生的具有強烈抵觸情緒的社會態度。

一、逆反心理的正效應

孩子的逆反心理始終被認為有礙兒童身心健康。其實,逆反心理並非一無是處,它雖有妨礙孩子身心發展的一面,但也有很多正效應。

首先,產生逆反心理是幼兒教育弊端的曝光。當前,幼兒教育在方式、方法上存在許多問題。比如,許多年輕的父母不了解兒童年齡特點和身心發展水準,對他們提出的要求過高,讓兒童承受的學習任務過重;不知道兒童具有多方面發展的潛能和資質,具有多方面的興趣和愛好,為孩子過早定向,強制兒童過早地從事長時間的專業訓練。也有些父母脾氣暴躁,動輒打罵、罰跪、罰站甚至逐之門外;還有一些父母卻相反,視自己的孩子為「小太陽」,一切以孩子為中心,百依百順,本來孩子可以獨自很好完成的任務,父母卻要嘮叨半天,甚至一手包辦等等。孩子產生逆反心理,可以說正是這些教育弊端造成的。教養方式和手段違背孩子的天性,自然會引起孩子的抵觸、對抗和逆反心理。可見,孩子逆反心理的形成「事出有因」,它在一定程度上,敦促人們對幼稚教育做出了改進。

其次,逆反心理包含有許多積極的心理品質。兒童產生逆反心理,是其天性的自然流露。它從另一方面反映了幼兒自我意識強,好勝心強,勇敢,有闖勁,能求異,能創新。現代社會充滿競爭,迫切需要具有創造性思維、能開拓、能進取的人才。因此,父母要善於發現逆反心理中的創造性品質和開拓意識,並合理引導。只要引導得當,逆反心理是能夠在現代社會發揮積極作用的。

再次,逆反心理在某種程度上能防止其他一些不良的心理品質的形

成。逆反心理強的孩子，在不順心的情況下，在憤悶、壓抑、不滿的時候，敢於發洩，他們不會讓不愉快的事情長期滯留心中，他們不會讓有礙自己身心健康的負面情緒長期得不到釋放，他們不會有畏縮心理、壓抑心理，他們也不會懦弱、保守、逆來順受。他們以這種形式保持心理平衡，有時也能起到維持身心健康的作用。

因此，父母應善於發現逆反心理中的積極因素，並善加利用，而不應在孩子有逆反心理的時候，一味地抱怨、惱火，甚至是對孩子實行高壓政策。

二、「逆」什麼「反」什麼

青少年歷來都受到心理學家、教育學家及家長的特殊關注。從十二三歲到十七八歲，是青少年生理上基本成熟，認識和情感飛速發展，理想、信念、世界觀開始形成的重要時期。在這個階段，由於生理成熟與心理成熟的不平衡性，受自我意識覺醒等因素的影響，青少年心理發展呈現錯綜複雜、矛盾重重的局面，逆反心理的表現十分突出。青少年多數具有強烈的好奇心，受好奇心的驅使，喜歡新事物和新知識。

心理學研究表明，好奇心過強能形成一種特殊的心理需要，這種心理上的認知需要可以轉化為學習活動的動機，誘發學習興趣，促使和推動學習者去探索有關的事物和認知資訊。青少年在學習中表現出來的不迷信、不盲從，具有較強的求知欲和探索精神，正是他們好奇心的具體表現。一般說來，人們對於越是得不到的東西，越想得到，越是不能接觸的東西，越想接觸，這就是所謂的——「禁果逆反」。

我們有些老師、家長禁止青少年做某事，卻又不說明為什麼不能做的理由，結果適得其反，使「不要吸煙」、「不要談戀愛」之類禁令達不到應有的預期效果；對於被禁止、批判的電影、文學作品、理論文章卻懷著極大興趣去觀看、查閱……。「被禁的果子是甜的」，好奇心驅使青少年有時甘冒受懲罰的風險，去嘗試也許並不甜的「禁果」。

有相當數量的青少年對學校、教師的宣傳，表現出一種不認同、不信任的反向思考。他們往往以社會上某些個別的不公正的事實來以偏概全地全盤否定正面宣傳。

在教育過程中，許多教育者和家長都希望通過先進人物的感人事蹟，來教育感染青少年，喚起他們的熱情，以期達到激勵後進的目的。但結果卻往往適得其反。先進人物被說成是沽名釣譽的「投機家」或「傻子」，有些人無端懷疑這些先進人物的動機，進而否定他們的先進事蹟。對於身邊的榜樣，則冠以「拍馬屁」給予排斥和嘲笑。

三、心靈的補手

身邊的很多例子告訴我們，敵對心理對人，尤其是對於心理尚未成熟的青少年來說，是存有一定危害的。如果要讓他們健康成長，快樂生活，努力學習，必須糾正他們敵對、叛逆的異常心理，讓人與人的心靈真正握手！

多與父母、老師溝通，讓他們多了解自己。這是敵對、叛逆者最有效的良方，是心靈補手的第一步。以前，往往因不了解而引起很多不大不小的誤會或偏見，造成交流的堵塞，引起孩子的敵意。無論你是孩子還是家長或是老師，我們應該多製造一些機會交流溝通，互相了解對一些問題的看法，知道哪些地方需要雙方都進行改進，這樣就可以化解誤會，增進了解。只有雙方都得到更多的支持，學習和生活才會開始良性的循環。

對於學生而言，要發揮自己的強項。任何人都不是一無是處，都有自己的優勢，自己的弱項。雖然你學習成績不怎麼樣，但你能歌善舞、能寫會畫、體育能力出眾，只要盡情發揮，這也是成功、勝利。如果你把時間用於對自己優勢能力的挖掘發揮，你就沒有心思用敵對方式向世界表示你的不滿了。

還有，不要吝嗇，多給自己一點積極暗示。如果說你與你的父母

老師簡直無法溝通，你又是一個非常平凡的人，幾乎各方面都沒有特別突出的才能，你也用不著灰心喪氣，不然的話會對自己的健康造成極大的危害。最佳的做法是常給自己積極的暗示，每天可不定時地對自己說「我很快樂」、「我很幸福」之類的積極話語。保持愉快的心態，不僅可以減輕你的敵對傾向，而且可在學習生活中給你正面的影響。

總之，不要整天都一副世界對不起你的樣子，讓自己的眼神柔和一些，讓自己的微笑自然一些，心靈的補手就在不遠處！

第九節｜嫉妒心理

嫉妒是痛苦的製造者，在各種心理問題中是對人傷害最嚴重的，可以稱得上是心靈上的惡性腫瘤。如果一個人缺乏正確的競爭心理，只關注別人的成績，嫉妒他人，同時內心產生嚴重的怨恨，時間一久心中的壓抑聚集，就會形成問題心理，對健康也會造成極大傷害。

一、嫉妒心理的特徵

嫉妒者的幾種心態特徵常常表現如下——

(1) 爭強好勝。

(2) 不能樹立正確的目標。

(3) 對自己的現狀不滿，愛發牢騷。自我評價低，感覺不如別人。

(4) 自恃的條件好，希望別人不如自己，以此來體現自己的優越感。

(5) 感到別人的存在對自己構成了威脅。

二、嫉妒心理的調適

結合每一個人的實際情況，有意識地提高自己的思想修養水準，是

消除和化解嫉妒心理的直接對策。

1.自我渲泄 有時面對生活和事業上的巨大落差，或社會的種種不公正現象，人們都難免一時的心理失衡和嫉妒。這時，要是實在無法化解的話，也可以適當的宣洩一下。可以找一個較知心的親友，痛痛快快地說個夠，出氣解恨，暫求心理的平衡，然後由親友適時地進行一番開導。發洩完以後你可能就會覺得好受許多。當然，這種方式並不能最終解決嫉妒心理，還需要其他方面的調整。

2.樹立正確的人生觀 要胸懷大度，寬厚待人。和我們自己一樣，每個人都有成功的渴望。

我們在自己獲得成功時，一定也要尊重別人的成績和才華。

3.正確評價競爭 如今社會上競爭無處不在。當看到別人在某些方面超過自己的時候，不要盯著別人的成績怨恨，更不要企圖把別人拉下馬，而應採取正當的策略和手段，在求進步字眼上狠下工夫。

4.正確評價成功 有了關於成功的正確價值觀就能在別人有成績時，會肯定別人的成績，並且虛心向對方學習，迎頭趕上，以靠自己努力得來的成功為榮。採取正確的比較方法，將人之長比己之短，而不是以己之長比人之短。發現不足，迎頭趕上。

5.正確評價他人的成績 嫉妒心往往是由於誤解所引起的，即人家取得了成就，便誤以為是對自己的否定。其實，一個人的成功是付出了許多的艱辛和巨大的代價的，人們給予他讚美、榮譽，並沒有損害你，也沒有妨礙你去獲取成功。

6.提高心理健康水準 心理健康的人，總是胸懷寬闊，做人做事光明磊落。而心胸狹窄的人，才容易產生嫉妒。虛榮心是嫉妒產生的重要根源。虛榮心是一種扭曲了的自尊心。自尊心追求的是真實的榮譽，而虛榮心追求的是虛假的榮譽。對於嫉妒心理來說，它的要面子，不願意別人超過自己，以貶低別人來抬高自己，正是一種虛榮，一種空虛心理的需要。所以克服一份虛榮心就少一分嫉妒。嫉妒心一經產生，就要

立即把它打消掉，以免其作祟。這種方法，需要靠積極進取，使生活充實起來，以期取得成功。

7. 能客觀評價自己 嫉妒是一種突出自我的表現。無論什麼事，首先考慮到的是自身的得失，因而引起一系列的不良後果。所以當嫉妒心理萌發時，或是有一定表現時，要能夠積極主動地調整自己的意識和行動，從而控制自己的動機和感情。這就需要冷靜地分析自己的想法和行為，同時客觀地評價一下自己，找出一定的差距和問題。當認清了自己之後，再重新看別人，自然也就能夠有所覺悟了。

8. 尋找真正的快樂 我們要善於從生活中尋找真正的快樂。如果一個人總是想：比起別人可能得到的歡樂，我的那一點快樂算得了什麼呢？那麼他就會永遠陷於痛苦之中，陷於嫉妒之中。

快樂是一種情緒心理，嫉妒也是一種情緒心理。何種情緒心理佔據主導地位，主要靠自己來調整。如果我們能從幫助別人中，從娛樂休閒中，從自然美景中，從甜蜜愛情中，從家庭溫暖中找到快樂的話，就不會把傷害別人所得到的那點暫時的滿足，看得那麼重要了。

9. 學會放棄 有時候，別人的成功是基於自己的特色或長處的，而我們在這方面是不擅長的，這時，我們要學會欣賞別人的長處，而不是非要跟他一樣。比如，我們看聯歡會時，看到光彩耀眼的歌星，聽別人說他們一晚上的收入上幾十萬。這時如果我們因此寢食難安，老是想他們的收入，因此感到萬分不平衡，影響了正常的生活就不值得了。

心理學家的觀察研究證明，嫉妒心強烈的人易患心臟病，而且死亡率也高；而嫉妒心較少的人群，心臟病的發病率和死亡率均明顯低於其他人，只有前者的三分之一，甚至是二分之一。此外，如頭痛、胃痛、高血壓等，易發生於嫉妒心強的人，並且藥物的治療效果也較差。所以我們一定要放寬心胸，不要和別人，更別和自己過不去。

第十節｜報復心理

在社會交往中，有些人欲以攻擊方式對那些曾給自己帶來傷害，或不愉快的人發洩不滿，這種情緒就是報復。報復心理是一種不健康的心理狀態，它不僅會對報復對象造成這樣或那樣的威脅，而且有害自己的心理健康。試想；如果這個世界上誰都「有仇必報」的話，那麼冤冤相報何時能了呢？社會又怎麼能夠平靜安穩？所以，腦袋中還在轉著報復念頭的人，勸你趁早「放下屠刀」吧！

每個人都該學會用動機和效果統一的觀點去衡量人的行為，這樣可以減少許多不滿情緒的產生，為報復心的萌生斷了後路。當他人給你帶來傷害或不愉快時，你應該試著回想自己是否在某時某刻也給別人帶來過同樣的傷害。如此將心比心，報復的欲念就會慢慢散去。在人際交往中，不可能沒有利害衝突。當你受挫折或不愉快時，不妨進行一下心理換位，將自己置身於對方境遇中，想想自己會怎麼辦？通過這樣的換位，你也許能理解對方的許多苦衷，正確看待他人給自己帶來的挫折或不愉快，從而消除報復心理。

報復畢竟是對他人的一種傷害，每個人在轉報復的念頭時務必要多考慮報復的危害性。報復行為會不會受到社會輿論的譴責？會不會觸犯紀律或法律？如果你的良心約束不了你，那只有讓法律來束縛你。

有報復心理的人一般心胸狹窄，易受情緒影響，且惡劣心境的作用強烈而漫長。所以，要加強自身修養，開闊心胸，提高自制能力，讓自己在陽光雨露下生活。

多一點寬容，根除報復心理，我們將贏得更多的朋友。

一、女人的報復

　　報復是人性中一處扭曲的心理死結。它很像潛藏的癌細胞，當人能控制它時，也許並沒有什麼危害。可一旦它超過正常的心理比例，就會給人們造成傷害。

　　人們總認為報復的受害者是被報復者，其實不然，最倒楣的受害者往往會是報復者本人。在報復者實施報復之前，報復者就會跌進扭曲、變態的心理深淵。報復者會花很多時間去構思、幻想和實驗報復的內容。他們會經常陶醉在演習的過程中，而且還會一個人冷冷地傻笑。很多時候報復者完全處於陰暗的心理狀態之中，他們會有自覺犯罪心理。因此心存報復的人內心難得明朗，發霉的心久而久之便會形成一種畸形的態勢。

　　要命的是這種狀態會在日常生活中顯現出來。在生活中我們感到有些人老是陰陰的；有些人總令你不寒而慄，想離他（她）遠些；有些人你即使想說服自己接受，但感覺始終讓你對他（她）充滿警惕。原因很簡單：正常人無法接受心理扭曲心態失衡的人，他們對這類人很反感，不屑也根本不願意與他們交往。其實，報復心重的人有時也想輕鬆暢快地與人交流，但其骨子裏時不時露出的報復濁氣，令人望而生畏。當報復心駕馭了人的靈魂時，人就無法自己。從這一刻起，報復者就自己為自己判了無期徒刑。在這種情勢之下，報復者就只有一種選擇：孤獨（一種像孤魂野鬼似的孤獨）。

　　漂亮女人容易滋生報復。因為報復需要漂亮女人的實力來催生它，也需要漂亮女人用虛榮來張揚它。女人的美本質上與漂亮無關，它主要體現在親和力。親和力與漂亮是兩回事。許多女人認為漂亮就是一切，而且經常為自己的漂亮而忘乎所以。女人的漂亮是一個是非的結構，很多出事的焦點都喜歡集聚在這個結構上，報復更不例外。漂亮女人如果懂得利用漂亮來增加自己的親和力，使自己大度和善良，她就會是個非常迷人的女人。

　　有時女人很奇怪，就在一剎那間，她們會平白無故地對比自己長得

漂亮、聰明和幸運的女人產生敵意。報復心重的女人會在社交場所攻擊她臆造的「敵人」，儘管這個「敵人」她根本就不認識或一點也不熟悉。我親眼見過一位有身分的女人，在餐桌上咬牙切齒地罵一個與她毫不相干的女人。她不斷地貶低那女人，在貶低的過程中她自己還氣得臉青面黑，我差點懷疑那女人是否殺死了她父母，或搶走了她的愛人。

人是靈魂塑造的。當一個人的靈魂真的已被報復心控制，他（她）失去最多的是人性中最寶貴的東西：寬容和慈善。失去寬容和慈善的人面部有一層潛藏的殺機，這層殺機嚴重衰減著這個人的魅力。人有時說不出什麼高深的道理，但卻能感覺出事物的本質。一個人接受另一個人，不是接受樣子，而是接受感覺。許多報復心重的人也懂這個道理，不然他們就不會費盡心力地偽裝自己。偽裝很累，因此懷揣報復的人，整天都會覺得自己很有壓力。

報復的根源，無外乎是過分在乎和過分壓抑的結果。人與人之間有不同看法和意見本來很正常，如果不過分在乎，能以健康心態去對待心中的不滿，就可以找到消除敵對情緒的好方法。有時一些事的確讓你忍無可忍，就事論事地宣洩一下也無大礙。人是一個容器，憋得過分肯定會出大事。有些突發事件非要逼你大打一頓，大打也行，打完之後說不定雙方都能獲得一種輕鬆和愉悅。重要的是不要死記前仇，如果死記著仇恨不放，就會慢慢形成報復的死結。

人的命運本來都是不錯的，結果很多讓變態心理改變了自己的軌跡。生命是一種在定律中舞動的音符，當你偏離自己正常的旋律，就意味著已將自己鎖定在悲劇裏。如果我們站在歷史的角度去審視報復的價值，我們真的會驚歎：「報復的人生成本實在是太昂貴！」

二、莫傷別人，莫傷自己

只要你翻開報紙一看，隨時可以看到幾則駭人聽聞的惡性事件，且日日新鮮，件件不同。

　　如明星陳××跳樓自殺；聞名世界的甲殼蟲樂隊（Beatles披頭四）的靈魂人物約翰‧藍儂被他的歌迷槍殺；足球明星大擺烏龍後被球迷槍殺陳屍街頭；美國的校園槍擊案幾月一宗；雇員遭解僱後在公司亂槍掃射；為幾塊錢殺人的事件多得不計其數；為點小事大動干戈的更是司空見慣；為爭點面子而大打出手的也是家常便飯；小女子提出分手男友憤而殺之；女子感情受挫、失戀自殺的更是多於牛毛；小倆口吵架妻子上吊、喝農藥；小學生考試成績未達95分要求被母親責備而去跳樓；一群中學生因功課壓力過大而集體自傷自殘……

　　在這裏你可以感受到人性暴戾的一面，不過在造成不可挽回的損失之後，絕大多數當事人都是悔不當初的，有些人在臨刑前懺悔，有些人在鑄成大錯後痛哭流涕，當然也有些人連後悔的機會都沒有，就直奔黃泉路了。種種事件令人唏噓，更令人納悶：這個世界究竟怎麼啦？其實這是激情的使然，是人類情緒失控的表現，只要情緒控制得當，很多悲劇都可以避免，可以防患於未然。

　　情緒是一種防禦本能，是人類進化過程中獲得的一種生存競爭能力，遭遇危險是「戰」或「逃」，關乎生死存亡，這在遠古時期是人類賴以生存的關鍵，但在當今文明社會，該防禦本能的過分運用會導致人際關係緊張甚至衝突，釀成悲劇。

　　情緒是一種本能的能量，情緒作為一種能量是有積蓄效應的，積蓄到一定程度就需要發洩，但可以通過改道來宣洩。報復的心理，同樣可以且必須通過改變發洩方法，轉換發洩管道來宣洩。切勿在一念之間，讓邪惡占了上風，到頭來後悔莫及。

第十一節 | 挫折心理

人的一生中，需要經歷許許多多的挫折。有的人遇到挫折就害怕了，就灰心了，就被那一張嚇人的面孔嚇退了；有的人卻能不畏失敗，知難而進，經過努力而站在成功的終點線上。於是，一種人在消極中墮落，脆弱得經不起考驗；另一種人在積極中奮進，堅強地面對所有的挫折，最終戰勝挫折。

一、挫折與失敗

人生在世，總會有幾番起落。在我們前進的道路上，挫折和失敗在所難免。

少年朋友學騎車練游泳，往往摔跤喝水；青年學生高考落榜，失去上大學的機會；辛勤創業者，蓋起房屋卻被洪水沖垮；商海弄潮兒，想賺錢反倒蝕了本；愛情出現風波，心上人移情別戀；朋友發生誤會，友誼蒙上陰影……凡此種種，都是一種挫折和失敗。只要有人類存在，就一定有挫折和失敗存在。

挫折和順利，失敗和成功，都是完整人生不可缺少的組成部分。它們之間，相反相成，互相轉化。老子曾說：「福兮禍之所伏。」順利往往伴隨挫折而來，成功常常在失敗中誕生。無數事實證明，挫折和失敗是成功之母。

偉大的科學家愛因斯坦在小學讀書時，同學們都罵他是「笨蛋」。有一天上手工課，老師從學生做的一大堆泥鴨子、布娃娃、蠟水果等作品中拿出一隻很不像樣的小木板凳，氣憤地問：「你們誰見過這麼糟糕的板凳？我想，世界上不會有比這更糟糕的凳子了。」愛因斯坦回答：「有的。」然後他從書桌裏拿出兩隻更不像樣的凳子說：「這是我第一

次和第二次做的。現在交給老師的是第三次做的，雖然它並不使人滿意，但總比這兩隻強些吧！」

挫折和失敗，都是成功道路上不可或缺的伴侶。人，不經磨鍊不成才；事，不經歷坎坷難成正果。一切挫折和失敗，都爲崛起提供了不可多得的思考和契機。一位作家說：「對苦難的一次承擔，就是自我精神的一次壯大。」每一個有識之士、有志之士，都不應在挫折和失敗面前逃遁、沉淪，而應在挫折和失敗中崛起、抗爭。在挫折和失敗中自強不息，這是促使人的精神走向理性、走向成熟的條件之一。

挫折和失敗不僅是人的生命中不可迴避、必然出現的組成部分，而且，它的出現可能使人的生命更加絢麗多姿。人們常說，無限風光在險峰，動人的音樂多爲悲涼的韻調。的確，生命似洪水奔流，若地勢平坦，水勢必然平緩，只有遇到暗礁，生命之水才能激起美麗的浪花。朋友們，讓我們牢記「挫折和失敗是成功之母」這一至理名言，面對挫折與失敗，勇往直前，努力去奪取成功吧！

二、善待挫折

漫漫歲月，茫茫人海，生活道路上無不充滿坎坷，如生活困難，高考落榜，升職無望，體質不佳，借貸無門，辦事受阻，無端受控等等天災人禍。不管你喜歡不喜歡，不管你願意不願意，挫折隨時都可能翩翩而來。

挫折雖給人帶來痛苦，但它往往可以磨鍊人的意志，激發人的鬥志；可以使人學會思考，調整行爲，以更佳的方式去實現自己的目的，成就輝煌的事業。科學家貝佛里奇說：「人們最出色的工作往往是在處於逆境的情況下做出的。」因此可以說，挫折是造就人才的一種特殊環境。

當然，挫折並不能自發地造就人才，也不是所有經歷挫折的人都能有所作爲。法國作家巴爾扎克說：「挫折就像一塊石頭，對於弱者來說是絆腳石，讓你怯步不前；而對於強者來說卻是墊腳石，使你站得更

高。」只有抱著崇高的生活目的，樹立崇高人生理想，並自覺地在挫折中磨鍊，在挫折中奮起，在挫折中追求的人，才有希望成為生活的強者。

挫折是我們最挑剔的朋友，它時時刻刻都在準備與你翻臉。但是不管怎麼說，它最終還是你的朋友，當你真正接納了它並且決心戰勝它的時候，你就會發現原來它也挺忠誠的。

挫折又是一劑良藥，它有著「良藥苦口利於病」的功效。你也許遇到過什麼重大挫折，那時你會很悲傷，但你是否覺得軟弱不是辦法。這時你就應該抬起頭來，向生活挑戰，你會驚訝地發現，挫折不過如此。

挫折還是人生道路上的基石，沒有經歷坎坷，怎能認識到坦途的平穩，而沒有基石，又怎會有坦途。

三、笑對挫折

有一位青年，因為工作不順利而悶悶不樂，面對一個挫折而消極處世，於是他的領導不再重用他了，時間長了他的領導就想辭退他，然而他卻依然不思進取，終於在某一天遭到淘汰的厄運，丟了一份還算可以的工作！

有一些人在受挫折時總編造出一點理由，為自己開脫，這就像「技術差的廚師，總說爐火不好使」一樣，沒有真正認識到自己本身的不足之處，而怪條件不好。

對於挫折只能去面對它，正視它，堅持自己心中必勝的信念，相信這些挫折不算什麼，再大的險阻困難也能承受。歷史上的名人志士哪一個沒有在自己的生命之旅中受過挫折？正所謂：「不經一番寒澈骨，怎得梅花撲鼻香？」只要能堅定信念，勇敢去挑戰挫折，就可以撥雲見日，踏上成功的大道。

只有那些經不起風浪，不敢接受挑戰的人，才會被挫折嚇倒，對於真正心中充滿了熱情，懷有堅定信仰的人，挫折不過是一頓午飯中吃出來的一粒小石子，第一次咬到時也許是碰痛了牙齒，但只要辨清它的方

向，確定它的位置，就可以把它從口中的食物中分離出來，並拋棄它。

生活中因為有挫折，才鍛鍊了我們的承受能力，它能時刻提醒著你何處跌倒，就從何處爬起來，繼續往前走。一個挫折往往可以使人們從中學到許許多多的東西，明白自己的許多不足點。如果成功是一門學科，那麼挫折就是一位老師，他善於用反面事例和材料教育人們明白成功的必備條件，從而使人們更好地去獲得成功。

通向榮譽的路上，並不鋪滿鮮花，還潛伏著種種挫折。朋友，遇到挫折就勇敢去挑戰它吧！記住，挫折並不可怕，可怕的是一個人已經失去了面對挫折的勇氣！

四、不是太陽在墜落

有一天，一個悲觀主義者和一個樂觀主義者，一同在黃昏的路上散步。悲觀主義者觸景生情地說：太陽正在墜落。樂觀主義者則說：群星正在升起。看來，同樣一件事，心態不同，情感不一，會得出兩個不同的結果。

生活中，我們時常會看到這樣一種情況，有的人即使受到沉重打擊，也能笑對生活，勇敢地生活下去，最終成就一番事業。而有的人一遇挫折和困難就灰心喪氣、怨天尤人，陷入痛苦的泥潭而不能自拔，甚至自暴自棄。

古人「自古雄才多磨難，從來紈袴無偉男」說的是一個人要取得成功，成就一番事業，都必須經歷千辛萬苦，戰勝艱難困苦，不斷地摔打和磨鍊自己的堅強意志和頑強毅力。人生道路坎坷，曲曲折折，充滿艱辛與挑戰，絲毫也不奇怪，但如何對待它卻是對一個人的嚴峻考驗。當遇到這樣那樣的困難與挫折，甚至是慘重的失敗時，怎麼辦？我們別無選擇，只能勇敢地面對挫折與困難，既不因為一時挫折而心灰意冷，也不因為暫時困難而畏難退縮，必須把挫折看成奮起的契機，將困難化作磨鍊意志的動力。要在迎戰艱難困苦的鬥爭中努力培養堅強的品質、意

志和毅力。

　　人的身上蘊藏著一種潛在的力量，這種潛在的力量是巨大的，只是人們尚未去挖掘。一位外國作曲家在與人談起創作感受時說：「一磅鐵只值幾文錢，可是經過錘鍊之後可製成幾千根鐘錶發條，價值累萬。音樂創作的價值就在於此。」這就告訴我們，鐵可百鍊成鋼，人也可百鍊成才。常言道：「寶劍鋒從磨礪出，梅花香自苦寒來」。消沉，是人生之大忌；奮發，才是進步之益友。古人尚有「頭懸樑錐刺股」「鑿壁借光」的意志和毅力，何況今人？

　　樂觀是一個人的重要心理品質。研究表明，樂觀的生活態度將會使人過得更愉快、更健康，而且在事業上更為成功。相反，悲觀則使人意志消沉、委靡不振、抑鬱孤獨。所以，只有對人生持積極態度又敢於同世俗挑戰的人，勇於壓倒一切困難的人，敢於同命運抗爭的人，才能永遠在生活中抱樂觀態度。

　　如果你樂觀，每天都有令你開心的事；如果你悲觀，每天都有使你煩躁、苦悶、傷心、失意的事發生。有什麼樣的心理素質就有什麼樣的生活。一個成熟的人，一個熱愛生活的人，一個充滿愛心的人，一個對生活滿懷信心和希望的人，就能把自己完美地融入到社會群體之中，就能適應多種環境並獲得成功。我們就是應該努力把自己培養鍛鍊成這樣的人。努力吧！勝利的桂冠、理想的果實永遠屬於那些執著追求、不懈奮進的人。

五、魔力暗示

　　科學家研究指出——人是惟一能接受暗示的動物。

　　暗示，是指人或環境以不明顯的方式向人體發出某種資訊，個體無意中受到外在的影響，並做出相應行動的心理現象。暗示是一種被主觀意願肯定了的假設，不一定有根據，但由於主觀上已經肯定了它的存在，心理上便竭力趨於肯定的結果。

　　舉兩個實例。某人到醫院就診，訴說身體如何難受，而且身體日漸消瘦，精神日見頹喪，百藥無效，醫生檢查，發現此人患的是「疑病症」。後來，一位心理醫生接受了他的求治。醫生對他說：「你患的是某某綜合症。正巧，目前剛試驗成功一種特效藥，專治你這種病症，注射一支，保證三天康復。」打針三天之後，求治者果然一身舒泰出院了。其實，所謂「特效藥」，不過是極普通的葡萄糖，真正治好病的，是醫生語言的暗示作用。

　　二次大戰時，納粹在一個戰俘身上做了一個殘酷的實驗：將戰俘四肢捆綁，蒙上雙眼，搬動器械，告訴戰俘：現在對你進行抽血！被蒙上雙眼的戰俘，只聽到血滴進器皿的嗒嗒聲。戰俘哀號一陣之後氣絕而終。其實，納粹並沒有真正抽該戰俘的血，滴血之聲乃是模擬的自來水聲。導致戰俘死亡的，是「抽血」的暗示：耳聽血滴之聲，想著血液行將流盡——死亡的恐懼，暫態導致腎上腺素急遽分泌，心血管發生障礙，心功能衰竭。

　　一正一反兩個例子，足以證明「暗示」的魔力。

　　處在競爭激烈的時代，人們面臨的心理問題對自身的威脅，將遠遠大於生理疾病的威脅。欲望讓人亢奮與緊張，諸多的煩惱又讓人困惑與無奈；物質日漸豐富，而精神日見貧乏，人們從未像今天這樣真切地感受到精神家園失落的迷茫。善於調適心理的人，如同善於增減衣服以適應氣候變化一樣，能獲得舒適的生存；而不善於調適者，卻是長久走不出煩惱的惡性循環，極容易接受消極與虛妄的心理暗示。

　　醫治心病，最重要的莫過於自療。正如人們越來越看重身體鍛鍊一樣，時時注意自身的心理鍛鍊，使自己擁有一個健康的心理，比擁有一個健康的體魄更為重要。生活中我們不難看到，許多身有殘疾乃至身患絕症者，活得積極樂觀；而許多身體狀況正常者，卻活得無聊無趣終日煩惱，進而或怨天尤人、自暴自棄，或自囿於現實世界之外的幻想世界以自慰。

如同有半杯水，消極者會說：「我只剩下了半杯水。」積極者會說：「我還有半杯水！」同樣擁有，卻有兩種截然不同的人生態度與價值判斷，也是兩種截然不同的自我心理暗示。

人生也是一場接一場的球賽，勝負常在不可預料之間。讓我們時時給自己一個積極進取的心理暗示：我能贏。給自己喊一聲：加油！

第十二節｜浮躁心理

浮躁是一種衝動性、情緒性、盲動性相交織的社會心理，它與艱苦創業、腳踏實地、勵精圖治、公平競爭是相對立的。在這個瞬息萬變的物質世界中，其實人人都可能有過浮躁的心理，但是這也許只是一個念頭而已！一念之後，人們還是該做什麼就做什麼，不會迷失了方向。然而，當浮躁使人失去對自我的準確定位，使人隨波逐流、盲目行動時，就會對家人、朋友，甚至社會帶來一定的危害。

一、以平常心對待物質世界

如今，人們交談的話題常常是誰又升遷了，誰在股市裏賺了多少錢，誰家的房子有多大，諸如此類，不絕於耳。要在物欲橫流的世俗中，保持出於污泥而不染的平淡心境難能可貴。

平淡，即平靜而澹泊。生活在物質世界中，形形色色的物質利益競相角逐，精彩紛呈，面對這粉墨登場的物質利益的頻頻秋波，能做到坐懷不亂，平靜而澹泊確非易事。然而，只有清醒、理智地直面物欲的挑戰，蔑視引誘，把握住自己，控制住自己，才能做一個純粹的人，一個道德高尚的人；只有從容、鎮定地迎接物欲進攻，堅強自己，錘鍊自己，才能做一個有益於社會、有益於人民的人。而這樣的人，對於淨化我們

的社會風氣，對於純潔我們的事業是多多益善的。

　　平淡並非不思進取；平淡並非清心寡慾。平淡是人的一種境界，一種人經過錘鍊與蕩滌之後的高境界。這種境界是建築在人的精神意志經過千錘百鍊之後，使高風亮節常駐的基礎之上的；這種境界也是建築在人的心靈世界經過一次次蕩滌洗禮之後，使道德情操永在的基礎之上的。它與無所事事、渾渾噩噩者涇渭分明、毫不相干。無所事事者，不思進取，空歎前途，精神空虛；渾渾噩噩者，度日如年，滿腹牢騷，懶惰成性。平靜澹泊者，面對同伴的升遷，心胸坦蕩，拱手誠賀；平靜澹泊者，面對他人的發達致富，和顏悅色，同喜同樂。

　　追求平淡雖非易事，然而只要堅定信念、痛下決心、千錘百鍊，則必能成功。追求平淡，道德修養必不可少，包括樹立正確的人生觀、價值觀與處世觀。追求平淡，克服浮躁心理、攀比心理，以一顆平常心對待物質世界的點點滴滴，則必能襟懷坦白，心志高遠。在棋壇有「石佛」之稱的韓國圍棋第一高手李昌鎬，就是這方面的典範。他總是以一顆平常心來對待每次對弈，置勝負於度外，平心靜氣地走好每一步棋，最終的勝者則常常是他。由此可見，平常心對提升人的意志品質與修養是何等的重要。

二、告別浮躁

　　生活中，我們經常看到一些人做事缺少恒心，見異思遷，急功近利，不安分守己，總想投機取巧，成天無所事事，脾氣大。面對急遽變化的社會，他們不知所為，對前途毫無信心，心神不寧，焦躁不安。由於焦躁不安，情緒取代理智，使得行動具有盲目性，行動之前缺乏思考，只要能賺到錢違法亂紀的事情都會去做。

　　為什麼熬過了那段吃不飽穿不暖的日子，到了不用再去擔心溫飽問題，可以逛街，可以下館子，甚至可以住漂亮的房子，可以開豪華的車子的年代，人們的心卻漸漸地躁動不安了呢？

　　也許是現在真的不比從前了。社會變革對原有結構、制度的衝擊太大，一些原有體制正在解體或成為改革的對象，而新的制度相應又尚未建立起來。在這種情況下，人們很難對自己的行為進行預測，很難把握自己的未來。同時，伴隨著社會轉型期的社會利益與結構的大調整，有可能使一部分原來在社會中處於優勢的人「每況愈下」，而原來在社會中處於劣勢的人反而佔據了優勢。每個人都面臨著一個在社會結構中重新定位的問題，即使是千萬富豪也不能保證他永遠揮灑自如。那些處於社會中游狀態的人，更是患得患失，戰戰兢兢，在上流與下游兩個端點間做文章，於是，心神不寧，焦躁不安，迫不及待，就不可避免地成為一種社會心態。

　　也有人在風雲變幻中依然泰然自若，氣定神閑。而另外一些人，卻總是在與他人的攀比中心神不寧。他們漸漸覺出了自己對社會生存環境的不適應，從而對自己生存狀態不滿意，於是過火的欲望油然而生。在拜金主義、享樂主義、投機主義所蕩滌的躁動化的社會心態驅使下，不少人只有一個目標：為金錢而奮鬥。但奮鬥又缺乏恒心與務實精神，缺乏對自己的智力與發展能力的準確定位，因而使人顯得異常脆弱、敏感、冒險，稍有「誘惑」就會盲從。

三、讓躁動的心安靜

　　在攀比時要知己知彼。「有比較才有鑒別」，比較是人獲得自我認識的重要方式，然而比較要得法，即「知己知彼」，知己又知彼才能知道是否具有可比性。例如，相比的兩人能力、知識、技能、投入是否一樣，否則就無法去比。知己知彼，人的心理失衡現象就會大大減低，也就不會產生那些心神不寧、無所適從的感覺。

　　開拓當中要有務實精神。改革需要有開拓、創新、競爭的意識，但是也要有持之以恆、任勞任怨的務實精神。務實就是實事求是，不自以為是的精神，是開拓的基礎，沒有務實精神，開拓只是花拳繡腿，這個

道理是人人都應該弄懂的。

遇事要善於思考。不能崇尚拜金主義、個人主義、盲從主義，考慮問題應從現實出發，不能跟著感覺走，不能做違法違紀的事，要看到命運就掌握在自己手裏，道路就在腳下，看問題要站得高、看得遠，切實做一個實在的人。

告別浮躁，從容不迫地迎接每一輪太陽的升起！

第十三節 | 完美主義心理

一、完美主義者的表現

1. 對自己要求苛刻 因為你的內向和高標準，一件做得很出色的事情，也不能令你滿意，且常歸咎於自己，因而你常常自慚形穢。

對他人要求嚴格，挑剔，不留情面：如果完美主義者是一個老闆的話，他絕對是一個難伺候的老闆。他在挑剔自己的同時，也會讓周圍的下屬感到一種壓力，因為他對下屬的要求必定也十分嚴格。

2. 善於發現問題 完美主義者更容易注意到一些小的細節的問題，並力求改進。他們喜歡尋根問柢，不會只滿足於看到事物的表象，能發現別人發現不了的問題，並能找到根本的解決辦法。

3. 固執己見 完美主義者容易堅持自己的標準，認為別人的標準太過寬鬆；他們也容易堅持自己的想法，不顧他人的意見。

4. 自律性很強、意志堅定 一旦預見到將來的結果，就會一絲不苟、心無旁騖地去做。他們有長遠目標，也只喜歡做那些與長遠密切相關的事。

5. 控制欲望強，喜歡發號施令 完美主義者希望事情都能按他所設想的走下去，達到他的目的。

此外,完美主義者常常感到焦慮,緊張,不滿,易患潔癖等強迫症。

二、完美主義者的心理特徵

1. **追求完美**　這是完美主義者最典型也最突出的表現。

2. **自尊心脆弱**　他們過分地渴求完美,其實是一種自尊心脆弱的表現,希望借此來得到別人的贊同,不惜以苛求自己的方式來達到目的。

3. **控制欲望強**　自視甚高的完美主義者對自己的要求高,內心深處想要超過別人,他們也傾向於認為自己比別人強,所以要求也要高。

4. **有幫助別人的想法**　將不完美等同於不可愛,不值得愛。

三、完美主義心理的調適

1. **接受不完美的現實**　沒有十全十美的人,沒有十全十美的事,這就是客觀現實,不要逃避,要接受。

2. **放鬆對自己的要求**　比如:你很希望別人能證明你的能力,但因為每次別人讚揚的都會遭到你的反對,別人也就再沒興趣了。那麼,記住,當別人讚揚你的時候,要說聲「謝謝」。

另外,完美主義者對計畫、秩序、組織有特別的需要。但你切記別過了頭,最好把這個本領用在工作上。如果開始任何事之前,你都需要一個完善的計畫才行動,你就會一事無成,因為多數事情都沒有完美的答案,或者是當你開始幹了之後,才知道什麼是最合適的。如果交給你一件不限時間的工作,你會完成一件精品和傑作,但有緊急事情,別人可能不太放心交給你做。

人們常說「嚴以律己,寬以待人」,而許多時候,我們也需要寬以待己,一個寬容大度的人不僅容易原諒別人的缺點和過失,也應為自己營造寬鬆的心理環境。

3. **增強自信**　做為一個悲觀的完善主義者,你是最不容易看到自

己優點的人，其實，你具備很多很多的優點。

4. 改變認知　即使做錯事也沒什麼。

5. 寬以待人　完美主義者是仔細周到的人，但是，你要小心，不要總是指出別人的錯誤，讓別人反感或緊張。也不要因為別人做事不合你的要求，而大包大攬，尤其是對你的孩子。你喜歡乾淨整潔，但小心不要讓家人和朋友在你的家裏感到待在哪兒都不合適。

如果你把發現問題的敏感用在發現自己的缺點和別人對你的態度上，你就很容易受傷，因為你以為人人都會像你那樣三思而後行。比如，有一個辦事隨隨便便，說過的事情轉身就忘的人，說過請你吃飯之後就沒下文了，你會深深地受到傷害，因為，你可能精心地為這次赴宴準備好了禮物。另外，生悶氣的習慣，對你的身體沒任何好處。

第 3 章
常見情緒障礙與自我調適

第一節 │ 焦慮

焦慮已是當今文明社會的一大公害，預計隨著社會結構、社會關係以及人們價值觀念的變化，人們將會有越來越多的焦慮。

一、什麼是焦慮

我們每個人都知道什麼是焦慮，在你面臨一次重要的考試以前，在你第一次和某一位重要人物會面之前，在你的老闆大發脾氣的時候，在你知道孩子得了某種疾病的時候，你可能都會感到焦慮不安。焦慮並不是壞事，適當的焦慮，對個體的生存保持警覺性，激發人的積極性，對促進個人和社會的進步都有好處。焦慮往往能夠促使你鼓起力量，去應付即將發生的危機。

但是如果你有太多的焦慮，以至於達到焦慮症，這種情緒就會起到相反的作用 —— 它會妨礙你去應付、處理面前的危機，甚至妨礙你的日常生活。

焦慮不僅可以引起心理上的變化，也可引起生理上的一系列變化。

焦慮時，心煩意亂、坐立不安，搓手頓足、心緒不寧，甚至有災難臨頭之感。工作學習時不能集中注意、雜念萬千，做事猶豫不決。焦慮還會影響睡眠，引起失眠、多夢或惡夢頻繁。白天頭昏腦脹，感覺過敏，怕噪音、強光及冷熱，容易激動，常會有不理智的激情發作。生理方面，出現唇焦舌燥、口渴、多汗、心悸、血壓升高及發熱感，同時大小便次數增多。

嚴重時，有如下三種焦慮發作的形式——

【瀕死感】　發作時胸悶，氣不夠用，難受，有快斷氣之恐懼，有人會在急診室大呼：「醫生護士，快拿氧氣來！」但絕不會因此死人。

【驚恐發作】　莫名其妙地出現恐懼感，如怕黑暗、怕帶毛的動物、怕鋒利的刀剪、怕床下有小偷……甚至素來膽大的人也會有恐懼，但指不出害怕的對象。

【精神崩潰感】　此時心亂如麻，六神無主，有精神失控感，擔心自己會「瘋」而恐懼焦慮，但這絕對不會是精神病發作。

以上三種發作形式均短暫，只歷時數小時，焦慮緩解後，一切如常、風平浪靜。

長期處於焦慮狀態可以引起諸多疾病，如焦慮性神經官能症，高血壓、糖尿病、神經性皮炎等心身疾病。急性焦慮發作時，往往易引起腦血管破裂或心肌梗塞而死亡，故應對焦慮及時處理治療。

二、引起焦慮的原因

人們為什麼面臨如此眾多的焦慮，我們必須從自然界、社會、人的心理及認識活動，以及人格特徵來分析，這些因素可以概括為——

1. 在工作、生活健康方面均追求完美化　稍不如意，就十分遺憾，心煩意亂，長吁短歎，老擔心出問題，惶惶不可終日。須知，世間只有相對完美，並無絕對完美，世界及個體就是在不斷糾正不足，追求真善美中前進。應該「知足常樂」「隨遇而安」，絕不做追名逐利的奴隸，

爲自己設置太多精神枷鎖，過得太累，把生命之弦拉得太緊。

2. 沒有迎接人生苦難的思想準備　總希望一帆風順平安一世，其實不然，正如宇宙的自然規律一樣，人生自始至終，都充滿了矛盾，絕無世外桃源。人一降臨人間，就會面臨生老病死苦的磨難。沒有迎接苦難思想準備的人，一遇矛盾，就會驚惶失措，怨天尤人，大有活不下去之感。其實，「吃得苦中苦，方爲人上人」，要學會解決矛盾並善於適應困境。

3. 意外的天災人禍　會引起緊張、焦慮和失落感，或絕望，甚至認爲一切都完了，等待破產、毀滅或死亡。假如碰到意外不幸時，建議你正視現實，不低頭，不信邪，昂起頭，掙扎著前進，災難是會有盡頭的，忍耐下去，一定會走出暫時的困境。有時往往會「山窮水盡疑無路，柳暗花明又一村」，出現「絕處逢生」的局面。有時乍看起來是件禍事，過後說不定又是一件好事。人生就是這樣包含著「禍兮福所倚，福兮禍所伏」，好與壞，幸福與不幸的辯證關係。

4. 神經質人格　這類人的心理素質不佳，對任何刺激均敏感，一觸即發，對刺激做出不相應的過強反應。承受挫折的能力太低，自我防禦本能過強，甚至無病呻吟，杞人憂天。他們眼中的世界，無處不是陷阱，無處不充滿危險。整日提心吊膽，臉紅筋脹，疑神疑鬼，如此心態，怎能不焦慮？

三、焦慮的解除辦法

【自我鬆弛法】　在生理上，焦慮是與肌肉緊張相關聯的。如果你使自己的肌肉得以放鬆，那麼軀體的放鬆也會令精神有所放鬆，焦慮則無處立足了。

【肌肉放鬆法】　共可分以下四步驟——

第一步，要使肌肉放鬆，先須讓肌肉處於過度緊張狀態。先是軀幹：頭部下縮，雙眼微合，雙肩上聳，如縮頭烏龜狀，感到很緊張後，放鬆

頭及雙肩，然後將頭慢慢做逆時針轉動八圈，再按順時針轉八圈。當你做完這些動作以後，必須靜靜地躺在床上。

第二步，也是先緊張後放鬆。這次是腿：將右腳繃直抬高，腳尖繃緊直到不能堅持，然後完全放鬆地讓腳落在床上。接著抬起左腳進行與右腳相同的練習。切記要把全部注意力都集中在繃緊的那條腿上，想像從足尖到髖部都非常緊張，這樣才有可能達到肌肉放鬆。

第三步，同上，這次是手臂：右手上舉，握緊拳頭，繃緊手臂肌肉，同時集中注意力想像手臂非常緊張，當感覺很累的時候，讓手完全放鬆地落在床上。然後左手也做同樣的練習。

第四步，眼睛的放鬆：在左臂放下後，雙眼仍保持微合，想像頭頂的天花板上有個圓圈，直徑大約四米。想像著視線按順時針方向繞圓圈轉八圈，然後按逆時針方向轉八圈，要慢慢地轉動。完成以後，再想像一個邊長大約為四米的正方形，同樣順著它的邊做一遍。

完成以上步驟後，你什麼也不要想，只是靜靜地躺著，體會運動過後的那種鬆弛、寧靜的感覺。這種放鬆的方法是很有效的，但必須在安靜場合進行，要應急是不管用的。

【一時放鬆方法】　這是一種應急的方法。

一旦你感到焦慮，可按以下三步去做──

(1) 深深地吸一口氣，然後迅速吐出。這個過程能夠使肌肉很快地放鬆下來。

(2) 不斷暗示自己「放鬆、放鬆」。

(3) 把注意力集中在有趣的事物上停留幾分鐘。

完成這三步之後，可返回引起焦慮的問題，如果仍然感到焦慮，再重複這三個放鬆步驟，直到焦慮緩解。這個方法十分簡單，無論是在假想情景還是實際情景中，都可以多次重複練習。

【認知重構法】　認知重構法實際上是一種綜合療法，可分為以下三個步驟──

　　第一步，改變態度。焦慮症患者不敢直面人生，把世界想像得過分危險可怕。因此，首先應該做到的就是改變生活的態度。焦慮症患者慣常的態度可能是這樣的——

　　時光飛逝如電，我離死亡越來越近。

　　命運決定一切，我放棄自由選擇的權利。

　　世上人心險惡，我注定是孤立無援的。

　　……

　　這些態度都過分消極悲觀，如果不從根本上加以改變，焦慮症便無法根治。你應將原有的消極態度變為積極態度。例如——

　　時光飛逝如電，我要珍惜現在的一分一秒。

　　命運無法知曉，我有權自由選擇我的生活。

　　世上人心不易溝通，只要心誠定會得到幫助。

　　……

　　你把這些改變後的積極態度記下來，作為座右銘，經常讀一讀，進行自我強化。

　　第二步，挖掘病因。採用前述自我精神分析法挖掘焦慮的病因。認識到病因後，你必須正視它，然後努力用言語表達出來。這個小小的技巧，實際上是使焦慮症的潛意識衝動上升到意識的層次上，然後進行有意識的控制。

　　第三步，矯正行為。採用模仿、強化、幽默、自我建設性暗示等方法，對焦慮進行行為矯正。

　　模仿的主要對象是你生活中的強者。你如果很容易焦慮，那麼和一個幽默、瀟灑的人在一起，無形中你會受他言行的感染。你還可以模仿強者的為人處世方式，甚至可以向他們取經，了解他們戰勝焦慮的訣竅。其實，世上人人都有焦慮的體驗，只是有人戰勝了焦慮，有人卻成了焦慮的奴隸。

　　強化則是對你的積極性行為進行自我鼓勵，或尋求他人的鼓勵。自

我強化主要應從自我建設性暗示入手。過去焦慮時，你不正確的行為反應使焦慮得到了強化。例如——

我太痛苦了，我要死了。

這個工作我一定會失敗的，毫無希望。

現在你應採用建設性暗示有效地抑制焦慮。

我現在確實很痛苦，但解決困難都得有這麼一個過程，應努力調整自己，戰勝困難。

這個工作可能失敗，但失敗是成功之母，何況並非沒有一絲成功的希望。

……

原來的不良自我暗示往往是無意識的，而現在的良性暗示則是有意識的，富有建設性的。這樣的建設性暗示還有許多，你應將它們寫出來、記住並不時提醒自己。它們能非常有效地提醒你採用有效措施，同時減弱焦慮。

1. 冥想 於寧靜處坐或站，閉眼，肌肉和意念放鬆，集中想像力於一束鮮花、一處自然美景或回憶愉快的往事。逐漸導致心曠神怡，焦慮完全消除。

2. 氣功 太極拳，瑜伽功，皆可在練功過程中入靜，也可以消除焦慮。

3. 藥物 常用的對抗焦慮的藥物是各類定安劑，但只有在醫師指導下用藥，才是安全有效的。

第二節｜緊張

隨著生活節奏的加快，競爭意識的加強，人們普遍有一種緊迫感、

危機感，心理壓力加大，容易出現精神緊張，影響了工作和學習。因此，了解一下精神緊張產生的根源，學會合理調適精神緊張水準，這對於我們在競爭的社會中，儘快適應改革的環境，提高工作學習效率，還是大有益處的。

一、什麼是精神緊張

精神緊張一般分為弱的、適度的和強的三種。人們需要適度的精神緊張，因為這是人們解決問題的必要條件。

但是過度的精神緊張，卻不利於問題的解決。例如高考時年年都有考生暈場，就是由於臨考前一段時間，過多地考慮了考試成績好壞對自己終生的影響，過重的精神負擔必然造成這樣的動機──「我一定要考好，不然這一輩子就完了」，這種強動機勢必造成過度精神緊張，妨礙大腦的正常思維活動，結果反而考不出好的成績，甚至暈場。

過度精神緊張還容易造成情緒消沉、悲觀厭世、自我封閉。一個人如果長時間處於這種心理狀態，發展下去就會導致一系列心因性疾病的發生，嚴重的可導致性格變態，有少數人還可能會自殺。

有人曾說：在世界民族中，日本是一個喜歡自殺的民族，這與其社會競爭激烈，人們經常處於高度精神緊張之中，是不無關係的。

美國有一項研究抽查了三個大學的 962 名學生，其中 307 名（31.9％）有過自殺的念頭，42 名（4.3％）企圖自殺過，分析其原因是他們面對競爭的巨大心理壓力，經常遭受挫折，長期精神緊張，因而萌生自殺念頭。

二、怎樣解除緊張情緒

過度精神緊張給人身心健康帶來的威脅是明顯的、嚴重的，那麼應該怎樣做才能解除人的過度精神緊張而達到心理平衡呢？

1. 提出合理的期望水準 俗語說人貴有自知之明，每一個人都應

對自我有一個客觀的評價，正確地分析自己的優勢與不足，據此提出適合自己的合理期望，不要事事想成，也不要每一件事都要求完美。你的一生可能不很偉大，但卻活得有價值。各行各業的能手之所以能成功，就是因為他們認識到了自我的優勢，並根據優勢提出合理期望。其實我們每個人都可以做到這一點。

2. **保持幽默感**　我們每個人都應該活得輕鬆些，尤其是當自己身處逆境時，更要學會超脫，所謂「來日方長」，要看到生活好的一面，無憂無慮，自得輕鬆。

3. **對自己說「我行」**　做任何事都不要怕失敗，因為只有自信才會使你抓住成功的機會。要善於挖掘自身的潛能，改善原有的認識結構和行為模式，以提高自己對周圍環境的適應性和調節能力。克服自卑心理，因為生活中一個自我感覺強大的人，要比一個自我感覺藐小的人精神負擔要少得多。因此，認準了的事就去做，大聲對自己說：「我行！」那麼你一定就會獲得成功。

這裏所說的自信不是狂妄自大，也不是自以為是，而要學會自我控制。如果只指望他人把事情辦好，或坐等他人把事辦好，就可能使你處於被動地位，也可能成為環境的犧牲品。因此，辦任何事情，首先要相信自己，依靠自己，不要將希望寄託於別人，否則將坐失良機，產生懊喪心理，加重精神緊張。

4. **當機立斷**　死守著一個毫無希望的目標，不論對你自己，還是對你周圍的人，都會增加心理壓力和精神緊張。一個聰明人一旦打算完成某項任務時，就應馬上做出決斷並付諸行動。當他發現已做的決定是錯誤的，就應立即另謀辦法。優柔寡斷，會加劇精神負擔。

5. **養成寬容的習慣**　古人說得好：宰相肚裏能撐船。只有心胸似海的人，才能有效地控制自己，特別是在挫折面前表現出大度。我們不應一遇挫折就自怨自艾，或在別人身上泄忿。應學會寬容和寬恕，這樣你就能忘卻那些不愉快的事，消除產生精神緊張的根源。大事不應糊

塗，但小事不妨糊塗些，做個「難得糊塗」的人，這樣，你會生活得比以前更輕鬆、更愉快。

6. 建立支援系統 人生之路並非全是坦途，生活中每個人都會遇到這樣那樣的麻煩，每個在困境中的人都希望得到別人的幫助，因而這要求我們必須建立相互支援系統。它可為你在挫折時提供良好的情感支援，令你減少孤獨或緊張。你的親友、同學、同事等等，都可成為你的支持者。

在這個人際圈當中，你要得到別人幫助就先要多去關心別人，而且關心別人還會使你有一種美好的感受。我們都是同樣的人，別人碰上的事情，您有一天也可能會碰上。生活的道路總不會是太平坦的。與周圍的人建立友誼，可以增加來自外界的支持和幫助，從而減輕精神緊張。不要害怕擴大你的社會影響，這樣有助你尋找應付緊急事件的新管道。

7. 走出封閉的自我 自我封閉有兩種。一是以自己為圓心，多是自卑心重或曾受到大的挫折，這只要加強自信正視現實就會逐步邁出自己編織的小圈子；二是以別人為圓心的自我封閉。

走出去吧，做你喜歡的事，你將發現外面的世界的確很精彩，你的緊張、煩惱也將隨風消散。

8. 宣洩、抒發 經常處於精神緊張狀態，累加起來，可能就會吞噬掉我們健康的機體。我們需要對人訴說自己的感受，哪怕這樣做改變不了多少事情。向誰訴說，取決於想要說的內容，必須選擇合適的訴說對象。記住，絕對不要將不愉快的事情，隱藏在自己的心裏。

9. 以仁待人 當別人身處困境時應樂於助人。在這種時刻，他們最需要你去傾聽他們的訴說，需要你給予幫助。俗話說：善有善報，如果你有朝一日也出現某種危機之時，如果對方是一位真誠的朋友，他也會來幫助你的。

10. 靈活一些 我們要完成一件工作，可能有許多方法，你自己的那種方法不一定是最好的，或者雖然是最好的方法，但不一定行得通。

如果你總認為事事都必須按你的想法去做，那麼當事物不按你的想法發展時，你就會煩惱生氣。其實你的目標只應是把事情辦成，至於方法，不必拘於某一種。

讓我們走出精神緊張的陰影，我們將會擁有一片燦爛的新天地，也將獲得一個完全嶄新的自我！

第三節｜抑鬱

每個人都會有不快樂和心情不好的時候。抑鬱是人們常見的情緒困擾，是一種感到無力應付外界壓力而產生的消極情緒，常常伴有厭惡、痛苦、羞愧、自卑等情緒。它不分性別年齡，是大部分人都有的經驗。

對大多數人來說，抑鬱只是偶爾出現，歷時很短，時過境遷，很快就會消失。但對有些人來說，則會經常地、迅速地陷入抑鬱的狀態，而不能自拔。當憂鬱一直持續下去，愈來愈嚴重以致無法過正常的日子，即稱為憂鬱症。

一、精神上的流行性感冒

在人的一生中，有三個時期較易得憂鬱症，即青春期的後段、中年及退休後，老年人也較常出現憂鬱症。憂鬱的類型有兩種：一種是出於精神上受到打擊而出現的過度反應；另一種並沒有特別的原因。

根據世界衛生組織統計，全世界有 3% 的人口患有憂鬱症。

當然，大多數的人只是輕微地感到憂鬱，還達不到抑鬱症的嚴重程度。但這時也需要引起重視，調整心態和生活方式，防止抑鬱會變得更加的嚴重。

抑鬱症在西方社會被稱為「精神上的流行性感冒」，其傳播範圍之

廣，受其影響之容易，可以從「流感」二字看得出來。在東方社會，抑鬱症也並不少見，尤其是中國人，性格內向，往往真實思想不願暴露，寧願被抑鬱情緒折磨，也不願向精神病專家進行心理諮詢。如此發展下去，可由抑鬱情緒跨入抑鬱症患者的行列，有的人便以自殺了結。

二、抑鬱的心態問題

一般而言，導致抑鬱的原因主要是性格原因。所以我們首先要做的事就是改變自己看問題的方式，調整自己的心態。

造成這種情緒上的不良狀態，主要與八種以下心態有關——

1. **走極端**　這種現象表現為運用非此即彼的方式思考問題，不是白就是黑。這種人一遇挫折便有徹底失敗的感覺，進而覺得自身已不具任何價值，失去自信。

2. **以偏概全**　認為事情只要發生一次，就會不斷重現。生活中遇到困難與不幸，即認為困難、不幸會重複出現。一次戀愛失敗，就認為以後也不會找到真心的愛人。

3. **消極思維**　有的人遇事總想消極的一面，就像戴了一副變色鏡看問題，濾掉了所有的光明，整個世界看起來暗淡無光，都是灰色的。他們常常用一個憂鬱的假設支配著自己的思想，對事物只抓住它的消極部分，並牢牢記住。

4. **敏感多疑**　有些人無事生非，終日擔心自己將大病臨頭，遇事往往自我斷論，主觀猜疑，杞人憂天。

5. **自卑心理**　有些人總習慣用悲觀、消極、絕望的觀點看問題，不自覺地具有自卑心理，在自卑的指引下，認為自己處處不如別人，例如當看見別人取得某種成功，就會想：「人家有本事，我怎麼能跟人家比」。如果自己遇到挫折，不去從根本上找原因，而是想：「我的運氣本來就不好」，毫無根據地自怨自艾或憤世嫉俗，導致本來鬆弛的情緒變得緊張起來。

6. **自我評價過低**　有的人把一般性過失、欠缺、挫折和困難看得過於嚴重，似乎做了不可逆轉的錯事。生活中總是過分誇大自己的不足，和過低估計自身的長處。做事時常常灰心大於信心。

7. **擴大推理**　有的人把自己的不良感覺當成事實的證據，如：「我有負罪感，那麼我一定是幹了什麼壞事」，「我覺得力不從心，那麼我一定是個『低能兒』」。對失敗只認為——「早知道結果會是這樣，又一次證明了我的無能」。尤其是情緒低沉之時，這種感覺推理特別活躍。

8. **自責自罪**　有的人總是主動承擔別人的責任，並且妄下結論，認為一切壞的結果，都是自己的過失和無能所致。即使外出，正巧天氣不好，也會自認倒楣。如果自己無意中有了過失，別人並沒有計較，或者早已忘掉了，自己也還會憂心忡忡，擔心別人對自己有看法、有成見。他們過分注意別人臉色，以至更加束手無策，不敢行事，或者自暴自棄，不能有所進取。此種變形的自卑、內疚心理，來源於人格的變形和過分的責任感及義務感。

以上的錯誤認知，導致了許多人陷入抑鬱困境而不能自拔。

再有就是生活中的一些事件、挫折也會導致抑鬱，比如患了重病、頑疾，家庭出現了大的糾紛，工作、事業遭到了重大失敗等等。

三、情緒低落是抑鬱症的核心特徵

一般的抑鬱只是輕度的，達不到抑鬱症的程度。臨床上所說的憂鬱症不僅是「情緒沮喪」，而是一種醫學疾病，每年有上百萬的人患上這種疾病。這種疾病不是一時的情緒低落，而可能會持續幾個星期、幾個月，甚至幾年的時間，具有破壞性的效果。這是一種比較嚴重的抑鬱狀態，處理不好，後果將不堪設想。

比如小丁，24 歲。他坐在醫生面前的時候，年輕的臉龐沒有光彩，一副意志消沉、憔悴不堪的樣子。醫生跟他談話中發現他心情抑鬱。

他總是貶低自己、譴責自己。比如幾個月前，跟媽媽出去逛街，

他去買水，結果媽媽的錢包被別人搶走，那人還推倒了他媽媽，導致他媽媽扭傷了腳。這讓他自責不已。在他眼裏，一切事情都是他的錯。要是他事先帶水的話，要是他不去那麼遠買水的話，要是他走快一點的話，……他在心裏不停地想著各種可能性，越想越覺得是自己考慮不周。把事情看成是不可饒恕的錯誤。

最近，他老是想起小時候跑到鄰居家的花園裏去「偷」人家的花，還故意弄壞小朋友的玩具，由此得出一個結論——「自己在小時候就是一個壞孩子」，「這正是邪惡本性的表現」。

事實上，小丁並不是在這一兩件事情上是這樣。他對所有的事情都傾向於認為是自己的錯，碰到他認為嚴重的過失時，甚至認為只有一死方足以謝天下。雖然大家並不認為那是個什麼嚴重的錯誤。

小丁還有明顯的自卑，認為別人看不起他，討厭他，鄙視他，所以也表現疑心重重，老是懷疑別人是不是在議論自己的過錯，總覺得自己沒臉見人。

他還說現在自己的思維活動也慢了許多，感到腦子遲鈍「變笨了」，工作效率明顯降低。他害怕自己腦子壞了，成了廢物、社會的寄生蟲，這更增加了他的自卑和自責。

現在，他每天都感到全身酸懶無力，一些簡單的日常活動比如穿衣吃飯，對他來說都需要下很大決心來完成。他每天凌晨即醒，瞬即愁雲慘霧。此時，情緒極低，自己講：「不知如何才能敖過痛苦而漫長的一天。」

以上小丁的症狀是抑鬱症較典型的表現，對於每一個病人而言，症狀可能有輕有重，但情緒低落是本病的核心症狀，凡有此症狀的病人，都應及早找專科醫生診治，以免貽誤病情，造成不良後果。

四、憂鬱症的表現

有些憂鬱症患者傾向於退居人群之外，他們對周遭的事物失去興

趣，因而無法體驗各種快樂。對他們而言，每件事物都顯得晦暗，時間也變得特別難熬。通常，他們脾氣暴躁，而且，常試著用睡眠來驅走憂鬱或煩悶，或者他們會隨處坐臥、無所事事。大部分人所患的憂鬱症並不嚴重，他們仍和正常人一樣從事各種活動，只是能力較差，動作較慢。

除出現憂鬱外，尚有身體上的變化，常見的症狀有——

(1) 在吃、睡及性方面會失去興趣或出現困難。

(2) 對外在事物漠不關心。

(3) 消化不良、便秘及頭痛。

(4) 與現實脫節。

(5) 無故而發的罪惡感及無用感。

(6) 幻想。

(7) 退縮。

憂鬱症還可以引起顯著的精神方面的症狀，主要包括——

(1) 嚴重頭痛。

(2) 胃痛或噁心。

(3) 呼吸問題。

(4) 慢性頸痛、背痛。

很多時候，憂鬱症的一些輕微病症，例如：疲勞、失眠、腸胃不適、持續的頭痛，及背痛等等可能被誤解爲其他疾病。

此外，憂鬱症的症狀還包括慢性疲勞症候群，失眠或經常睡覺且睡眠時間過長、失去食欲，結腸毛病，便秘或腹瀉。

憂鬱症患者說話少且音調低、速度慢、動作少且慢、嚴重時僵呆，但有時又會出現急躁行爲，甚或自殺的行爲。

患者常常會感到人生空虛及毫無意義，許多患者甚至會想到以死來求取解脫。

五、為何會患上憂鬱症

一個人情緒低落、輕度抑鬱，或者患上抑鬱症，原因是多方面的。一般說來，生活緊張、胃不舒服、頭痛，以及任何嚴重的身體傷害等，都有可能引起一段特定時間的情緒抑鬱。對於那些真正意義上的抑鬱症患者來說，患病的原因通常有以下幾種情況──

【遺傳】　遺傳是憂鬱症的一個重要因素。50％經常患憂鬱症的人，他們的父親或母親也曾患有此病。

【大腦中的神經傳導物失去平衡】　憂鬱症起因於腦部管制情緒的區域受干擾。大部分人都能處理日常的情緒緊張，但是當此壓力太大，超過其調整機能所能應付的範疇時，憂鬱症即可能由此而生。

【性格特質】　自卑、悲觀、完美主義者，及依賴性強者較易罹患憂鬱症。

【環境或社會因素】　一連串的挫折、失落、慢性病，或生命中不受歡迎的重大決定，也會引發憂鬱症。

【飲食習慣】　研究已發現食物顯著地影響腦部的行為。飲食是最常見的憂鬱原因，例如，飲食習慣差及常吃零食。腦中負責管理我們行為的神經衝動傳導物質，會受我們所吃的食物影響。

六、消除抑鬱的方法

憂鬱是一種很常見的情緒障礙，長期憂鬱會使人的身心受到損害，使人無法正常地工作、學習和生活。但也不需要過分擔心。經過妥當的調適後，大多數人都可以恢復正常、快樂的生活。

你不妨可以參考下面介紹的一些方法──

自己調節情緒，逐步改善心境，從而使生活重歸歡樂。

抑鬱者要想消除抑鬱情緒，首先應該停止對自身及周圍世界的埋怨，明確自己的認知錯誤來源於以感覺做依據來思考問題。因為感覺不等於事實。每當你焦慮抑鬱時，切記以下幾個關鍵步驟──

第一步，**記錄**　瞄準那些自然消極的想法，並把它們記下來，別讓它們佔據了你的大腦。

第二步，**反思**　讀一遍本文提及的幾種認知扭曲的模式，準確地找出你是怎樣曲解事實的，而且一定要切中要害。

第三步，**改變思維方式，調整心態**　用更為客觀的想法取代扭曲的認知，徹底駁斥那些讓你自己瞧不起自己、自尋煩惱的謬論。一旦開始這些步驟，你就會感到精神振奮，自尊心增強，無價值感就會煙消雲散。

1. 要客觀評價自己和他人　不妄自尊大，更不妄自菲薄，看清自己的長處，建立自尊，增強自信。不盲目地把自己同別人做比較，不管別人是否比你得到更多的好處，你都不要在意，重要的是自己的感覺。常以積極健康的心態鼓勵自己，從中體驗到更多的成功和快樂。

2. 要看到事物的光明面　不把事物看成是非黑即白，遇到不愉快的事，要從好處和積極方面著想，以微笑面對痛苦，以樂觀戰勝困難。

3. 轉換不愉快的記憶畫面　人的頭腦對畫面的記憶遠勝於文字及言語。為什麼過得不快樂？是因為腦海中有不愉快的畫面。所以，修改腦中畫面，創造活力，就是決定我們幸福人生的關鍵。一些不愉快的畫面，你可以重新定義，發掘裏面的主角配角種種可笑虛偽之處。

【重新的詮釋定義，有助於情緒的轉換】

1. 制定切實可行的日常活動表　每天結束後填寫回顧、分析日記，既能使你擺脫不願活動和不想做事的處境，又能給你帶來活動後的滿足，逐步消除懶怠與內疚。

目標合理——有位因車禍而致殘的年輕人問心理學家：「你認為我還有前途嗎？」心理學家回答道：「如果你想當個跳高運動員的話，那是沒有前途了；如果你想做個有作為的人話，那就還大有前途。」就這位不幸的年輕人而言，他合理的生活目標，已經在意外中突然改變了。

如果他以當運動員爲生活目標的話，那他一定會非常的憂慮，因爲他再也不能像正常人那樣的運動了。所以對這樣的人而言，重新建立合理的生活目標，找一個適合自己而又喜歡的工作，會增加對自身能力的信心，會因看到希望和前途而重新振作起來。

學會自我稱讚，自我欣賞，培養自信，坦然對待不良刺激，以保持情緒穩定，心境良好

如果你充滿信心，「結果」就會朝好的方向走。有位成功人士說過這樣一句話──「如果你知道自己要往哪個方向去，世界就會爲你讓出一條路來！」

當然，矯正不合邏輯的思維方式，改變錯誤的自責自罪觀念，不是輕而易舉的事。但一旦你對周圍事物和自己做客觀的分析後，對現實生活就有了正確的領悟。那麼，你將置身於一個充滿積極向上情感的世界中，心情會豁然開朗。儘管生活中還存在著這樣和那樣不盡如人意之事，但不會由於一時的認知偏差，造成感情挫傷，失去對生活中美好意境的追求。

2. 擴大人際交往 悲觀的人周遭大部分都是悲觀者，而樂觀的人身邊亦多爲樂觀者，因此要想改變命運，你必須要和樂觀者學習。不要拘泥於自我這個小天地裏，應該置身於集體之中，多與人溝通，多交朋友，尤其多和精力充沛、充滿活力的人相處。這些洋溢著生命活力的人會使你更多地感受到事物的光明和美好。

3. 學會宣洩 要善於向知心朋友、家人訴說自己不愉快的事。當處於極其悲哀的痛苦中時，要學會哭泣。另外，多參加藝文體育活動、寫日記、寫不寄出的信等等，都可幫助消除心理緊張，避免過度抑鬱。

4. 養成好的生活習慣 規律與安定的生活是憂鬱症患者最需要的，早睡早起，按時起床、按時就寢、按時學習、按時鍛鍊等等有規律的活動會簡化你的生活，使你有更多的精力去做別的事情，保持身心愉快。而多完成一件事，就會使人多一份成就感和價值感。

5. **陽光及運動** 多接受陽光與運動對於憂鬱症病人有有利的作用，多活動活動身體，可使心情得到意想不到的放鬆，陽光中的紫外線，可或多或少改善一個人的心情。

6. **藥物療法** 使用的是抗憂鬱劑，如果一旦出現了抑鬱症，我們應該找專門的精神科醫生進行治療，依照指示服藥，不可以諱疾忌醫，以免貽誤病情。而且藥也不要好了就停用，要繼續服藥直到完全好了為止。同時，也不要和其他藥物混合使用，否則可能會產生危險的副作用或降低藥效。同時加上心理治療。心理治療可以讓我們學會更多處理生活問題及修正性格的有效方法。但不能忽視藥物的作用。因為藥物的及時有效的作用，可以改善很多人在患病的急性期可能會有的自殺念頭和行為，這種想法一旦實現後果不堪設想。然而不幸的是，很多憂鬱症患者基於各種因素而沒有定期檢查或放棄治療。

7. **飲食療法** 吃醣類食品對腦部似乎有安定的作用，蛋白質則可提高警覺性。要多吃含有必需脂肪酸和（或）醣類的蛋白質的食物。鮭魚和白魚都是很好的來源。應避免進食富含飽和脂肪的食物、豬肉或油炸食物。脂肪會抑制腦部合成神經衝動傳導物質，並造成血球凝集，導致血液循環不良，尤其是腦部。

所以，儘量讓自己的飲食可以綜合醣類和蛋白質這兩種營養素，讓腦部活動達到平衡。比如，選用全麥麵包製作火雞肉三明治就是一種很好的綜合食品。如果你感到緊張而希望能夠振作起精神，則可以多吃蛋白質。有憂鬱傾向者，不妨嘗試攝取富含蛋白質和多醣類的食物，例如火雞和鮭魚，對提升精神狀態也會有所幫助的。

抑鬱和抑鬱症通常是由輕度演變為重度，如果在輕度憂鬱的時候，可及早發現及早調整和治療，效果通常會比較好，且治療時間可縮短，因此，大家都要仔細觀察與主動關心周圍的人和朋友！必要時要求助於心理醫生等專業人士，服用藥物控制病情，以免耽誤，造成不良後果。

七、杜絕和預防憂鬱症

憂鬱症使人覺得疲累、無力、人生沒有意義、絕望，甚至會想要放棄生命。但是，這些負面的想法只是疾病的一部分，它會隨著治療和效果消失，如果你想要儘快脫離或避免加入憂鬱症的行列，請牢記以下各項要點——

(1) 不要定下難以達成的目標，或承擔太多的責任。

(2) 把巨大的任務區分成好幾個小專案，分優先順序，盡力而為。

(3) 不要對自己期望太高，這將會增加挫折感。

(4) 設法和別人在一起，避免經常獨處。

(5) 參與能夠使你歡愉的活動。例如：輕鬆的運動、打球、看電影、參加社交活動，同時不要太過勞累。

(6) 不要做重大的決定，例如轉行、轉業或離婚，專家建議把重大的決定延到憂鬱症的病情改善之後再做比較好。

(7) 不要期望憂鬱症會突然變好，這種情況很少見。儘量幫助自己、寬待自己，不要因為未能達到水準以上的表現，而責備自己。

(8) 切記不要接受負面的想法，它只是病情的一部分，而且會隨著治療而消失。

(9) 當你自己覺得憂鬱的現象日趨嚴重時，不必害臊，要立刻去找心理醫生或精神科醫生。

(10) 家人或朋友出現憂鬱的現象，且日趨嚴重時，要鼓勵他們及早去看心理醫生或精神科醫生。

(11) 如果出現輕微的憂鬱，休個假、享受自己的嗜好、從事劇烈運動或宗教活動，通常都可以得到改善。

(12) 愈早治療，效果愈好。

(13) 要慎防自殺或殺人的舉動。

憂鬱症無孔不入，男女老少都有患上憂鬱症的可能，如不及早治療，憂鬱症可能會嚴重影響病患者的身體健康、與家人及朋友的關係，

不能正常工作，甚至有自殺的危險。所以，密切留意自己和家人朋友的情緒，有效掌握憂鬱症的資訊，不要讓它輕易侵入我們的生活。

第四節 | 厭倦

一、厭倦情緒從何而來

一般而言，厭倦情緒大多來自於以下三個方面——

1. 工作狂 有些人上班工作只知道拼命幹。一開始還會在晚上加1～2個小時班，不久便整星期地加班，最後連週末也成了辦公時間。實際上，工作成了霸佔他全部光陰的蠻橫客。這類人除了工作，幾乎沒有任何社交活動，這樣時間長了，不免會開始對自己的工作產生反感。

2. 做的工作或目前的生活方式自己不喜歡 每天面對自己不喜歡的工作，還得拼命完成它，就算薪水不錯，但時間長了，你會不感到厭倦才怪呢！

3. 人際關係不良 有的人每天早晨一想到上班就害怕，部分原因是因為與周圍同事相處不好，這時心裏就會想：「這種看別人臉色的日子真讓人厭倦。」

二、不再厭倦的方法

和厭倦說再見的方式有下面四種——

1. 重建理想 考慮清楚有關自己理想職業的每一件事——從工作形式到工作環境，然後確定自己所追求職業的標準或目的。其具體方法就是，可把所追求的理想職業劃分成盡可能短的各個階段。

如果發現自己目前離理想比較遠，你就必須尋找一條能幫助自己達到較高理想的成長之路。你可以先在較低的職位上工作，做好本職工

作，學會愛自己的職業有百利而無一弊。然後找機會進修。最低限度也要找出妨礙你日後發展的不利因素，加以改進。差距太大時，不能太好高騖遠，要先分段實現目標。謹記，循序漸進是改變不稱心工作的最好方法。

2.尋找工作外的成功 尋找一些自己喜歡的消遣活動，培養業餘愛好。把自己的愛好和業餘嗜好當作本職工作一樣認真對待，並同樣引以為豪。這有利於拓寬視野，改善心情，排遣心中的不快。還可以陶冶情操，增進個人修養。

今天，許多人只把來自辦公室的成績看成真正的成功，結果這些人惟有事業上春風得意時才會沾沾自喜，而一旦工作遇到麻煩，就感到羞辱不堪。如果你把自尊也繫於你的職業努力之外，當工作中受挫時，就容易保持一種平衡的態度。

3.改變對待他人的態度 如果你每天早晨一想到上班就害怕是因為你與周圍同事相處不好的話，雖然你不喜歡與他們一起工作，但最低限度，也應該和他們積極相處。當你在電梯裏對人微笑時，別人也會報以微笑，在辦公室也是如此。以禮相待是人的本性。與不理不睬的人一夜之間就建立親密關係是不現實的，但若你真誠地去改善關係，你的同事遲早會感受到這一點。假如你對周圍一切都心存厭煩——厭煩你的工作、你的上司……你就更要用一種積極方式與人交談，談些你喜歡的事，至少你可能會找到與同事的某些共同點。

4.熱情 美國文學家 R·W·愛默生曾寫道：「人要是沒有熱情，是幹不成大事業的。」

大詩人 S·烏爾曼也說過：「年年歲歲只在你的額上留下皺紋，但你在生活中如果缺少熱情，你的心靈就將佈滿皺紋了。」

人們有了熱情，就能把額外的工作視作機遇，能把陌生人變成朋友，能真誠地寬容別人，能愛上自己的工作，不論他是什麼頭銜，或有多少權力和報酬；人們有了熱情，就能充分利用餘暇來完成自己的興趣

愛好，如一位領導可成為出色的畫家，一個普通職工也可成為一名優秀的手工藝者。

人們有了熱情，就會變得不再厭倦，心胸寬廣；就會變得輕鬆愉快，甚至忘記病痛，當然還將會消除心靈上的一切皺紋，重新找回對生活的熱愛和動力。

第五節｜孤獨

現在有許多新人類抱怨身邊沒有多少真正的朋友。對這些人來說，與某些人進行坦誠交往的需要不能滿足時，將產生強烈的孤獨感。從這個意義上講，孤獨是一種個人體驗。儘管每個人都會感到孤獨，而且孤獨感的來去將隨著環境的變化而變化。

一、孤獨感已成為現代人的通病

多數人都體驗過孤獨的痛苦。有關統計資料表明，孤獨感已成為現代人的通病。心理學家估計隨著社會變得越來越富有，這種對孤獨感和人與人之間關係的關注將繼續增長。

孤獨和孤立的含義是不同的。孤獨是個體對自己社會交往數量的多少和品質好壞的感受。對孤獨感的這種界定，能幫助我們理解為什麼有些人雖然遠離人群，生活卻感到非常快樂，而一些人儘管被人群所包圍，而且經常與他人交往，卻感到非常孤獨。

二、健康的孤獨——寂寞

毫無疑問，有的人天生就需要獨處的時間比別人長一些。而且在跟上匆匆的時代腳步的同時，我們發現會逐漸在各種各樣的熱潮中，迷失

自己。下海熱，出國熱，買房熱……我們拼命地賺錢，消費，再賺錢……弄得身心疲憊。什麼才是我們所追求的？這時候我們更要能經常保持一份置身事外的旁觀者的冷靜，才可以知道真正的方向。

其實放眼整個人生，孤獨本身無所謂好壞，它只是一個無法輕易迴避的人生問題和哲學命題。安東尼‧斯托爾說：「倉促的世界使我們逐漸感到厭倦，相對的孤獨是多麼從容，多麼溫和。」在他看來，孤獨並不是壞事，因為這樣可以使他個人的精神世界不被世俗所侵犯，他可以用他願意的節奏和方式去生活。

孤獨並不可怕，可怕的是對什麼都沒有興趣。能夠對一件事物熱中地去愛好，去鑽研，而不願把時間浪費在其他任何一件事情上的人，他不但不怕孤獨，有時反而喜歡孤獨。

請聽有人是如何來形容寂寞的──

寂寞於我來說，是陽春白雪；是曲高和寡；是獨自品嘗的自我；是不能和人說的自我斟酌。

寂寞屬於藍色，但不都是憂鬱和孤獨。

寂寞的時候，應該像藍色般寧靜，也許這就是所謂的寂寞深處。

寂寞的時候，是思考的時候。因此寂寞也就有了它的深刻的內涵。這時候的你，像披著一層輕紗，是世界上最美麗的公主或王子。就連上帝都為之妒忌，因為他只知道怎樣創造了人的軀體，而只用神的語氣來代替了人的思想。

你，因寂寞而美麗。

孤獨又是什麼呢？

孤獨是對話，是與自己的對話。而當這種對話進行時，你會完全忘了自己，似乎這對話是駕馭於兩股憑空的思緒之上。

孤獨是思考。望著自己裸露的身軀，我時常想了解這皮囊下的祕密，幻想茫茫宇宙中的未知，和那些不可捉摸的絕對精神。

孤獨是寧靜。遠離世俗，獨自靜默在夕陽餘暉之下，望著依然遙遙

陌生的天空，與偶爾閃動的生命──生活不過如此。

　　當然，能夠在單獨一個人的時候，不覺得孤單；在冷清的時候，不覺得寂寞；在空閒的時候，不會無所事事，所靠的是內心的豐富與充實。所以在孤獨的時候看看書，聽聽音樂，做點充實自己的事，你不僅不再會感到孤單，反而會有一種從容的感覺，不用每天忙於被人請和請別人的應酬中。一個人沒有朋友固然寂寞，但如果忙得沒有機會面對自己，可能更加孤單。

三、孤獨感產生的原因

　　許多有孤獨感的人缺乏一些基本的社交技能，傾向於在社交時對他人和自己給予嚴厲的、苛刻的評價，從而使他們無法與他人建立持久的關係。

　　1. 對他人和自我的消極評價　孤獨的人可能更內向、焦慮，對拒絕反應更敏感，並且更容易抑鬱。孤獨的人在朋友身上花費更少的時間，不經常約會，也很少參加集會，沒有什麼親密的朋友。在人際交往時，他們對自己和對方的評價極端消極。

　　2. 基本社交技能的缺乏　有的人樂意與別人交往，但一旦進行比較重要的，而且時間較長的交談就會出現困難，缺乏基本的社交技能，更沒有機會去訓練社交技能，所以，難以有持久的朋友。他們對自己的夥伴不太感興趣，常常不能對於對方所說的加以評論，也較少向對方提供有關自己的資訊，相反，這些孤獨者更多的是談論自己，並且常介紹新的與對方的興趣無關的話題，傾向扮演一個「被動消極的社交角色」，也就是說，在交談中不願付出太多努力。所以，我們常常感到與孤獨者交往很乏味，他們不知道這種交往方式是怎樣趕跑了潛在的朋友。所以，當別人期望他們多暴露時，他們卻暴露得很少，而當別人不期望他們過多暴露時，他們卻暴露得太多。結果，在別人眼中他們是冷淡的或不可思議的，別人也據此做出相應的反應。

孤獨者因爲採用消極的交往方式，並缺乏必要的社交技能，而難以與他人建立親密的友誼。與這些人交往常常讓人感到不愉快，於是他們很難建立有助他們發展社交技能的人際關係，因而難以擺脫孤獨。心理學家認爲，通過基本社交技能的訓練，可以使孤獨者走出孤獨的惡性循環，並已廣泛應用於心理諮詢與治療的實踐中。這些方案提供一定的希望，即孤獨不必陷入抑鬱的惡性循環之中而不能自拔。

四、超越孤獨

雖然孤獨是每個人都常有的心理體驗，但並不是每個人都能成功地戰勝自己的孤獨感。有人用喝酒排遣孤獨，有人把時間排得滿滿當當，讓孤獨的感覺無處插足。但用這樣的方式驅走的是寂寞而不是孤獨。孤獨是一種思想上、情感上無以溝通、無倚無傍、無人理解與認同的感覺。這種感覺會讓我們心情抑鬱，情緒低沉；另一方面，對孤獨的體驗和玩味也會使我們富有個性、善於思索，走向心理成熟。這就需要我們戰勝孤獨，超越孤獨。

1. 對孤獨的認同和接納 孤獨是每個人心理成長過程中，不時光顧的朋友。從未感受到孤獨的人是不健全的。人感受到孤獨時一般心情都是低調的，此時，如能靜下心來，細細疏理自己的情感，審視自己的內心世界，在走出孤獨的同時，也會伴隨著人生的思索和昇華。

2. 調整心態 在成長的時代，少年的心靈猶爲敏感、細膩、豐富，它渴望被承認、被鼓勵、被重視，孤獨感往往意味著這些要求沒有被滿足，這種缺憾終究帶來對年輕心靈的傷害。那麼少年必須儘快克服孤獨，或儘量減少孤獨感帶來的傷害。做到這一點不能一味地等待他人的幫助，而應該調整心態、樹立新的思想。

自信、自立、自強是戰勝孤獨的三件法寶。因爲自信，你就不一定非從他人那裏尋求對自己的肯定；因爲自立，你將漸漸具備獨立決斷的能力，這將使你從柔弱變得堅強；因爲自強，你將把更多的精力用在刻

苦學習、努力拼搏上，而不是總在考慮孤獨這個問題——既然這個問題本來就不容易想清楚，幹什麼不把它先擱置一邊？它並不是個大是大非的問題啊！

一旦你走向自信、自立、自強，你的心靈將從浮躁多變轉為冷靜和積極，你將更善於控制情緒和思想。你將會發現，父母將欣喜於你的成長，對你的「操心」將漸漸變為「放心」；周圍的同學會以佩服的眼光看著你，在許多方面徵求你的意見，願意做你的朋友。這樣一來，那孤獨感還會存在嗎？

3. 改變認知方式　許多人的孤獨感是與自卑聯繫在一起的。因為害怕不被人理解，害怕與別人不一樣，害怕難以融入周圍的世界，所以感到孤獨。這是自卑心理造成的孤獨狀態。克服自卑心理是走出此類孤獨的關鍵。自卑心理大多源於歪曲和片面的自我認識。其實，大可不必為自己與別人不同而難過，我們每個人都是這世界上的惟一。當我們懷著一種自信和平等之心與人相處時，就會在交往中少一些疲憊和牽強，多一些輕鬆和愉快。

4. 要戰勝孤獨　就要學會為別人著想，為別人做一些事情，全心照顧孩子的母親，不會感受到孤獨，熱戀中的情人，即使天各一方也不會感到孤獨，因為他們的心思都不在自身。只要花一些時間和精力關心、關注別人，就會在互動的良性人際關係中，體驗到一種自我價值感而不是孤獨。溫暖別人的火，同時也會溫暖自己。

5. 要確立正確的人生目標　一個有所追求、有所愛的人是不懼怕孤獨的。有了明確的人生目標，就會多一些寬容與豁達，就會慢慢培養出淡化得失的心情，就會戰勝孤獨、超越孤獨。

第六節 ｜ 空虛

我們所經歷的各種情緒中，就以「空虛感」最無以名狀且捉摸不定。

一個中學生說：「每天，我照常地學習、生活，可總覺得心裏好像有點不對勁，似乎我不知道為什麼學習、為什麼生活，常常有一種很空虛的感覺……看看其他同學，學，學得有勁；玩，玩得瀟灑。可我卻學也學得不踏實，玩也玩得不痛快，感覺什麼都無聊，什麼都沒意思。這種情緒讓我整天百無聊賴，心緒懶散，寂寞惆悵卻又不知該怎樣解脫。怎麼別人就能過得那麼充實而我自己就那麼空虛呢？」

時下，人們在交往時常會聽到：「算了，就這樣，沒啥幹頭了！」、「幹什麼都不順心，就這麼混吧，還能做什麼呢？」、「唉，人老了，不中用了，腦子空空一片」等話語。這是一種空虛的表現。空虛感就像是心裏面的黑洞，具有超強莫大的吸力，一旦被捲進了黑洞，整個人也就被空虛感所縛。

君不見在現實生活中，許多人精明能幹，下海經商，開公司辦企業，成了腰纏萬貫的大款（大富豪），人人羨慕。然而，他們賺了錢有了名之後，有些人卻沉溺於燈紅酒綠之中，醉生夢死；有些人被「白色幽靈」所俘虜染上了毒癮。有人說這是愚昧。其實，他們誰也不愚昧，有誰見過愚昧無知者能掙大錢幹出業績來？他們何嘗不知道尋花問柳、吸毒會導致病魔纏身，最終落個身敗名裂的可悲下場呢！凡此皆為精神空虛使然，從而迷失了自我。

一、為什麼會感到空虛

隨著社會的進步，我們已步入一個價值多元化的時代，也是最容易讓人們感受生存挫折的時代。在物質文明高速發展的今天，精神文明的

發展有時卻顯得蒼白無力，致使不少人特別是中老年人感到精神空虛，活著無意義，陷入心靈沼澤而無法擺脫。

這種生活意義的迷失和價值觀上的功利主義，便會使人感到生存受到挫折，覺得活著沒意思，心靈空虛精神苦悶，這便是「生命意義缺乏症」，心理治療學上稱為「精神神經症」。其病因不是情緒方面，而是精神方面出了偏差，同時人性方面出了幾個問題。

空虛的心理，可來自以下五個方面——

1. 對自我缺乏正確的認識　對自己能力過低的估計，終至整天憂鬱，思想空虛。因自身能力和實際處境不同步而陷入「志大才疏」或「虎落平川」的窘境中，常常感到無奈、沮喪、空虛。

2. 對社會現實和人生價值存在錯誤的認識　以偏概全地評價某一社會現象或事物，當社會責任與個人利益發生衝突時，過分講求個人的得失，一旦個人要求得不到滿足，就心懷不滿，「萬念俱灰」。

3. 外界環境突變　因退休、失業、失戀、工作挫折、投資失誤、經濟拮据等導致失落困惑感。

4. 功利主義價值觀　功利主義價值觀對人的精神是種極大的腐蝕劑，是導致生命意義缺乏症的重要原因。

經歷了人生坎坷、過了大半輩子的中老年人，之所以發生迷失自我的現象，是功利主義價值觀在作怪。他們面對人生的秋天，許多人尤其是患有不同疾病的老人，產生悲秋的心理，精神上被空虛和死亡的恐懼所困擾，認為「人生一世，草木一秋」。成也好敗也罷，誰都難免去火葬場化為一縷青煙。正是由於精神生活的空虛，便想方設法去尋找一種精神安慰劑，相信一種功利主義的人生觀的人，極易誤把延長生命當作惟一的生命意義。因為他們害怕死亡，尤其害怕死亡之後的毫無意義。

5. 幸福感缺乏　有不少人擁有常人無法比擬的物質享受，卻不覺得有什麼幸福可言，也不感到它有什麼價值。於是便去尋找其他東西，想來彌補空虛的心靈，例如去吸毒，讓毒品來麻醉自己，過那種「飄飄

欲仙」的虛幻生活，明知會毀了自己也不在乎。

二、怎樣不空虛

從心理學的角度看，空虛是一種消極情緒。這是它最重要的一個特點。被空虛所乘機侵襲的人，無一例外地是那些對理想和前途失去信心，對生命的意義沒有正確認識的人。他們或是消極失望，以冷漠的態度對待生活，或是毫無朝氣，遇人遇事便搖頭！

為了擺脫空虛，他們或抽煙喝酒，打架鬥毆，或無目的地遊蕩、閒逛，耽於某種遊戲，之後卻仍是一片茫然，無謂地消磨了大好時光。空虛帶給人的，只有百害而無一利。有人說，一個人的軀體好比一輛汽車，你自己便是這輛汽車的駕駛員，如果你整天無所事事，空虛無聊，沒有理想，沒有追求，那麼，你就會根本不知道駕駛的方向，就不知道這輛車要駛向何方？這輛車也就必定會出故障，會熄火的，這將是一件可悲的事情。因此，對待心靈空虛必須給予心理的治療。

1. 面對空虛，最重要的是要有理想 俗話說「治病先治本」。因為空虛的產生主要源於對理想、信仰及追求的迷失，所以樹立崇高的理想、建立明確的人生目標就成為消除空虛的最有力的武器。當然，這個過程並不是一蹴而幾的，但當你堅定地向著自己的人生目標努力前進時，空虛就會悄悄地離你而去。

2. 面對空虛，還要培養對生活的熱情 我們常說，生活是美好的，就看你以怎樣的態度去對待它。一樣的藍天白雲，一樣的高山大海，你可以積極地去從中感受到大自然的美麗，或者認認真真地學點本領，幫他人做點好事，也能對自己的成功頗感得意，從他人的感謝中得到歡愉。當你用有意義的事去培養對生活的熱情，去填補生活中的空白時，你哪還有心情和閒暇空虛呢？

3. 面對空虛，還要積極提高自己的心理素質 有時候，人們生活在同一環境中，但由於心理素質不同，有人遇到一點挫折便偃旗息鼓而

輕易爲空虛所困擾，有人卻能面對困難毫不畏縮而始終愉快充實。因此，有意識地加強自我心理素質的訓練，就能夠將空虛及時地消滅在萌芽狀態而不給它以進一步侵襲的機會。無論在什麼地方，做什麼事情，遇到什麼問題，都應該沉著冷靜，保持良好的心態，實事求是地應對一切。人老了，退休了，還可奉獻餘熱；失業了，再求職，作爲人生拼搏的第二起；工作受到挫折，投資失敗了，要吸取教訓，總結經驗，審時度勢，東山再起，將其視爲成功的「奠基石」。總之，不要灰心，不要氣餒，充實自我，戰勝空虛，就一定能迎來精神和事業上的光明。

4. 要對抗空虛就要看清空虛的本質 —— 就是不存在 這時如能轉移注意力做些「實質」性的活動，如逛街就認眞挑選衣物，聚會時就專心與人談話，都可有效地驅走空虛感。

5. 認清自己，腳踏實地 常感到空虛的人，很可能是活得不踏實。有些人在生活中懷有不切實際的期望或目標，自己總是在生活中追尋些什麼，而沒有落實到生活本身，如此不免常虛幻不實。要揮別空虛感就要建立「務實不務虛」的生活態度，能「活在當下」的人，心中是不會有這麼一個黑洞的。

第七節 | 社交焦慮

在如今快節奏的現代生活中，社會交往日益增多，社會交往的成敗往往直接影響著人們的升學就業、職位升降、事業發展、戀愛婚姻、名譽地位，因而使人承受著巨大的心理壓力。由此產生焦慮情緒，造成心神不寧，焦躁不安，影響其工作和生活。

一、社交焦慮陷阱

社交焦慮情緒常見的表現有很多種，比如——

1. 著裝焦慮　中青年女性容易產生與化妝或著裝有關的焦慮情緒。簡寧，女，41歲，某商場經理，她說：「一看見別人比自己會打扮，就像打了敗仗一樣，情緒一落千丈！」

2. 同事焦慮　經濟專業畢業的路小姐業務能力極強，走到哪裡都得到上司的賞識，她工作3年均在合資公司，但竟然換過6家公司。為什麼頻繁跳槽？其實既不是她不適應業務，也不是老闆炒她魷魚，都是她自己自動離職。原因只有一個，她困惑地對心理醫生說：「我不知道如何與同事相處，為什麼總有人造謠誣衊我？有人排擠我？有人向老闆告我的黑狀？我也沒有做錯什麼，別人為什麼不能容忍我的存在？我只好逃避……」

3. 談判焦慮　黃先生，臺灣人，某公司副總經理，曾經有很好的經商業績。他跟隨總經理到大陸談判，因感到自己對大陸政策、風俗了解較少，自己普通話也講不好，因而在商業談判中感到壓力很大。再加上總經理要求嚴格，談判進展不順利，加重了他的心理壓力。

4. 媒體焦慮　趙千秋，研究員，由於工作近年來得到社會的關注，各種媒體頻繁地進行採訪，「上鏡」機會很多。但因時間分配問題的衝突使她對媒體的採訪越來越反感，多次出現與記者的矛盾衝突。經心理測試，發現她罹患了焦慮性神經症。

另外，還有如親友焦慮、校友焦慮、餐桌焦慮等等。形形色色的焦慮情緒不勝枚舉，它們像病菌一樣侵蝕著人們的精神和機體，不僅妨礙一個人暢通無阻地進入人際交往，還會直接影響人們的身心健康。其實，分析一下產生焦慮情緒的原因，無非是來自自卑心理：自我評價過低，忽視了自己的優勢和獨特性。

我們對社交焦慮情緒進行進一步剖析，就會發現如下的特點。

例如，有人做事急於求成，一旦不能立竿見影地取得所謂成功，就氣急敗壞地，從精神上「打敗」了自己，這是社交焦慮陷阱之一。

認爲自己的表現不夠出色，被別人「比了下去」，丟了面子，於是就自責，自慚形穢，產生羞恥感，這是社交焦慮陷阱之二。

缺乏分元化的觀念，以爲做不好的事情都是自己的責任，自己太笨。卻不知一個問題的解決，其實需要多方面的條件，有時是「有意栽花花不開」，反而「無心插柳柳成行」，有的人卻常不能接受這樣的現實，認爲努力與回報不平衡，便埋怨社會不公平，這就是社交焦慮陷阱之三。

實際上絕大多數人和事物都是：不好不壞，有好有壞，時好時壞。多側面的特徵各有其特色，怎可用同一標準去衡量？絕對化的評價方式，常常會導致自己總是否定自己，這是社交焦慮陷阱之四。

二、社交焦慮情緒的自我調節

在我們的傳統觀念裏，總是引誘人們追求十全十美，言行舉止、吃喝穿戴都要「看著權勢做，做給權勢看」。實際上那是一個溫柔美麗的陷阱，俗話說「人比人氣死人」。其實，人類是地球上最高級的社會性動物，人群本身就是極其多樣性和多元化的，正像大象、小兔、犀牛和長頸鹿不能相互比較一樣，每個人有自己的「自我意象」，每個人的個性、能力、社會作用等，都是他人不可替代的。所以，要排除來自社會的心理壓力所造成的焦慮，就必須改變自己的想法、活法。

下面的建議對於克服社交焦慮情緒是極其有效的——

1. **不要「看著別人活，活給別人看」** 要問一問自己，我的生活目標是什麼？我是誰？我是不是每天有所進步？學會正確認識自己，愉快地接納自己，以自我評價爲主，正確地對待他人的評說。

2. **在社會交往中，讓自己坦然、真誠、自信、充滿生命的活力** 充分展示你的人格魅力，就會贏得成功。

3. **鍛鍊人際交往中的親和力** 世界已經進入了合作的時代，一個人的人格魅力在智慧、在內心，學會「人合百群」是新世紀社會交往的

要求，應摒棄「物以類聚，人以群分」和「酒逢知己千杯少，話不投機半句多」的陳舊觀念。

4. 活得積極自主，瀟灑自在，為自己尋求快樂　焦慮、煩躁等消極情緒對於解決任何問題都無濟於事，要學會心平氣和、樂觀、勇敢、自信，這是克服焦慮的精神良藥。

第八節｜赤面恐怖症

有人步入社會，為在人前易臉紅的毛病不堪其苦。其實知道並沒有什麼可怕的，也想改變自己，自如地與人交往，但就是做不到。有時同不太熟悉的人交談，本來還是好好的，卻突然心裏「格登」一下，心跳加快，一股熱血直往臉上沖，自己難堪不說，還叫別人莫名其妙，常常被別人笑話，致使與人交往時幾乎成了驚弓之鳥，不敢與人交往。但又渴望與人交往，在他的身體裏常常經歷著兩個不同自我的戰爭：一個害羞、懦弱、缺乏自信，一個則強迫自己去改變自己。所以感到生活真是太沉重、太累了，這是患上了一種叫「赤面恐怖症」，也叫「社交恐怖症」的心理疾病。

一、你為什麼和人交往會臉紅

每個人在與自己不熟悉或比較重要的人交往時，都會出現一種緊張或激動感，並反射性地引起人體交感神經興奮，從而使人的心跳加快，毛細血管擴張，即表現為臉紅。

這本是人際交往中的一種正常反應，隨時間推移會習以為常。但有些人缺乏自信，因而特別注意別人的評價，注意自己在別人面前的表現，以致對臉紅特別在意。害怕別人會因此而議論你，想要自己不臉

紅，但卻又無法消除，見人臉紅便成了你的心病。與人交往前你便擔心自己會臉紅，交往時更是認真體驗自己有無臉紅，時間一長，就在大腦的相應區域形成了興奮點，只要你一進入與人交往的環境，就會出現臉上發熱感和內心的焦慮不安，加上別人對此的議論或譏笑，更使你緊張不安，懼怕見人，從而形成赤面恐怖症。

二、走出赤面恐怖的陰影

患者每當在公共場所或面對生人，就會出現緊張、臉紅、出汗、心悸等症狀，而且對這樣的情形非常恐慌，結果，越緊張越出錯，發展到怕見人，怕在公共場合說話，越來越封閉自己。有的人晚上睡不著覺，胡思亂想，總想控制自己別再想了，可就是控制不住，最後變成頑固性失眠。有的人因此對自己失去信心，覺得自己沒出息，無能懦弱。

其實，每個人都不同程度的具有社交的焦慮。例如每當靠近一個陌生人，或者進入一個陌生的環境，我們都會有一種不適感。該怎麼對付這種情況呢？

1. 對臉紅要採取順其自然的態度 允許它的出現和存在，不去抗拒它、抑制或掩飾它，不為有臉紅而焦慮和苦惱，從而消除對臉紅的緊張和擔心，打斷由此而造成的惡性循環。

心理醫生們經常採用森田療法來緩解這些症狀，其原則就是：順其自然，為所當為。也就是說，對於緊張不安的情緒要疏導，讓它過去，順其自然，不要拼命控制，因為情緒像潮水一樣，越堵越高，越控制越嚴重，同時，繼續做你應當做的事，一會兒緊張情緒就自然消失了。例如，你在公共場合感到緊張，你可以在心裏對自己說：「緊張去吧，我不管它了，又能把我怎樣？」同時，帶著緊張情緒說你該說的話，關注說話內容，不要關注自身的感受。結果你會發現：沒什麼可怕的事情出現，雖然有些不舒服，但自己還是能戰勝自己的，多次實踐之後，自信心就逐漸增強了，自己也不再為見人緊張而苦惱了，因為你找到了治病

良策。

例如失眠的人不要控制自己的思想，應放鬆自己，對自己說：「什麼都不管了，大不了我今天不睡覺了。」同時做深呼吸，放鬆自己的肢體，慢慢的，你就會睡著了。

這些做法看似簡單，許多人不相信自己能這樣做，總想依賴藥物，而不是依靠自己的努力。其實，在心理醫生的指導下，你完全是可以用森田療法來治癒神經官能症，但最重要的是你要下定決心去嘗試，要相信自己的潛力。

2. 要進行自信心方面的訓練　在人前容易臉紅的人，多數對自己缺乏自信，具有自卑感，因而加強自信心的培養，克服自卑感，可起到釜底抽薪的作用。

要改變只看到自己的短處，用自己的短處比別人的長處的思維方式，反過來經常想想自己有哪些長處或優勢，以自己的長處去比別人的短處，從而逐漸改變對自己的看法。在改變對自己的看法的同時，再將注意力轉移到自己感興趣、也最能體現自己才能的活動中去，先尋找一件比較容易也很有把握完成的事情去做，一舉成功後便會有一分喜悅，做完後再用同樣的方法確定下一個目標。這樣，每成功一次，便強化一次自信心，逐漸地自信心就會越來越強。

手指有長有短，人也不可能十全十美，人的價值主要體現在通過自身的努力，盡可能地發揮自己的潛能。把缺點、失敗及別人的恥笑等看成是一種常事，當成完善自己的動力，對別人的評價和議論自己心中有主見，做到「有則改之，無則加勉」，不為人言所左右或無所適從。

人會自卑，是因為通過比較和自省，發現自己確有不如人處。而處事成功，也需要一定的知識和能力。所以，一個人要想最終克服自卑心理，就必須在建立自信的同時正視自己的不足，通過多學、多做來充實知識，豐富經驗，學會與人交往的方法與技巧。

第九節｜神經衰弱症

如果一個人的心理問題和情緒障礙長期得不到調適，就會導致身體的疾患，神經衰弱症就是其中之一。

一、神經衰弱的起因

如果你有以下四組症狀中的三項，一般就可以確認是神經衰弱，你就應該去看醫生了。

【衰弱症狀】　精神疲乏，腦力遲鈍，注意力很難集中，記憶困難，工作學習不能持久。

【興奮症狀】　工作學習、用腦均可引起興奮，回憶及聯想增多，自己控制不住，對聲光敏感，同時語言增多。

【情緒症狀】　緊張，易激動，煩惱。

【心理症狀】　緊張性疼痛（頭痛、腰背或肢體痛），睡眠障礙（如入睡困難、多夢、易醒、醒後乏力），植物神經（自律神經）功能障礙（如心悸、多汗）。

二、神經衰弱的自救措施

長期以來，如果某人主訴有失眠、多夢、記憶力不好、注意力易分散及焦慮、抑鬱等症狀，無論內科還是精神科醫師都會確診為「神經衰弱」，並建議患者服用相關的藥物進行治療，結果療效往往會令醫患雙方都感到沮喪。近年來，越來越多的醫生傾向於從心理病理的角度，來探討「神經衰弱」的病因問題，並且驚奇地發現，這是一條醫治此種病症的有效途徑。

原來，此病與患者長期存在的未能解決的內心衝突有關，也就是說

有些人表現出來的身體不舒服、神經功能紊亂是內心衝突的結果。長期壓抑、心情不愉快是導致軀體症狀的直接原因，而在其背後則存在著迄今未知的內心衝突。只要解決了內心衝突，消除了焦慮、抑鬱等不愉快的心情，軀體症狀就可以消失了。因此，它是完全可以治好的，但跟其他疾病的治療有所不同，並不是靠藥物而是靠患者自己的勇氣和毅力。值得注意的是越是依賴醫生和藥物，此病就越是頑固，甚至會產生其他副作用，因為隱藏在內心深處的矛盾衝突，只有依靠自己才能解決。

一般說來，此種病症的患者多為青壯年，腦力勞動者居多。因此，只要有與疾病做鬥爭的願望和決心，從解決認識問題入手，並在行為上進行自我調節，完全可以依靠自己的力量恢復健康。

1. 消除引起神經衰弱的情緒緊張，減輕心理壓力　首先應認清，這種「病」是可以治癒的，絕對不是什麼絕症，也不會變成精神病。儘管自覺腦力不濟，實際上照樣能應付日常生活及一般工作和學習，不會造成精神殘疾。

其次，應將理想與現實、希望與可能分清。比如，希望自己能總有精力，永無疲勞，能考上名牌大學，但實際上自己的學習已經是超負荷了，這時應該休息了。不要為腦力下降而焦慮，必要時也須降低自己的奮鬥目標，要量力而行，要把目標確定在自己能充分發揮潛能，而又不導致精神崩潰的限度。將目標降低，輕裝前進，能收到出人意料的好結果。人世間的事情是受很多因素制約的，其中大部分並非人力所能克服，很多事情並不能心想事成，「人只能做自己想做的，不能要自己想要的」。只要自己盡力去做了，就應感到心安理得。如果能這樣想，壓力感不就小多了嗎？再說目標也不只有一個，「條條大路通羅馬」。只要能過得充實，生活得有意義，就應感到滿足。當然，一個人要想達到這樣的境界是不容易的，需要在實際生活中慢慢體會、領悟。

2. 認識自身內部的衝突　儘管此種病症患者的內心衝突是處於潛意識狀態的，但只要從下述三個方面去對照自己，便不難搜索出自身內

部衝突的根源。

　　3. 自卑　當一個人自認為低人一等，不相信自己的能力和價值時，他就已經把自己擺到了一個容易誘發衝突的不利地位。因為自卑者同樣具有正常人的一切正常願望，但往往臨陣退卻、坐失良機，而陷入深深的自責、責人的衝突之中。一般來說，一個人所持的消極自我評價越多，他所遇到的麻煩就越多，與環境的關係就會變得越緊張，經過回饋，就更容易構成惡性循環。

　　【自我設障】　患者往往會憑藉想像為自己制定許多不必要的心理規則。其思維方式陷入「非此即彼」狀態，認為自己必須服從某些條條框框，否則就會產生緊張、焦慮、自責等負面情緒。他們否定了生活的多變性、豐富性，以及人們之間的差異性等基本事實，實為作繭自縛。

　　【矛盾性需求】　經過自省，患者不難發現自己是「魚與熊掌兼而得之」的主張者，這也是違反基本的生活法則的。問題的關鍵在於，相互矛盾性需要的存在，並不會帶來消極的作用，強行壓制一方滿足另一方，則會導致心理失去平衡而發生衝突。

　　【正確認識神經衰弱的本質】　已罹患神經衰弱的人，首先要認識到症狀是一種信號，它告訴你：「大腦太累了，壓力太大了，需要休息調整了。」這時，想一下子消除症狀肯定是無濟於事的。應該先冷靜地分析一下，這種情緒緊張和心理壓力來自何方。從表面上看，神經衰弱確實影響了學習和工作，可實質上它及時地停止了你超負荷運轉，使你暫時擺脫了沉重的心理負擔，獲得一個得以休整、喘息的機會。同時也使你獲得了一次直接面對痛苦、甚至設法超越痛苦的機會。有許多人就是從神經症的痛苦和束縛中徹底解脫出來，成了一個全新的、富於創造性的、能夠釋放全部潛能的人的。

　　4. 增加自己的心理自由度　在認識到自己內部衝突的來源之後，就可以有針對性地進行自我消解工作。患者會發現，自卑、自我設障的矛盾性需求，都是自己造成的。其實，一個人儘管受環境的制約，但他在

心理上是完全自由的。

「人的命運掌握在自己手中，現實中永遠有著機會和挑戰。」認識到這一點是非常重要的，這意味著患者正是自己剝奪了自己的自由，要想戰勝因此而帶來的疾病，必須自己給自己增加自由，至少在認識上一定要做得到。

允許自己有缺點。造成自卑的原因固然很多，但不允許自己有缺點的完美主義觀點是根本的一條。事實上，世上是不存在完人的。「人生最大的缺陷是人生有缺陷。」只有當一個人學會坦然地說「我錯了」「這一點我不如你」的時候，他才可以放鬆自我，自由自在地表現自我、享受生活。

不怕使別人失望。害怕讓別人失望而壓抑自我的做法，常常是造成心理問題的原因。事實上，一個人無論如何也滿足不了所有人的願望，更何況許多自認為「必須」、「應該」的事情，也往往出自個人主觀的判斷。只要自己盡了力，所作所為合乎社會規範（法律、道德等），那麼，就不必介意別人失望與否。

允許矛盾感情同時存在。矛盾性的需求引起矛盾性的感情。正像任何事物都具有兩面性一樣，人的感情永遠具有兩極性，永遠不會統一。愛與恨、苦與樂、勇敢與儒弱、信任與懷疑總是結伴而行。一個人在心理上同時具有矛盾性的需求並不證明其人格的卑劣，承認這是人之常情就不至於徒增緊張，然後進行理智的抉擇，客觀的矛盾便會迎刃而解。

5. 打破神經衰弱的惡性循環　惡性循環形成的關鍵是患者想用人為的努力直接消除神經衰弱的症狀，如注意力不集中、失眠、煩惱等。但人為的努力不但無效，反而越發固定了注意力，越想努力消除，症狀越重。相信患者對此一定體會很深。要想打破惡性循環，必須做到：

① 把注意力集中於這些症狀。

② 去有意識地直接消除症狀。

實現上述兩點的惟一辦法就是行動，帶著症狀去做事，可以從最簡

單的事情做起，因為神經衰弱不是精神或體力的殘疾，所以總有能做的事，如打掃室內衛生、買菜購物、看自己喜歡的電影和書籍、欣賞音樂、給朋友寫信等等。如果你下決心找事做，就不愁沒事做。惟一的要求就是不想病、不談病，帶著痛苦找事情做，像正常人一樣生活。所做的事情儘量不要太單一，儘量做一些比較消耗體力的、不太費腦筋的、自己喜歡的、收效很快的事情，逐漸增加做事的種類和加大腦力的消耗。長此堅持下去，神經衰弱的苦惱會在不知不覺中消逝。這樣做的道理似乎難以理解，但只要親自實踐，定會有所領悟。如果你真的有決心從神經衰弱的痛苦中解脫出來，就從現在開始做起吧！

6. 放鬆訓練　在解決認知的基礎上，有意識地改變身體的活動狀況，做一些自我調節機體運行的體操，會達到標本兼治的功效。

【深度呼吸練習】患者常感到疲乏、頭痛、頭暈，實際上是由於緊張而導致的。有意識地進行深度呼吸練習可有效地解除上述症狀，令人神清氣爽、精神煥發。練習的方法很多，最簡單的操作程式是盡可能深吸一口氣，氣沉腹底，然後屏氣，感到有點憋悶時再緩緩呼出，呼氣要盡可能徹底些。如此循環 20 次左右，一般就可起到平緩緊張情緒的作用。

【進行肌肉放鬆訓練】　情緒狀態與肌肉活動之間，通過神經系統的作用存在著互為因果的關係，情緒緊張的同時伴隨著肌肉的繃緊，而繃緊的肌肉會通過神經作用導致情緒的緊張。如能主動地放鬆肌肉，便會使緊張情緒得到緩解。此訓練要求患者在安靜狀態下想像一幅記憶清晰的令人鬆弛和愉快的自然風景，同時自我暗示，依次放鬆全身每一塊肌肉。訓練要領是先收緊某一部位的肌肉（如緊握拳頭），並體會緊張的感覺。持續 10 秒鐘左右，然後放鬆，並體會放鬆時的感覺。如果做了一遍還達不到平靜情緒的效果，可再做一遍。經過一段時間的練習，便能夠在很短的時間內進入全身放鬆狀態，達到自我調節的目的。

7. 妥善安排好工作、學習和生活　注意勞逸結合，腦力勞動和體

力勞動相結合，堅持鍛鍊身體，適當參加文娛活動，既注意消極的休息（睡眠，安靜的休息等），更應注意積極的休息（文化活動等），以鞏固療效和防止再復發。

8. 改善睡眠 要想改善睡眠，首先要養成良好的睡眠習慣，注意生活要有規律。晚飯不宜過飽，臨睡前不要進食，不飲用具有興奮作用的飲料，不要進行大運動量的體育鍛鍊，不聽節奏感太強的音樂等，不睡覺時儘量不進入臥室，沒有睡意時不上床。有些病人害怕失眠而提早就寢或由於失眠而導致晚起均是不可取的。要認識到睡眠是一個自然的過程，是生理現象，是由生理時鐘決定的本能現象，人為的努力不但無法奏效，而且越是為入睡焦慮，大腦皮層越興奮，越難以入睡。

患者為入睡而做出的種種努力，往往收到完全相反的效果。每當你下決心不睡，希望能熬個通宵時，卻偏又睡意綿綿。所以，人應該順從自然，不要強迫自己趕快入睡。應採取能睡多久便睡多久，躺著就是休息的態度。人體會自動調整所需的睡眠時間，假如不去考慮睡著睡不著的問題，自然就會較快地入睡。

9. 中醫中藥和養生療法 可應用一般的針療、耳針、梅花針，和中草藥治療，如養血安神丸、酸棗仁湯等。

恒溫水浴對促進睡眠療效很好，輕微的體力勞動或體育療法，氣功和太極拳均是有效的。

第 4 章
不要被生活中的問題嚇倒

第一節 | 失業綜合症的調適

　　擁有一份滿意的工作，是人們所嚮往的。即使擁有一份不甚滿意的工作，對某些人來說也是一種幸事，因為工作是必須的。人為什麼要工作？有些人認為工作是為了掙錢，養家餬口；另一些人則認為工作不僅是為了掙錢，更是個人價值觀的體現，工作使他們達到自我實現。如果失去了工作，面臨的不僅是經濟危機，更重要的是心理上的失衡，個人價值觀的喪失和自尊心的損傷。這些都會使人產生比經濟危機還重的精神壓力。因此，工作與我們的心理健康密切相關。

一、失業綜合症的心理表現

　　經過專家調查，下崗人員因年齡、性格、行業、工齡、人際關係、經濟狀況、文化程度的不同可能會出現以下心理問題——

　　1. 自卑心理　不少失業人員，尤其是性格內向的人，會因失業而產生強烈的自卑感，感覺自己無能，是個失敗者。還有人感到自己被社會淘汰了。有些人甚至不願被人知道自己失業的現實，害怕被人恥笑，

在親朋好友面前抬不起頭。有自卑心理的失業人員往往把自己關在家裏，不願與人交往。這樣，長期處於失敗的體驗之中，勢必會影響身心健康。

2. 內疚心理 失業待業意味著經濟收入銳減，使家庭經濟緊張，甚至陷入經濟困境。當面對日益高漲的社會消費水準而無力購買時，許多失業人員會因此深感內疚不安，覺得愧對家人和子女，從而陷入深深的自責之中，更加重了自卑心理。

3. 失落心理 離開了原來的工作崗位、原來的社會群體，離開了奮鬥多年的事業，失去了奮鬥的目標後，整天悶在家裏無所事事，就會產生失落感與被遺棄之感，內心深感苦悶。即使再就業以後，如果不能重新樹立奮鬥目標，或者不能適應新的環境，也會存在一種寄人籬下的失落感。由失落感還會產生懷舊感，懷念過去的好時光，從而更增加對現狀的不滿，引起更嚴重的心理失衡。

4. 焦慮心理 焦慮是對危險或威脅的預料所引起的無方向的喚醒狀態。失業人員，在感到怨恨、苦悶之餘，更多的是感到焦慮不安，為家庭的生活擔心，為自己和家人的前途擔心，久而久之，就會變得脾氣暴躁，容易發火。

二、不要讓自己的心也失業

莎士比亞說：「聰明人永遠不會坐在那裏為他們的損失而哀歎，卻用情感去尋找辦法來彌補他們的損失。」想發揮自己的潛能，取得事業的成功，必須勇於忘卻過去的不幸，重新開始新的生活。

心理學家說性格決定人的命運，一個人能力再強，但性格有問題，就會影響他能力的發揮。同樣，只要一個人具備堅韌的性格，和不被困難所壓倒的精神，那麼任何打擊，任何磨難都不會使他放棄自己的信念和追求。就像外國一句古老的名言所說：「不要為打翻的牛奶哭泣」，這句話包含了豐富深刻的哲理。過去的已經過去，歷史就如「黃河之水

天上來，奔流到海不復回」。不管從前多麼輝煌，都已經成爲歷史。重要的是要接受現在的事實，讓一切從頭再來。分析失業職工再重新創業的經歷，不難看出，他們的成功與其堅強的性格，豁達樂觀的處世態度有著密切的聯繫。

在一般情況下，失業會產生諸如沒面子、抱怨「命運不佳」、消極、剛愎自用、自暴自棄、異想天開等心理，表現爲沮喪、抑鬱、不能面對現實、怨天尤人，但卻沒有從行動上來改變自己，從而陷於巨大的心理落差之中不能自拔。而成功者則善於調整自己的心理狀態，不迴避或歪曲失業現實，拋棄怨天尤人或自暴自棄的心理，樂觀生活，積極調整自己的不良情緒。首先要充滿自信，相信自己的智力、自己的才能、自己的判斷。因爲如果事情沒開始就先打退堂鼓，如果自己都信不過自己，又怎能奢望別人高看自己？只有戰勝自卑，才能實現超越。擁有了自信，便擁有了成功的一半。

能客觀公正地評價自己的人，做事的期望值不會高不可攀，也不會太低。他們能正視自己的優缺點，也能正視眼前的現實。但重要的是要能想到，失業的並不是自己一人而已，有人能坦然面對，自己又何必戴上精神枷鎖而不能解脫呢？雖失去了原來的職位，但又爲選擇新職位提供了機遇。「塞翁失馬，焉知非福」。有了這種積極的心態，就能擺脫不良心理的束縛，把注意力引導到通過自己的努力實現再就業這方面來，從而發掘出很多以前自己也沒有認識到的潛力，找到一條成功的再就業之路。

肯吃苦耐勞，只要不違法，老老實實做人，踏踏實實幹事，就沒有過不去的火焰山。

失業只不過是讓生活輕輕撞了一下腰，它永遠不會壓垮人，只會使人變得更堅強。因此無論是從零開始的創業者，還是重新找到工作的再重新就業者，他們都十分珍惜來之不易的工作機會，對工作盡職盡責，做出了自己最大的努力，從而也找回了自尊，實現了自我價值。

　　失業不灰心，人人當自強。與其等待，不如從現在做起，依據自身條件到市場的海洋中去拼搏，尋求新發展。不要被面子和條件所困擾，沒有文憑同樣可以再就業，沒大本錢也能做合法生意。只要你肯付出誠實的勞動，就一定會得到社會的回報。記住，不管路有多遠，只要我們的心沒有失業了，我們就能到達成功的終點。

第二節｜你是工作狂嗎

　　在我們周圍，不難會遇到這樣的人，他們每天工作超過十小時，腦子裏從來沒有週末、節假日的概念；他們基本不會有上下班的界限，家是一個有床的辦公地點，而辦公室則隨時可以成為加班時躺倒睡覺的「家」；偶爾陪家人朋友散心逛街，他們也多半是人在心不在，腦子裏念念不忘的還是工作……對於工作，他們可以說是已經到了一種癡迷狀態，一旦離開了工作，就會精神不振，毫無生氣，陷入無所事事的狀態，他們是「工作狂」。

一、工作狂形成的原因

　　觀察身邊的工作狂，大概有以下幾種不同的原因──

　　(1) 真正熱愛工作或金錢，不以為苦，反以為樂，樂此不疲，激情不減。

　　(2) 沒有營造起真正屬於自己的生活。這樣的人，或者因為客觀原因兩地分居，家人不在身邊，或者缺少與工作徹底無關，只為愉悅身心的興趣愛好，生活單調乏味，只有同事而沒有朋友，因此不得不從工作中尋找樂趣。

　　(3) 把工作當做逃避手段。這樣的人，可能在生活中有某種苦惱、

不滿或自卑，為了逃避或者忘卻這些令人傷神的事，只好瘋狂地投入工作，他們只有在忘我工作時才能體會到自信和快感。剛剛失戀的人也很容易成為這樣的工作狂。

二、工作不是生活的全部

人類在激流勇進的文明化進程中所付出的重大代價，就是對自身的壓榨。所謂「過猶不及」，我們需要找到一份自己喜歡的工作，在工作的過程中體會快樂和價值，但也並不應該鼓勵工作狂。畢竟，生活的概念要比工作大得多，生命的意義，也不能僅僅依靠工作上的成功來證明。過分依賴職場競爭帶來的成就感與充實感，忽視對個人生活和家庭生活必要的經營與維護，不但不能逃避寂寞空虛，結果往往是吞咽更深的失望和孤獨。

如果你本人是個工作狂，首先需要調整心態。金錢、權力、榮譽等等，這一類的成功永遠沒有止境，而你的時間、精力、健康、生命，卻都是有限的。事業的成功無法替代家庭生活對人的價值。多與家人、朋友、同事交流，必要時還可以尋求心理諮詢師的幫助。工作中，多加強自身時間管理能力、專案管理能力的培養，組建高效的團隊，通過合理的分工和授權，提高整個團隊的工作效率，讓自己能從工作中逐步地「解脫出來」。

如果你遇到了工作狂上司，不得不在他的「以身作則」下勤奮工作，那麼就試著從心理上理解和接納他們的做法，不要一味地排斥、抱怨，以避免雙方關係的惡化。其次，多配合他們的工作，盡下屬之責，爭取成為他們信任的好助手。如果對他們的工作方式你確實不能接受，也應該大膽表達出來，當然必須注意尋找合適的時機和方式。

畢竟，從樂觀的角度看，你可能會因此有更好的業績。雖然是情非得已，但也算不無收穫。

第三節｜工作壓力調適

很多現代人都生活在一定的壓力之下，失業、升職、調薪、辦公室關係等等。據統計，與工作壓力相關的心理、生理方面的疾病已經成為導致員工缺勤、停工、意外事故的主要原因。

一、緩解壓力四大原則

1 · **用積極的態度面對壓力**　在充滿競爭的都市裡，每個人都會或多或少地遇到各種壓力。可是，壓力可以是阻力，也可以變為動力，就看自己如何去面對。社會是在不斷進步的，人在其中不進則退，所以當遇到壓力時，明智的辦法是採取一種比較積極的態度來面對。實在承受不了的時候，也不讓自己陷入其中，可以通過看看書、塗塗畫、聽聽音樂等，讓心情慢慢地放鬆下來，再重新去面對。到這時往往就會發現壓力其實也沒有那麼大。

有些人總喜歡把別人的壓力放在自己身上。比如，看到別人升職、發財，就總會納悶，為什麼會這樣呢？為什麼不是自己呢？其實只要自己盡了力，做好自己的工作就可以了，有些東西是急不來也想不來的。與其讓自己無謂地煩惱，不如想一些開心的事，多學一些知識，讓生活充滿更多的色彩。

2. **減壓先要解開心結**　有一則小寓言，說有一種小蟲子很喜歡撿東西，在它所爬過的路上，只要是能碰到的東西，它都會撿起來放在背上，最後，小蟲子被身上重物給壓死了。

人不是小蟲子，但人在社會生活中的所作所為又像極了小蟲子，只不過背上的東西變成了「名利權」。人總是貪求太多，把重負一件一件披掛在自己身上，捨不得扔掉。假如能學會取捨，學會輕裝上陣，學會

善待自己，凡事不跟自己較勁，甚至學會傾訴發洩釋放自己，人還會被生活壓趴下嗎？

3. 適度轉移和釋放壓力　面對壓力，轉移是一種最好的辦法。壓力太重背不動了，那就放下來不去想它，把注意力轉到讓你輕鬆快樂的事上來。等心態調整平和以後，已經堅強起來的你，還會害怕你面前的壓力嗎？比如做一下體育運動。體育運動能使你很好地發洩，運動完之後你會感到很輕鬆，這樣就可以把壓力釋放出去了。

4. 對壓力心存感激　人生怎能沒有壓力？的確，想想並不平穩的人生道路，升學、就業、跳槽，從偏遠的鄉村走向繁華的都市，我們的每一個足跡都是在壓力下走過的。沒有壓力，我們的生活也許會是另外一個模樣。當我們盡情享受生活的樂趣的時候，都應該對當初讓我們曾經頭疼不已的壓力，心存一份感激。

生活本來就是豐富的。任何人的生活都不會一成不變。我們需要一帆風順的快樂，但也要接受挑戰和壓力帶給我們的磨鍊。缺了誰，我們的生活都會顯得有幾分單調。

二、如何調適工作中的壓力

1. 分散壓力　可能的話把工作進行分攤或是委派以減小工作強度。千萬不要陷到一個可怕的泥潭當中：認為你是惟一能夠做好這項工作的人。如果這樣的話，你的同事和老闆同樣也會有那樣的感覺，於是就會把工作盡可能都加到你的身上。這樣你的工作強度就要大大增加了。

2. 不要把工作當成一切　當你的大腦一天到晚都在想工作的時候，工作壓力就形成了。一定要平衡一下生活。分出一些時間給家庭、朋友、嗜好等，最重要的是娛樂，娛樂乃是對付壓力的良方。

3. 建立良好的辦公室關係　與同事建立有益的、愉快的合作關係；與老闆建立有效的、支持性的關係，理解老闆的問題，並讓老闆也理解你的問題，了解自己和老闆在工作中的權利和義務。

4. 及時總結，妥善計畫　對所有的出色工作都記錄在案，並不時查閱，一是總結經驗，二是爲自己尋找自信。爲將要進行的工作，制訂一些短期計畫，做盡可能細緻的準備。

5. 暫時將壓力拋開　一天中多進行幾次短暫的休息，做做深呼吸，呼吸一下新鮮空氣，可以使你放鬆大腦，防止壓力情緒的形成。千萬不要放任壓力情緒的發展，不能使這種情緒在一天工作結束時，升級成爲壓倒你的工作壓力，時不時地做做深呼吸緩釋一下壓力。

6. 享受個人空間　不要總是想著工作，努力在每天都安排一段時間處理自己的事情，如與家人、朋友在一起等。

7. 隨它去　辨別一下你能控制和不能控制的事情，然後把兩類事情分開，歸爲兩類，並列出清單。開始一天的工作時，首先給自己一個約定：不管是工作中的還是生活中的事情，只要是自己不能控制的就由它去，不要過多地考慮，給自己增添無謂的壓力。

8. 適當的運動　每天尋找時間放鬆，如呼吸新鮮空氣，做適量的運動，散步，時常出入一下辦公室，變換一下環境，這些活動有助於釋放壓力，放鬆大腦，恢復精力。

第四節│夫妻心理調適

男女兩人在愛情的基礎上建立起夫妻關係，組成了家庭。但是，夫妻之間的性格、作風、態度、習慣、興趣和愛好，並不是完全一致。隨著情況的發展變化，夫妻雙方的心理狀態也在不斷發生著變化，於是家庭裏就會發生這樣那樣的矛盾。因此，夫妻之間就應該在長期共同的生活之中，不斷相互適應，進行心理調適，以使家庭生活達到美滿和諧。需要強調的是，要想擁有美滿的婚姻，就必須具有雕刻家的耐心、園丁

的愛心、科學家的細心，去對待婚姻。

一、夫妻心理對抗的主要原因

專家調查了一些夫妻不和的心理原因後，發現丈夫對妻子、妻子對丈夫的不滿主要有以下一些方面——

1. 丈夫的不滿

① 妻子喋喋不休的嘮叨。無論大事小事，無論在什麼時間地點，總是說個不停。

② 缺乏共同的生活情趣。志趣不相投，無法共同享受生活的樂趣，甚至互相抵觸。

③ 自私、不知體諒，這是丈夫最不能容忍的。

④ 抱怨、干擾自己的愛好。幾乎是每一個男人都有他們自己的嗜好，這是男人生活中必不可少的心理平衡因素，他們絕對不允許別人干擾他們的愛好。

⑤ 衣著不整，這意味著有失丈夫的體面，使丈夫丟臉。

⑥ 脾氣急躁。任何男人都希望妻子溫和可愛，性情急躁是導致婚姻關係破裂的一個重要因素。

⑦ 干涉他對子女的管教。許多家庭屬於「嚴父慈母」型，但如果一個過嚴，一個過慈，自然就會產生矛盾。

⑧ 自誇、逞能。這一問題在男性中是普遍存在的，而他們一旦發現自己的妻子也具有這種素質的話，他們會非常厭煩。

⑨ 感情脆弱。成熟的女性感情是穩定的，男人一般都希望自己的妻子比較成熟，感情脆弱的「小姑娘」式的妻子，令丈夫無法長期接受。

⑩ 心胸狹窄，嫉妒心強。

⑪ 不理家務。無論出於什麼原因，不理家務都是不對的。

⑫ 好手辯，愛挑毛病，令人無所適從。強詞奪理，文過飾非。

2. 妻子的不滿

①丈夫的自私和不知體諒。女性同樣也需要得到男人的溫情，自私是愛情的頭號敵人。

②事業上沒有突出的成績。女人總是希望自己的丈夫能夠出人頭地，至少是有所作為。

③喜歡抱怨，不理解她的情趣。丈夫如果與妻子情趣不相投，最好是不要有太多的抱怨。

④不願公開誠實地商談事情。

⑤對子女缺乏興趣，家庭觀念淡薄。

⑥對子女過於嚴屬，不順心時拿孩子當出氣筒。

⑦不顧家庭，把自己的朋友看得重於一切，家庭為自己和自己那一夥人服務。

⑧粗魯、不文雅，沒有風度。

⑨缺乏上進心，得過且過，缺少男性的成功欲，平庸呆板。

⑩脾氣暴躁，沒有耐心。凌架於家庭之上，不能平等待人，動輒發火，令人無法忍受。

⑪愛批評人，缺少男人的慷慨大度，嘴碎嘮叨，喜歡在小事上吹毛求疵。

二、夫妻和諧的心理需要

夫妻之間如何達到心心相印，親密無間，就需要了解雙方各自的心理需求，從而達到和諧、美滿。美國著名生理學家默里對人類的心理需要進行了歸納，從而得出夫妻和諧必須滿足雙方的五種心理需要。

1. 尊重的需要 人的自尊心從小就有，一旦受到損害，便會痛苦不已。如果受到尊重，人則會感到欣慰和滿足。夫妻間的相互尊重、信賴，是深化愛情和事業成功的基本保證。任何訓斥或輕視貶低愛人的做法，都會損害對方的自尊心。

2. 自主和表現的需要 人人都希望按自己的思想和意志辦事，這

就是自主的需要。每個人都希望在別人面前表現自己，盡可能發揮自己的才能，運用自己的智慧，創造出可觀的勞動成果，使自己的表現心理得到滿足。夫妻間則常想通過語言或行為來使對方歡悅、驚奇、著迷，進而讚賞自己。

3. 交往或社交的需要 社會是人的生活樂趣的源泉，那種不准配偶與他人交往的做法，不但不能保證愛情的專一，相反，會導致對方心理平衡的破壞，對家庭生活感到厭倦，對配偶產生反感、厭倦，其結果只能導致婚姻破裂。

4. 愛好和感情的需要 各人有各人的愛好，應盡可能滿足對方的心理需求並為對方提供方便。感情的需要以愛為中心，持久的愛會使對方得到最大的滿足。否則，失落感便會油然而生，不滿、煩惱、怨恨便接踵而至。

5. 宣洩的需要 愛人心裏不痛快時，總想找人訴說一番，一吐為快。這種宣洩的對象當然是自己的愛人，夫妻均以對方為宣洩的最佳對象。因此，任何一方都不應責備對方心胸狹窄，或嫌對方嘮叨，而應主動接受對方的宣洩，並進一步勸慰、疏導，排解其內心的痛苦，使對方從內心矛盾中解脫出來，建立新的心理平衡。這樣內心的痛苦便會煙消雲散，夫妻感情也會進一步得到加強。

第五節 │ 婚外情傾向調適

莎士比亞說：「誰做了綠色妖魔的俘虜，誰就要受到愚弄。」人們離婚的理由，說千道萬，最常見的就是婚外情和性格不合。而在性格不合的外衣裏裹著的身子骨，有許多仍是對配偶之外的異性的嚮往與覬覦。難怪文學家們把婚外情視作婚姻的綠色妖魔。

如果說陽光下的戀愛是四月的春天，如沐春光，那麼角落裏的婚外情就是火柴劃過的一瞬微焰，過後只剩一節碳黑，也許，這一下卻燒傷了手指，得不償失。

婚姻的砝碼是責任，多踏出一步，背後不僅是流淚的眼和滴血的心，還有無辜的人。也許不該發生，只是時尚勾引了出軌的欲望，面對婚外情，所該做的是想想曾經和你生死相許的人，你盡了多少責任？

一、婚外情的十大心態

1. 補償心理　有的人因為夫妻分居，寂寞難耐，或者因為夫妻一方有生理缺陷，生理上得不到滿足，或者夫妻關係不和，因而主動尋找第三者或樂意接受第三者予以補償，從而形成婚外情。其實，性生活並非夫妻生活的全部內容，只要夫妻之間加強聯繫，感情上多溝通，心裏想念對方，生活照樣充實，又何須補償。

2. 欠情心理　有些情人最終未能終成眷屬，雙方各自成家，或一方成家後另一方不願成家依然暗戀著對方，當一方生活困難或夫妻感情不和時，另一方覺得還欠著對方的情因而主動投入舊情人的懷抱，舊情復燃，從而產生婚外情。其實，有情人未必都能成眷屬，既然雙方已各自成家或對方已成家，就應面對現實，珍惜夫妻感情，當對方生活有困難或夫妻感情不和時，用婚外情來報答對方的情，與其說是幫助對方，倒不如說是損害對方，實乃於事無補。

3. 貪財心理　有的人因為貪圖對方的錢財，不顧自己的人格，主動委身於對方，以換取幾個銅板，從而形成婚外情。其實，人格是無價之寶，錢財乃身外之物，多則多用，少則少花，又何必以無價之寶換取幾個銅板？另外，有財者也應切記，既然對方貪圖的是你的錢財，又何必為對方付出真情，產生戀情。

4. 圖貌心理　有人因為貪圖女方的美貌或男方健美的身軀，主動示愛，從而產生婚外情。其實外表美隨著年齡的增長會自然消失，只有

心靈美才是永恆的，像美酒一樣，時間越長越醇香。因此，最要緊的是要善於發現配偶的閃光點，獻出自己的一片真情，這樣，情人的眼裏自然就會有西施出現。

5. 報恩心理　有的人因為生活有困難而得到對方幫助，或者因丈夫長期在外，家庭長期得到對方照顧，自己無以為報，只好獻上身體，從而產生婚外情。其實，既然對方誠心幫你，就不圖你的回報，對方對你有恩，你心裏記得就行了，何必如此回報？如果因此影響對方的家庭，豈非好心辦壞事。

6. 報復心理　有的夫妻因為一方有外遇，又不聽規勸，另一方為了報復對方，主動尋求第三者，從而產生婚外情。其實，既知對方有外遇是錯誤的，自己為何去尋找第三者，豈不是知錯犯錯？況且，結婚自由，離婚也自由，如果感情確已破裂，且無和好可能，不妨離婚算了，好聚好散，做個朋友也比報復對方強。

7. 好奇心理　有的夫妻生活平平常常，覺得平淡無味，而影視男女主人公卻與情人愛意纏綿，浪花迭起，過得有滋有味，瀟灑自在，自己也想體驗一下這種生活，於是，在這種好奇心理的驅動下，產生婚外戀。其實，平平安安就是福，不要這山望著那山高，身在福中不知福。

8. 享樂心理　有的人因為受性解放思想的影響，或者受淫穢光碟書刊的影響，認為人生在世，吃喝玩樂，趁著年輕，及時行樂，因而濫交異性，從而產生婚外情。其實，性解放及淫穢光碟書刊是害人的毒素，我們每個人都應自覺並予以抵制，樹立正確的道德和人生觀，絕不能錯將砒霜當白糖。

9. 相悅心理　有的男女因為工作上相互幫助、支持，久而久之，雙方均有好感，兩情相悅，從而產生婚外情。其實工作上的好幫手，未必能成為生活中的好夫妻，既然雙方在工作上互相幫助、互相支持，為何不能像兄妹、姊弟一樣相處呢？

10. 互利心理　有的人因為工作上的制約關係，互相利用，互相勾

結，合夥作案，成了一根線上的兩隻螞蚱，雙方誰也離不開誰，從而產生婚外情，其實，俗話說得好：「手莫伸，伸手必被捉」。一旦東窗事發，鋃鐺入獄，這樣的婚外情值的嗎？

二、男性婚外情心理

　　儘管婚外情的結局各不相同，但男女的最終抉擇常呈現各自的性別特點。有婦之夫在熱戀時往往會信誓旦旦地許諾要與妻子分手，而與情人重結良緣。然而，現實生活中眞正履行諾言的守信男子仍屬罕見，不少人以種種藉口拖延時間，遲遲不把諾言付諸實踐，他們婚外情的一般歷程，往往是從「喜新而不厭舊」到「不厭舊而棄新」。那麼，大丈夫在關鍵時刻臨陣退卻，是否意味著男人更自私自利、虛情假意，甚至背信棄義呢？

　　不可否認，確有一些男子爲了滿足一時私欲或追求感官刺激，而把情人當作臨時替補，其中不乏玩弄女性的道德騙子；更有甚者在情人危及自己的仕途鴻運而無法解脫時，爲徹底清除障礙而大開殺戒。但更多的有婦之夫在雙重困境中掙扎，在兩難抉擇中徘徊，實有其社會、心理和道義的原委，僅用倫理標準對其做價值判斷難免失之偏頗。

　　首先，儘管社會對男子性越軌行爲的認同較女子寬容，然而道德價值至今仍是評價個人品格的主要尺度，即使在性觀念高度開放的西方已開發國家，私生活也依然左右著社會名流的仕途、前程。況且男子總是更看重自己的社會角色和事業價值，婚外情常常只是他們七彩人生中的一段浪漫小插曲，假若能兩全其美、相得益彰的話，他們自然奢望魚與熊掌兼得，不想游出這令人陶醉卻又險象環生的漩渦。然而，一旦與聲名、事業發生衝突，他們常權衡利害激流勇退、忍痛割愛，很少有爲情人而犧牲自己好丈夫、好父親的名譽，甚至背負違反家庭道德的罪名，以至自毀錦繡前程的癡情男子。

　　其次，男子的性價值觀雖傾向多元、開放和博愛，但他們在做決定

性選擇時，往往較女子更理智、更現實。他們嚮往浪漫、刺激的婚外情，卻更難捨踏實、清淡的婚內情，家花或許不如野花豔媚、醇香，但卻不失溫馨、素雅，也往往更耐看、受用；情人雖能給自己帶來如癡如醉的新鮮感，然而這種羅曼蒂克的愛雖沁人肺腑，但畢竟太缺乏安全感。況且有婦之夫在偷情時，大多沒有與情人結為並蒂蓮的預期目標，因此，婚外情常常只是為他們超負載的、緊張的社會角色增添些快樂、鬆弛一下神經，為他們制式化的乏味單調生活添加些調味品和點綴而已！一旦面臨兩者必居其一的選擇時，他們大多寧願放棄這鋌而走險的浪漫愛情，而回到世俗、平靜的現實中來。

再次，由於男子未必在婚姻危機時才誤入禁區，不少人只是自控力較差、一時衝動而「失足」，因此他們對婚外情人大多只是「動情」而沒有「動心」，也較少全身心地投入感情。況且現實生活中稱職的妻子遠多於丈夫，有婦之夫在家庭中大多並不缺少基本的生理和心理滿足，也不缺少甜蜜、幸福，當他們在情人面前頭腦發熱，或出於無奈做出「休妻」的承諾後，回到家中面對現實，又常因妻子勝任家庭角色，而自知理虧，欲言又止。

還有一旦東窗事發，妻子往往把攻擊目標指向第三者而寬恕丈夫，甚至以加倍的柔情去感化丈夫，這更讓丈夫汗顏、愧疚，以致幡然悔悟並「棄新戀舊」。其中，也有些丈夫雖與妻子性情不合，但由於妻子平時含辛茹苦充當賢內助又無啥過錯，或者妻子曾為自己做出過犧牲，而如今自己地位變化，不忍傷害處於弱勢的髮妻，或迫於道德壓力，無勇氣衝出婚姻圍牆。

男性往往源於對妻兒的良心和責任，或屈從於世俗輿論的壓力，在婚外情場上臨陣退怯，雖有負於戀人，然而這畢竟是他們在兩難困擾中的理性選擇。

三、女性婚外情心理

　　女性婚外情的一般歷程是「厭舊喜新」「棄舊圖新」，而很少「喜新不厭舊」，她們在追求婚外幸福時往往比男子更勇敢、執著，不少人敢於蔑視主流文化，頂住種種社會壓力，甚至放棄子女監護權和財產利益，而與丈夫毅然決裂，卻遲遲不見情人邁出實質性的一步，以至於自己人財兩空、進退兩難。女性之所以在移情別戀時常常破釜沉舟、執迷不悟，乃是因為——

　　首先，女性大多把愛情當作人生的主旋律，她們也只有在對情人「動心」真愛的前提下，才會冒風險去嘗試婚外情，並在熱戀中輕信心上人的承諾，從而癡迷地、忘情地投入自己的全部精力去「日吐情絲夜織網」。為了與心上人再結鸞鳳，她們不顧事業程，也不惜與父母、子女反目，甚至甘願犧牲女性「最寶貴」的名譽，其中一些人即使在自己的夙願已成黃粱一夢時仍苦苦地等待、美滋滋地遐想，乃至終身不婚或者以身殉情。

　　其次，女性往往很難把性和情相分離，她們不像男子那樣沒有愛也可消遣，沒有情也可獲得性快感，而只有在自己的感情需求獲得滿足時才願意付出性，並達到性情相融、靈肉合一。她們在與情人間的凝聚力與日俱增的同時，與丈夫的關係則每況愈下，以至於日益無法忍受「身在曹營心在漢」的煎熬，因此只有早日了斷這令人難堪的多角戀糾葛，才能解除精神和肉體上撕裂般的痛苦。

　　再次，妻子與婚外異性過從甚密，常會受到丈夫當眾羞辱、粗暴毆打或性虐待。即使一些女性有悔過意向，丈夫也往往因強烈的佔有欲和嫉恨心而難以再對其建立起信任感，有的還對妻子的時間安排、人際交往、興趣愛好等做了苛刻限制，使妻子的自尊心嚴重受損，終因無法忍受丈夫的猜忌、疏離和報復行為而起訴離異。還有些妻子原先只是對婚外異性有好感和正常交往，但丈夫採取的過激行為，反而使其增添了與婚外異性的向心力，並毅然與丈夫分手。

　　總之，現實生活中，婚外情獲得圓滿結局的實不多見，其中雖由於

男子出爾反爾最終結束戀情的較多，但僅歸咎於他們偽善、薄情難免失之偏頗。男子除了更看重事業前程、更現實外，還常因妻子無甚過錯而不忍絕情離異。然而，有婦之夫既要承擔對妻子的道義責任，就不該在當初放縱自己別有他戀，否則不僅自己騎虎難下，而且將給對重結鸞鳳滿懷希望的情人，帶來毀滅性的打擊。

顯而易見，對婚外情更執著、專一、也更投入的女性，在這美麗的陷阱中往往跌落得更深，也受到更多的傷害。她們的美好向往常與嚴酷的現實相脫節，她們的付出總得不到預期回報，她們在瞬間的甜蜜和幸福之後，常伴隨著沮喪和酸澀，因此，反思和澈悟對於她們尤為必要。倘若她們對兩性婚外情的心理差異有所了解，並對自己「想要什麼」和「能得到什麼」是否吻合做出理性判斷的話，或許在臨近婚外情地雷區時，會更小心謹慎。

四、婚外情的預防與調適

1. 要衝破平淡　將愛情不斷地更新，不斷地給對方創造新的條件，甚至有的時候故意創造一些小插曲。你只要把戀愛生活中所做的事情搬到婚姻生活中就對了。例如——

①在情人節和對方生日的時候，買一束玫瑰花和小禮物送給對方；

②不在配偶身邊時，只要有空就打電話給對方，關心對方；

③兩個人在一起的時候，不要只談柴米油鹽錢，要多談一些此外的話題；

④甜言蜜語不可少，多說我愛你，要讓對方聽到你對他（她）的愛；

⑤兩個人在一起發生不愉快時，可以吵架，但是千萬別動手。因為吵架除了可以宣洩情緒之外，還可以讓你知道對方現在的想法，是能夠增進彼此了解的，對婚姻還是有益處的。事後，雙方都應盡快忘記發生的衝突，不能耿耿於懷。而打架則是直接傷害對方，百害無益。

2. 要給對方一定的自由　哲人說過距離產生美，不要把對方綁得

太緊，否則距離太近，美將會消失，婚姻就會產生危險。將心比心，己所不欲，勿施於人。例如：

① 每個人心裏都有只屬於自己、不願被人知道的隱私（特別是以往的戀情之類），如果你自己都做不到把你的隱私告訴對方，那麼就請你不要像挖掘機一樣，非要把對方的隱私挖出來不可。

② 不要總以懷疑的目光問對方：你一天在忙些什麼？到哪裡去了？為什麼回來這麼晚？一次兩次還可以，如果三次四次五次六次地這樣問下去，也許沒有問題也會因為煩你囉嗦的猜疑而出現問題。這樣你覺得值得嗎？

③ 不要看見自己的配偶和異性在一起，就無端地猜測對方對自己不忠，先把事情弄清楚再說，千萬不要被憤怒沖昏了頭，也許那個人只是你配偶的同事，或一般普通的朋友。想想你自己，是否也有和異性同事或朋友在一起的時候。

當然，防止婚外情發生的方法絕不僅只上面這些，還有很多很多，需要朋友們在生活中去發現。但就以上這兩大點八小條來說，也許不會對婚外情起到絕對的阻止作用，但它至少對穩固完美你的婚姻是非常有用的。

婚姻是屬於兩個人的，需要共同去經營，而要把它經營好是需要一定的方法的。願那些已經結婚、準備離婚和已經離婚的人們能，了解這些方法，靈活運用。

第二部 | 常見病自我診斷與家庭護理

第 5 章
男性常見病自診自護

第一節 ｜ 脫髮

一、男性脫髮的原因

據調查，我國 60％的男性早在 25 歲之前就出現脫髮現象，而在 30 歲以前出現脫髮的比例，竟超過八成。如今，中青年成爲脫髮人群中的「主力軍」，我國男性脫髮的發病率與西方男性相當接近。

脫髮是一種慢性病，多數病人進展緩慢，少數進展較快，幾年內即出現大面積脫髮。毛髮脫落數量、開始脫髮的年齡、脫落的速度、脫髮的範圍和嚴重程度，有明顯的個體差異。現代醫學表明，脫髮的原因有很多種。

專家認爲男性脫髮主要是由於以下三個因素——

【雄性激素】　本病的發生與體內雄激素有肯定而密切的關係，因此也稱雄激素源性脫髮。有人研究男性型脫髮病人，提出可能是這種患者的頭髮毛囊，對雄激素的敏感性增高所致。目前普遍認爲雄激素是男性型脫髮的主要因素之一，但對其作用機制，還沒有研究清楚。

【遺傳因素】　本病有遺傳傾向，所以又稱家族性脫髮。近來有人

認為是多因素或多基因遺傳，也就是說男性型脫髮是幾個基因與環境因素相互作用的結果。

【心理因素】 不正常的心理狀態會影響人體神經系統及內分泌系統，從而改變與毛髮生長有關的全身及局部因素，最終影響毛髮的正常生長。有研究表明，男性型脫髮患者處於嚴重的抑鬱和焦慮之中，主要表現為易倦、睡眠障礙、易激怒和焦慮等。從而心理狀態的不正常與男性型脫髮發生互為因果，二者形成惡性循環。

除了上述三個因素之外，引起脫髮還有一些具體原因——

【內分泌疾病】 急、慢性疾病引起的脫髮，多是影響毛髮的營養，頭皮乾燥、少光澤、易抓後脫落。

【藥物】 藥物引起的脫髮多是暫時性的，停藥後逐漸恢復。

【皮膚病】 如系統性紅斑狼瘡引起的脫髮，往往因發生瘢痕導致永久性脫髮。

【物理性損傷】 它引起的脫髮，常常是局部脫髮，使損傷部位頭髮稀少。

二、飲食與頭髮健康

一頭美麗的頭髮需要各種營養，因此您需要保持平衡飲食，注意各種營養成分的攝取。在各類營養食品中，富含蛋白質、維生素和礦物質的食品，尤為重要。

頭髮的主要成分就是含硫氨基酸的蛋白質，因此應當每日攝入適量富含蛋白質的食品。魚類、家禽、瘦豬肉、牛奶，及乳製品中均含有豐富的動物性蛋白質；而大豆及豆製品中含有大量的植物性蛋白質。

【生髮食譜推薦】

（1）黑豆 500 克，水 1000 毫升（夏季各用 1／4 量）。將黑豆洗

淨，放入砂鍋中，加入水，以文火熬煮，至水浸豆粒飽脹爲度。然後取出黑豆，撒細鹽少許，貯於瓷瓶內。每次 6 克，每日 2 次飲後食用，溫開水送下。

（2）黑芝麻粥：黑芝麻 250 克搗碎，加粳米熬粥食用。

（3）用小尖辣椒 20 克切細，燒酒 50 毫升，浸泡 10 天，取汁塗擦脫髮處，每日數次。

（4）將蒲公英 150 克、黑豆 500 克，加水煮熟，棄蒲公英渣，再加冰糖 200 克收乾，每日吃 100 克。

（5）枸杞子、何首烏、熟地、山萸肉共煮取汁，再加核桃、黑豆共煮至核桃熟爛，烘乾，每次服 6 克，每日 2 次。

（6）胡蘿蔔 1 個、杏 2 個、蘋果半個、西芹 40 克。把胡蘿蔔、杏、蘋果去皮，與西芹一起放進攪拌器，充分攪拌即成。

（7）核桃仁 1000 克，放冷水中浸泡 3 日，取出後去掉皮尖。然後將適量白糖放入鍋中，待溶化後倒入核桃仁攪勻，冷後即可食用。每日吃 2 次，每次 10 粒。

（8）鮮桑椹 1000 克（或乾品 500 克）洗淨，加水適量煎煮，每 30 分鐘取煎液 1 次，然後加水再煎，共取煎液 2 次。合併煎液後，再以小火煎熬濃縮，至較爲稠黏時，加蜂蜜 300 克煮沸停火，待冷後裝瓶備用。每次 1 湯匙，以沸水沖化飲用。

三、男性如何預防脫髮

1. 保持心理健康，消除精神壓抑感　精神狀態不穩定、每天焦慮不安會導致脫髮，壓抑的程度越深，脫髮的速度也越快。對女性來說，生活忙碌而又保持適當的運動量，頭髮會光彩烏黑，充滿生命力。男性相反，生活越是緊張，工作越忙碌，脫髮的機會越高。因此，經常進行深呼吸、散步、做鬆弛體操等，可消除當天的精神疲勞。

2. 堅持鍛鍊，增強體質　堅持適當的體育活動，可以提高人體的

免疫力，也減少了慢性病的患病機會，這是保護頭髮的重要因素。

3. 科學地洗梳 勤洗髮，洗頭的間隔最好是 2 ～ 5 天。洗髮的水溫不宜過高，應在 40 度左右。洗髮的同時須邊搓邊按摩，既能保持頭皮清潔，又能使頭皮活血。不用脫脂性強或鹼性洗髮精。這類洗髮精的脫脂性和脫水性均很強，易使頭髮乾燥頭皮壞死。應選用對頭皮和頭髮無刺激性的無酸性天然洗髮精，或根據自己的髮質選用。不用尼龍梳子和頭刷，因尼龍梳子和頭刷易產生靜電，會給頭髮和頭皮帶來不良刺激。最理想的是選用黃楊木梳和豬鬃頭刷，既能去除頭屑，增加頭髮光澤，又能按摩頭皮，促進血液循環。

3. 養成良好的生活習慣 不吸煙，不酗酒。吸煙會使頭皮毛細管收縮，從而影響頭髮的發育生長。燙熱的白酒會使頭皮產生熱氣和濕氣，引起脫髮。即使是啤酒、葡萄酒也應適量，酗酒會影響胃腸吸收，久而久之影響頭髮生長。

4. 注意合理飲食 要長年堅持多吃穀物、蔬菜、水果。如蔬菜攝入減少，易引起便秘而「弄髒血液」，影響頭髮品質，得了痔瘡還會加速頭頂部的脫髮。脫髮者宜多食用富含蛋白質和鈣、鐵、硫等多種微量元素的食物，如黑豆、黑芝麻、蛋等，限制油膩、糖類和辛辣刺激性食物。

5. 避免過多的人為刺激 染髮、燙髮和吹風等對頭髮的處理，都會造成一定的損害。吹風機吹出的熱溫度達 100℃，會破壞毛髮組織，損傷頭皮，所以要避免總吹風。染髮、燙髮次數也不宜過多，染髮液、燙髮液對頭髮的影響也較大，次數多了會使頭髮失去光澤和彈性，甚至變黃變枯。因此，染髮、燙髮間隔時間至少 3 ～ 6 個月。

6. 避免過多的損害：日光中的紫外線會對頭髮造成損害，使頭髮乾枯變黃，因此夏季要避免日光的曝曬，游泳、日光浴更要注意防護。空調要適宜，空調的暖濕風和冷風都可成為脫髮和白髮的原因，空氣過於乾燥或濕度過大，對保護頭髮都不利。

7. 注意帽子、頭盔的通風 頭髮不耐悶熱，戴帽子、頭盔的人會

使頭髮長時間不透氣，容易悶壞頭髮。尤其是髮際處受帽子或頭盔壓迫的毛孔肌肉容易鬆弛，引起脫髮。所以應做好帽子、頭盔的通風，如墊上空心帽襯或增加小孔等。

第二節 ｜ 前列腺炎（攝護腺炎）

一、前列腺炎的分類及臨床表現症狀

前列腺炎分爲急性前列腺炎與慢性前列腺炎。因血行感染或者直接蔓延，或前列腺被細菌等病原微生物侵入而迅速充血、水腫、滲出，形成小膿腫，甚至局限性較大膿腫，這是急性前列腺炎。如果急性前列腺炎未能得到徹底治療，一部分可轉變爲慢性前列腺炎。慢性前列腺炎是成年男性的常見疾病，尤多見於青中年男性。慢性前列腺炎的臨床表現較爲複雜，且病程遷延，在治療後容易復發，因此會給病人生活、工作、學習等帶來不同程度的影響。

急性前列腺炎發病後患者可出現乏力、厭食、嘔吐、寒顫、發熱等全身症狀；會陰或小腹部脹痛，並向腰部、下腹、背部及大腿等處放射；排尿時可出現尿頻、尿急、尿痛、尿滴瀝、排尿不暢或中斷；直腸脹痛、下墜感；大便時尿道流白；以及性交疼痛和血精等。

慢性前列腺炎的臨床表現較爲複雜，這主要與前列腺的神經支複雜有關。臨床常見症狀，一爲排尿異常的症狀：尿頻、尿急、尿不盡、尿道灼痛、尿瀦留、尿失禁、尿分叉、尿線細、血尿。清晨尿道口可有黏液等分泌物，還可出現排尿困難的感覺。大便後排尿有白色黏液自尿道滴出，即所謂滴白現象。二爲放射性疼痛症狀：小腹脹痛，睾丸疼痛，尿道刺痛，腰痛，陰莖、精索、睾丸陰囊、小腹、腹股溝區（大腿根部）、大腿、直腸等處均可受累。後尿道，會陰脹痛和肛門下墜脹不適感，下

蹲、大便及長時間坐在椅凳上脹痛加重。會陰痛，腰骶骨部、恥骨上、腹骨溝痛，睾丸脹痛，陰莖頭部放射痛等。三爲性功能障礙：無力，性功能減退，陽痿、早洩、血精等，快感缺乏，不射精症，性欲減退，射精痛，並影響精液品質，在排尿後或大便時還可以出現尿道口流白，合併精囊炎時可出現血精。四爲神經衰弱症狀：乏力、頭暈、失眠多夢、神經抑鬱等。長期持久的前列腺炎症甚至可引起身體的病變反應，例如出現結膜炎、關節炎等病變。

二、前列腺炎的發病原因

慢性前列腺炎致病原因大致爲以下幾種——

（1）急性前列腺炎病變嚴重，或未予徹底治療而轉爲慢性。

（2）急性尿路感染後殘留慢性前列腺炎，後尿道炎、精囊炎，或附睾炎引起慢性前列腺炎發生。

（3）全身其他部位病灶如扁桃體、齲齒、皮膚、呼吸道、消化道感染，使細菌沿血行感染前列腺。

（4）鄰近病變經淋巴波及前列腺，前列腺局部受寒等。

（5）性生活不當，如性生活過度，手淫過頻，忍精（當快要射精時爲了延長性交時間），處於性興奮狀態過久，性交未達到高潮時突然中斷等。手淫、房事不節使下元虛憊，濕熱之邪乘虛而入腎，下注膀胱，影響了膀胱氣化功能所致。下尿路梗阻和炎症、前列腺增生、會陰部，及尿道損傷也可誘發前列腺炎。

（6）長期騎車、騎馬、坐位或下蹲體位等，使盆腔充血；刺激性食物，如酒、酸辣食物等也可導致瘀血內阻誘發前列腺炎。

三、前列腺炎的治療

急性前列腺增生症可以用藥物控制，也可以運用物理治療，若「忍」到非手術不可時再治療是不合理的。而慢性前列腺炎治療則較棘手。治

療上困難的原因一般認爲有解剖學和病理學兩方面的因素：

（1）前列腺管與尿道成直角或斜行入尿道，這不僅不利於腺體引流，相反還有利於尿道細菌進入腺體。

（2）感染病灶常爲多發，位置較深，引流不暢，若有膿腫形成疤痕組織包圍，影響局部血液循環。

（3）常同時併發有慢性尿道炎、精囊炎等，與慢性前列腺炎互爲因果。

（4）一些常用抗菌藥物本身在炎症情況下不易進入前列腺，加重病灶周圍纖維化，藥物更不易以有效濃度向病灶內擴散。

綜合上述原因，在治療慢性前列腺炎的過程中，除了要選擇敏感的抗菌藥物外，還要考慮如何使藥物能夠擴散到病灶。局部治療可促使瀦留於腺管腺泡內的炎性分泌物排出體外，並增進腺體內血液供應，有利於炎症的吸收和消退。

四、如何預防前列腺疾病

1. 保持清潔　男性的陰囊伸縮性大，分泌汗液較多，加之陰部通風差，容易藏汗納垢，局部細菌常會乘虛而入。這樣就會導致前列腺炎、前列腺肥大、性功能下降。若不及時注意還會發生危險。因此，堅持清洗會陰部是預防前列腺炎的一個重要環節。

2. 注意防止受寒　秋冬季節天氣寒冷，因此應該注意防寒保暖，預防感冒和上呼吸道感染的發生。不要久坐在涼石頭上，因爲寒冷可以使交感神經興奮增強，導致尿道內壓增加而引起逆流。

3. 在平時做一些按摩保健活動　可以在臨睡以前做自我按摩，以達到保健的目的。操作如下：取仰臥位，左腳伸直，左手放在神闕穴（肚臍）上，用中指、食指、無名指三指旋轉，同時再用右手三指放在會陰穴部旋轉按摩，一共 100 次。完畢換手做同樣動作。肚臍的周圍有氣海、關元、中極各穴，中醫認爲是丹田之所，這種按摩有利於膀胱恢復。小

便後稍加按摩可以促使膀胱排空,減少殘餘尿量。會陰穴為生死穴,可以通任督二脈,按摩使得會陰處血液循環加快,起到消炎、止痛和消腫的作用。

另外,小便不暢也會加重前列腺的負擔。如果感到小便不暢,可以採用取嚏探吐法。方法是,取消毒棉簽輕輕刺激鼻內取嚏,或者在喉中用羽毛探吐,使上竅開而小便自利。

以上預防保養的方法應該從青年時期就開始做起。還要在日常生活中養成規律、科學的生活習慣。比如飲食中少吃辣椒等刺激性的食物;儘量少飲酒,避免讓前列腺及膀胱頸反覆充血(節制性生活);減少便秘的發生。每天早晨應該空腹喝下一杯溫白開水,它能夠預防便秘,稀釋血液,能夠對尿道產生機械沖洗的作用,不致使殘尿濃縮形成結石。

總之,前列腺疾病是大多數男子都會產生的疾患,應該了解它,並在青年時期開始預防,度過輕鬆的一生。

第三節 | 陽痿

一、陽痿發生的原因及分類

為什麼會發生陽痿?專家解釋說:支配陰莖小動脈的神經受到大腦的抑制作用,或性激素不足,致使血管擴張反應減弱或小動脈硬化、堵塞等病變,進入陰莖的血流量不足,陰莖就不能勃起,或勃而不堅,就像皮球打氣不足那樣;另外,靜脈血液回流太快,留在陰莖內的血量不足,像泄了氣的皮球一樣,陰莖也不能勃起,或勃而不堅,如此一來就會發生陽痿。

在臨床上,常將陽痿分為兩大類,一類叫做精神性或心理性陽痿,另一類稱器質性陽痿。前者主要是功能上的障礙,在客觀檢查中,常找

不到引起陽痿的器質性病變。多由於各種各樣的不良心理刺激，如憂愁、恐懼、夫妻感情不和、家庭壓力等，或因宗教信仰、封建迷信？或者認爲性生活骯髒、下流等？或是干擾了中樞神經系統的性興奮。另外一些大量吸煙的煙民，長期飲酒過多或服用鎮靜、催眠藥物等，也有可能引致陽痿。器質性陽痿的病因比較複雜。

二、陽痿的自我判斷

很多男子不能確定自己是否患有陽痿，其實可以從陰莖的夜間勃起情況來判斷陽痿的性質。各年齡層的正常男子，在夜間睡眠中都可發生陰莖反射性勃起。

顯然，夜間陰莖的反射性勃起與性刺激無關，也不受精神心理因素的影響，因此，可用於鑒別陽痿是由於精神心理因素引起的，還是由於疾病因素引起的。假如陽痿患者無夜間勃起或勃起程度在同年齡組正常值之下，即可能存在疾病因素，須進一步深入查明病根。若陽痿患者有正常的夜間勃起，則不會是疾病因素造成，而是精神與心理因素在作怪。

自我判斷陰莖夜間勃起有以下幾種方法：（1）郵票試驗：用四張聯孔郵票環繞陰莖體部，將重疊部分黏住，使之形成一環後入睡。清晨檢查郵票聯孔處是否撕裂，撕裂者表示有夜間勃起。如果是重疊部分未黏牢而脫開則無意義。（2）陰莖周徑測量：有一種市售的帶狀軟尺（一般的紙質的），一端邊接一方形搭扣，睡前將其圍繞陰莖，一端從搭扣中穿出，先讀下陰莖軟縮狀態下的周徑基數，次晨再看資料有無變化。睡前與醒後資料之差即爲夜間勃起後陰莖周徑增加數。正常人增值爲 $1.5 \sim 4.1$ 釐米。若大於 1.5 釐米，所患陽痿可能是精神因素所致；小於 1.5 釐米，則要想到可能是疾病因素所致。（3）陰莖強度測量：用一根市售的紙質陰莖強度測量帶，睡前環繞陰莖黏貼，次晨觀察帶上的三根小色帶斷裂情況。如果小色帶無一根斷裂，表示沒有夜間勃起，陽

痿是疾病所致。僅斷裂紅色小帶爲無效勃起。斷裂紅、黃兩條色帶爲不充分勃起，陽痿原因仍要考慮疾病因素。假如紅、黃、藍三條小色帶全部斷裂，說明夜間勃起良好，陽痿係精神與心理因素所致。

近年來還有一種監測陰莖夜間勃起的新穎儀器，利用一彈性測力傳感環套在陰莖上入睡，該環能自動監測和記錄夜間陰莖勃起情況，第二天通知電腦處理後就可做出圖像報告。當然，這種方法要在醫生指導下進行。

三、陽痿的治療

陽痿的治療尤其是對於心理性陽痿，最重要的是在認識性知識的基礎上，樹立可以治癒的信心。心理治療方法可有多種，如支持性心理治療、行爲治療、催眠暗示、按摩等都有一定療效。較常用的是綜合感覺聚焦，一般是在解除憂慮、消除過去陰影後做以下自助訓練——

【鬆弛訓練】　在深呼吸使全身鬆弛後，先緊握右手，從 1 默數到 5，然後鬆開，重複 3 次。再依次訓練左手、額部、下顎、雙肩、大小腿、腹部、會陰等部肌肉，循序漸進，直到各部肌肉能鬆緊自如。

【感情交流訓練】　通過妻子的幫助，互相撫摩、擁抱、親吻，體驗和提高身體的感受性，但不要撫摩乳房和性器官等敏感部位。

【按摩治療】　可由妻子輕輕按摩，由四肢到軀幹，逐漸向性器官接近。在按摩腹部時，可在臍下和性器官間加大力度和持續時間，如有勃起，可暫停按摩，待痿軟後再重複按摩。

【性生活治療】　經過上述訓練，陰莖可以勃起並有足夠信心後，可在激情時性交。此時最好是妻子占主動地位，成功後可根據情況來做鞏固治療。

四、陽痿的藥膳

中醫認爲陽痿屬腎陽虛敗者居多，藥膳通過補腎壯陽對陽痿有較好

的療效。

1. 雀兒藥粥 麻雀5隻，菟絲子30～45克，覆盆子10～15克，枸杞子20～30克，大米100克，食鹽、蔥白、薑各適量。先將菟絲子、覆盆子、枸杞子一同放入砂鍋內煎取藥汁，去掉藥渣。再將麻雀去毛及腸雜，洗淨用酒炒，然後與大米、藥汁加適量水一併煮粥，快熟時加入細鹽、蔥白、生薑，煮熟即可。每日服2次，溫熱食。3～5天爲一療程，冬季食用效果更佳。此方壯陽，補精血，益肝腎。適用於腎氣不足所致陽痿、早洩、遺精、腰膝酸痛。

2. 枸杞羊肉粥 枸杞葉250克，羊腎1個，羊肉100克，大米100～150克，蔥白少量，食鹽少許。將新鮮羊腎剖洗乾淨，去內膜，切細。把羊肉洗淨切碎，枸杞煎汁去渣，同羊腎、羊肉、蔥白、大米一起煮粥。待粥成後加入細鹽少許，稍煮即可。滋腎陽，補腎氣，壯元陽。適用於腎虛勞損、陽氣衰敗所致陽痿、腰脊疼痛、頭暈耳鳴、聽力減退、尿頻或遺尿等。每日1～2次，溫熱服。

3. 肝膽丸 雄雞肝4個，鯉魚膽4個，菟絲子粉30克，麻雀蛋1枚。將雞肝、鯉魚膽風乾，研成細末，加菟絲子粉、麻雀蛋清，拌勻，做成黃豆大小藥丸，烘乾或曬乾。每日服3次，每次1粒，溫開水送服。補腎助陽。

第四節 ｜ 早洩

早洩是指陰莖在接觸女性生殖器而未插入陰道前就發生射精，陰莖雖能勃起，但射精過早、過快，陰莖隨即痿軟而不能繼續性交，因此男女雙方都不能得到性滿足。從時間上來說，因爲稟賦不同和個體差異很大，要求不一，有人1～2分鐘雙方都可達到性高潮，有的7～10分

鐘以上仍不能滿足性的要求，因此沒有嚴格的具體的時間長短的界限，但亦有學者提到陰莖插入陰道後不足 3 分鐘即泄，稱之爲早洩。

早洩如果不能及時治療，久之則易導致陽痿。這裏需要指出的是，偶然一次早洩不能稱早洩，只有經常早洩而不能進行性交者，方可確認爲早洩。在新婚早期，或缺乏性生活經驗，或性興奮過度，或精神過於緊張，出現早洩並非是病態，但是，有些人不了解射精過程，自認早洩而造成精神負擔，久而久之可能引起一系列性功能障礙，應予以注意。

一、引起早洩的原因有哪些

引起早洩的原因多爲大腦病理性興奮或脊髓中樞興奮增強所致，少數是器質病變所致，現分述如下——

【精神因素】 長期性的縱欲過度、色情過度、手淫過頻、情緒緊張、激動引起皮層中樞性興奮增強，脊髓射精中樞興奮性也增高，引起早洩。

【器質性病變】 有些器質性病變，易引起早洩，如：尿道炎、前列腺炎、精囊炎、精阜炎等炎症的刺激，使射精中樞興奮度降低，易勃起早洩。或陰莖繫帶感應性增高，在性交時過分牽引亦容易引起早洩，宜做手術。

【局部刺激】 陰莖包皮過長、內褲太緊對陰莖頭龜頭刺激，或性興奮由看黃色小說、電影影帶引起，常發生早洩。

除上述之外，若體質欠佳，大病初癒，性興奮和反射性射精活動都會降低，也會導致早洩，宜減少停止性活動。

二、早洩的治療

治療早洩可以採取如下的行爲治療和藥物治療法——

【停止─再刺激法】 早洩從根本上說是射精反射所需要的刺激閾值太低，治療就是提高射精刺激閾，增加男子對性刺激的耐受性。妻子

有限制的愛撫，使男子陰莖達到勃起的程度，然後讓丈夫仰臥，妻子坐在他身邊或兩腿之間，以便她的雙手可以方便地刺激陰莖，一旦丈夫感到性高潮迫近的預感，則立即停止，待射精預感完全消失後重新按摩，如此重複 3 次以上，可使射精閾值提高。經長期訓練後，使陰莖能適應在陰道內的抽動，因而能提高射精的閾值。

【陰莖頭部擠捏療法】　有些早洩較重的患者，經過各種治療後陰莖勃起有所恢復，但患者仍有思想負擔，信心不足，採用陰莖頭部捏擠法，由女方以拇指放在陰莖的繫帶處，食指與中指放在冠狀溝緣上下方，擠捏壓迫陰莖頭 3～4 秒鐘，然後突然放鬆施加壓力，方向從前向後，不要壓向兩側。

【性交前陰莖頭部外塗藥物】　陰莖頭是性器官接受性刺激最敏感的部位，性交前半小時將藥塗於陰莖頭部，或用避孕套，降低末梢神經敏感性，在性交時提高射精閾值。

【鎮靜劑】　在性交前半小時口服。

三、早洩常用食療方

(1) **桂圓醴**　桂圓肉 200 克放在細口瓶內，倒入 60 度白酒 400 毫升，封閉瓶口，半個月後可飲用。每日 2 次，每次 10～20 毫升。

(2) **菊花醪**　甘菊花 10 克剪碎，與糯米酒釀適量放在小鍋內拌勻，煮沸，頓食，每日 2 次，治相火妄動所致早洩。

(3) **腐皮白果粥**　白果 12 克，腐皮 45～80 克，大米適量。白果去殼與腐皮、白米置砂鍋中加水適量，煮調當早點吃。每日 1 次。

(4) **熘炒黃花豬腰**　豬腰 500 克，黃花菜 50 克，薑、蔥、蒜佐料少許。豬腰切開，剔去筋膜腺腺，洗淨，切成腰花塊。鴉黃花菜水泡發切段。炒鍋中置素油燒熱，先放大蔥、薑、蒜佐料煽炒，再爆炒豬腰，至變色熟透時，加黃花菜、食鹽、糖煽炒，再入芡粉和湯汁，明透起鍋。

(5) **青蝦炒韭菜**　青蝦 250 克，韭菜 100 克。蝦洗淨，韭菜洗淨切段。

先以素油炒青蝦，烹黃酒、醬油、薑絲等調料，再加入韭菜煸炒，嫩熟即可。

(6) 鹿茸酒 淫羊藿 60 克，燒酒 500 毫升，鹿茸 1.5 克，食鹽些許同浸，7 ～ 15 天後，每晚 1 次，每次喝 2 盅，約 20 毫升。

(7) 糖漬金橘 金橘 500 克，糖 500 克。金橘洗淨，放在鍋中，用勺將金橘壓扁去核，加糖 250 克，放盤中風乾數日，裝瓶備用。經常食用。

(8) 懷山圓肉燉甲魚 懷山藥 20 克，桂圓肉 15 ～ 20 克，甲魚 1 隻。先用滾水燙魚，使其排尿，再切開洗淨，掏去內臟，然後將甲魚肉、甲魚殼、懷山藥、桂圓肉一起放入燉盅內，加水適量，隔水燉熟服用。吃肉喝湯，每星期燉 1 次。

(9) 泥鰍燉豆腐 泥鰍 500 克，豆腐 250 克。泥鰍去鰓腸內臟，洗淨放大鍋中，加食鹽少許及適量水、料酒，清燉至五成熟，加入豆腐，再燉至魚熟爛即可，吃魚和豆腐，並飲湯。

四、如何預防早洩的發生

(1) 夫妻雙方要正確地學習掌握有關性的知識，了解男女之間性反應的生理性差異，消除誤會，適當掌握性生活中的必要技巧。

(2) 避免手淫，節制房事，有利於防治早洩。曾有人主張，在性交發生早洩後幾小時再次性交，利用前一次性交後的抑制狀態來延緩射精，治療早洩，但畢竟妨礙健康，不可常用此法。進行適當的休閒娛樂，如聽音樂，鍛鍊身體，調節情操，增強體質，有助於防治早洩。

(3) 偶然出現早洩，女方理應安慰、諒解、關懷男方，溫柔體貼地幫助男方克服恐懼、緊張、內疚心理，切忌埋怨、責怪男方。

(4) 積極治療可能引起早洩的各種器質性疾病，從根本上避免早洩的發生。

(5) 處理協調好人際關係、家庭關係，以及夫妻關係，保持心情舒

暢，努力營造溫馨、良好的家庭氛圍，和幽靜的性生活環境。每次性交不要有緊張、焦慮心理，越緊張越想著「今晚可不能早洩」，結果由於強化了心理暗示反而更容易早洩。

(6) 戒酒，避免辛辣刺激。多食海鮮、豆製品、魚蝦等助陽塡精食品，增強體質。

（7）不宜輕率服用來路不明的「壯陽藥」。

第 6 章
女性常見病自診自護

第一節 ｜ 經痛

經痛，指經期前後或行經期間，出現下腹部痙攣性疼痛，並伴有全身不適，嚴重影響日常生活者。經痛分為原發性和繼發性兩種。經過詳細婦科臨床檢查未能發現盆腔器官有明顯異常者，稱原發性經痛，也稱功能性經痛。繼發性經痛則指生殖器官有明顯病變，如子宮內膜異位症、盆腔炎、腫瘤等。

一、經痛的原因

目前認為，子宮內膜和血液中前列腺素含量增高，是經痛的主要原因。因為大量前列腺素對子宮有興奮作用，可以引起子宮肌肉的強烈收縮，子宮缺血、缺氧而產生較劇烈的疼痛，所以有經痛。同樣，大量前列腺素也可引起胃腸道的肌肉收縮，所以經痛的婦女還可有噁心、嘔吐、腹痛等胃腸道症狀。

經痛還受精神、神經因素的影響，精神緊張、焦慮、恐懼，以及體內代謝物質等，均可通過影響中樞神經系統而刺激盆腔的痛覺神經纖維

引起月經來潮時的疼痛。

此外，引起經痛的因素還很多，常見的有以下幾種——

(1) 子宮頸管狹窄。使月經外流受阻，引起經痛。

(2) 子宮發育不良。容易合併血液供應異常，造成子宮缺血、缺氧而引起經痛。

(3) 子宮位置異常。若婦女子宮位置極度後屈或前屈，可影響經血通暢而導致經痛。

(4) 精神、神經因素。精神緊張、焦慮、恐懼等使女性對疼痛過分敏感。

(5) 遺傳因素。女兒發生經痛與母親經痛有一定的關係。

(6) 內分泌因素。月經期腹痛與黃體期孕酮升高有關。

(7) 婦科病如子宮內膜異位症、盆腔炎、子宮腺肌症、子宮肌瘤等。子宮內放置節育器（俗稱避孕環）也容易引起經痛。

(8) 個人體質因素。

二、經痛的臨床表現

痛經大多開始於月經來潮或在陰道出血前數小時，常為痙攣性絞痛，歷時 0.5～2 小時。在劇烈腹痛發作後，轉為中等度陣發性疼痛，約持續 12～24 小時。經血外流暢通後逐漸消失，亦偶有需臥床 2～3 天者。疼痛部位多在下腹部，重者可放射至腰骶部或股內前側。約有 50% 以上病人伴有胃腸道及心血管症狀，如噁心、嘔吐、腹瀉、頭暈、頭痛及疲乏感，或偶有暈厥及虛脫。

三、經痛的一般治療

(1) 進行體育鍛鍊，增強體質。

(2) 平日注意生活規律，勞逸結合，適當營養及充足睡眠。

(3) 重視月經生理的宣傳教育，通過解釋說服，消除病人恐懼、焦

慮及精神負擔。

(4) 加強經期衛生，避免劇烈運動、過度勞累和防止受寒。

四、女性經痛藥膳療法

中醫中經痛亦稱經行腹痛，根據臨床症狀的不同，可分為四型：氣滯血淤型、寒濕凝滯型、氣血虛弱型、肝腎虧損型。下面分別介紹經痛類型及相應藥膳，可酌情選用。一般在經前 3 ～ 4 天開始服用。

【氣滯血淤型】　可見經前或經期小腹疼痛、下墜或刺痛，月經色紫黑有塊，塊下痛減，月經量少而淋漓不暢，胸脅脹滿及乳房脹痛，舌質紫暗或有淤斑點，脈沉強或沉澀等。

(1) 益母草 30 ～ 60 克，元胡 20 克，雞蛋 2 個，加水同煮，蛋熟後去殼，再煮片刻，去藥渣，食蛋飲湯。月經前每日 1 次，連服 5 ～ 7 天。

(2) 川芎 10 克，雞蛋 2 個，黃酒適量。前 2 味水煎煮至蛋熟，去蛋殼再煮 5 分鐘左右，加黃酒調勻即可。每日 1 劑，分 2 次服用，吃蛋喝湯。

(3) 白玫瑰花 5 朵，糯米 100 克，櫻桃 10 枚，白糖適量。將未全開的玫瑰花採下，撕下花瓣，清水漂洗乾淨。糯米煮粥，加入玫瑰花、櫻桃、白糖稍煮即成。

(4) 向日葵 15 克，乾山楂 30 克，紅糖 60 克。前兩味烤焦後研末，加紅糖，分 2 次沖服或煎服，1 日服完。於經前 1 ～ 2 日開始服，或經來時即服，每次月經週期服 2 劑，連服 1 ～ 2 個月經週期。

【寒濕凝滯型】　可見經期或經後小腹冷痛或絞痛，經水量少，經色淡而夾白塊，或經色如黑豆汁，經行不爽，畏寒便溏，舌邊紫或牙齦紫黯，脈沉緊等。

(1) 當歸、生薑各 25 克，羊肉塊 500 克，桂皮調料各適量。各味水煎至肉爛熟即可，吃肉喝湯，每日 1 劑，分 2 次服用。

(2) 桂皮 6 克，山楂肉 10 克，紅糖 50 克。水煎溫飲，每日 1 劑。

（3）小茴香 15 克，生薑 20 克，紅糖 30 克。水煎飲服，每日 1 劑。

（4）香附、艾葉各 30 克，雞蛋 3 個。加水共煮，蛋熟後去殼，再煮 20 分鐘，服雞蛋，每日 1 劑。連服 2 ～ 3 劑。

【氣血虛弱型】 腰膝酸軟，面色蒼白，神疲無力，月經色淡而量少。

（1）雄烏骨雞 500 克，切塊，與 3 克陳皮，3 克良薑，6 克胡椒，2 枚草果，適量蔥、醋同煮燉爛。吃肉，喝湯，每日 2 次。

（2）韭菜 250 克，紅糖 100 克。韭菜洗淨，搗爛取汁。紅糖加水適量煮沸，兌入韭菜汁飲用，痛經時每日 1 次，連服 2 ～ 3 日，飲後俯臥片刻。

（3）阿膠 6 克，黃酒 50 毫升。阿膠用蛤粉炒，研細末，黃酒兌適量溫開水送服藥末。

（4）生薑 10 克，紅棗 10 個，紅糖 100 克。水煎服，月經前每日 1 劑，連服 3 ～ 5 劑。

【肝腎虧損型】 經後小腹作痛，腰酸膝軟，頭昏耳鳴，舌淡苔薄等。

（1）肉桂末 2 克，女貞子 10 克，粳米 100 克。女貞子水煎取汁，入粳米煮成粥，入肉桂末調勻服用。每日 1 劑，分 2 次服用。功能補腎、溫經止痛，可用於肝腎虧損痛經。

（2）核桃肉 30 克，降香 10 克，龍涎香 5 克，黃酒適量。前 3 味入黃酒內浸泡 10 天後飲用，每日 2 次，每次飲 5 毫升。功能補腎溫經，降氣止痛，可用於肝腎虧損性經痛。

（3）黑豆 60 克，雞蛋 2 個，米酒（甜酒）120 克。先將黑豆、雞蛋加水文火煎煮，蛋熟去殼，再煮數分鐘，沖入甜酒服。

（4）月季花 30 克，山藥 60 克，女貞子 30 克，公雞 1 隻。燉吃。每月 1 劑，行經時期服，連服 3 個月。

五、女性月經時期的體育鍛鍊

不少人認為在月經期應有一個安靜的環境，應注意休息，儘量減少活動。其實，這種認識是片面的，不完全正確。大量的醫學研究證實，適宜自身的體育鍛鍊對於特殊時期的女性來說，同樣是十分重要的。月經期被人們稱作「例假」，似乎就是應該休息的日期。如果月經期真的臥床休息，反而對行經不利。對於月經過少的女性來說，適當的體育活動，可增加子宮內的血液循環，促進子宮內膜的脫落，有利於月經期有經痛的患者，適宜的體育鍛鍊，可減輕其心理上的壓力，驅除精神上的緊張，緩解子宮痙攣的程度，有益於經痛的康復。即使罹患子宮內膜異位症，適宜的活動也沒有壞處。

但這個時候的體育鍛鍊要講究科學方法。一般情況下，體育鍛鍊應以散步、體操、騎車、慢跑等活動為主，同時要注意避免大強度、劇烈的活動，應循序漸進，量力而行，時間適宜，以不感到特別勞累為宜。尤其要說明的是，活動不宜劇烈，以防發生子宮內膜異位症。

第二節 | 陰道炎

一、女性易患陰道炎的解剖學原因

陰道，在正常情況下，有兩道天然屏障：外有大小陰唇半閉，內有分泌物含陰道桿菌，使陰道呈酸性環境，可防止致病微生物的進犯。這兩道天然屏障使陰道自潔無恙。如能平時注意會陰衛生和月經衛生，婚嫁之後再講究性生活衛生，就能確保自潔和外潔，防範陰道炎症將萬無一失。

但是，陰道所處的解剖學位置對陰道自潔又十分不利：它內通子宮頸，外連會陰，又與尿道和肛門相毗鄰。所以，如果女性忽略了陰道和周圍器官的清潔衛生，就很容易誘發形形色色的各種陰道炎。

二、女性易患的幾種陰道炎的症狀及治療

【「初潮」期陰道炎】 青春期女子首次來月經時,出於少女的羞怯和對月經的朦朧認識,往往不懂得或不注意經期衛生,慌亂中濫用不潔淨的衛生紙,致使會陰受不潔的衛生紙和月經棉、月經棉塞的污染,病菌乘機孳生和進犯,引起陰道炎。

這種「初潮」期陰道炎的主要症狀表現是:會陰部有下墜及灼燒感,陰道分泌物增多,甚至呈膿性薄稠樣分泌。由於陰道分泌物外溢,刺激了尿道口,可出現尿頻、尿痛等症狀。患者可於臨睡前,洗淨會陰和陰道口,拭乾,用潔淨的手指輕輕將磺胺藥,推入陰道,其消炎效果很好,且不會損傷處女膜。

【緊身褲性陰道炎】 這種陰道炎是因女性經常穿緊身褲引起的。這類褲子緊襠、包臀,褲料為化纖織物又密不透風,致使陰道分泌物不能透發,適宜細菌的滋生繁殖,引起陰道炎。特別是炎熱的夏天,女性穿條綸(化纖)三角內褲或彈力連褲絲襪,陰道和外陰在濕悶多汗的環境中捂久了,便易罹患這種陰道炎。

緊身褲性陰道炎的主要症狀特點是:白帶增多,陰道和大小陰唇搔癢,並伴有尿頻、尿急等尿路刺激症狀。

治療此種陰道炎,首先要換掉連褲襪、條綸(化纖)三角內褲、健美褲等緊身褲,清洗外陰,口服呋喃但叮和維生素C各100毫克,每日3次,或每日2次服用分清王淋丸等中成藥,多飲水,療效是比較顯著的。

【過敏性陰道炎】 一些女性洗浴後常在外陰部撲些香粉,灑點香水,特別是夏天更喜歡這樣做。須知,香粉、香水所含的化學成分對外陰和陰道黏膜刺激性很大,更容易引起過敏反應而發生陰道炎、外陰炎。臨床上還發現有的女性沐浴時使用泡沫劑及洗澡油,這些化學物質也容易引起過敏性陰道炎。

此種陰道炎以陰道搔癢、陰道和外陰黏膜紅腫和陰道分泌物增多為

主症。故此，患者要把自己的隱痛如實向醫生陳述，醫生則可通過脫敏試驗做出正確診斷而不致誤診。

防治過敏性陰道炎，陰道內外禁用洗澡油、泡沫劑，不要在外陰施擦香粉和噴灑香水。

【化膿性陰道炎】 由化膿性細菌感染而引起，患者發病前多患有糖尿病、結核病，尤其是因騎摩托或單車上下車過猛發生陰道撕裂傷，未及時就醫而感染罹病。

這種陰道炎主要症狀是：白帶增多，呈黃膿樣帶有腥臭，陰道灼熱感或疼痛。婦科檢查時可見陰道黏膜發紅、腫脹，甚至有小潰瘍面。治療此種陰道炎，醫生將施以抗菌素和外用藥物，並積極醫治糖尿病、結核病。

【黴菌性陰道炎】 黴菌性陰道炎的臨床表現主要為以下兩個方面：

1. **白帶增多** 白帶為白色、黃水樣或膿樣，其中有白色凝乳樣或豆腐樣渣樣物，略帶臭味，或帶下夾有血絲。

2. **外陰及陰道刺激症狀** 表現為劇烈搔癢，影響睡眠和工作，症狀一般由輕度到不能耐受，病人常不自覺地抓撓，因此導致外陰腫脹、潮紅，甚至紅腫、潰爛、有燒灼感。

【如何預防黴菌性陰道炎】 正常人體自身就是念珠菌的攜帶者，念珠菌作為人體的共生細菌，只有在一定條件下才可能致病。因此只要消除可能引起黴菌性陰道炎的致病條件，就能達到預防目的。例如——

1. **鍛鍊身體，均衡飲食** 常喝優酪乳，每天堅持喝優酪乳可以保持陰道內部環境的平衡，制約細菌的產生。少吃糖，含糖高的食物和飲料適於陰道真菌的生長，因此，要控制糖分的攝入。

2. **養成良好的衛生習慣** 上廁所前也應該洗手；不濫用不潔衛生紙；排便後擦拭外陰時宜從前向後擦；每日清洗外陰，換洗內褲並放於通風處晾乾；自己的盆具、毛巾自己專用；內褲與襪子不同盆清洗；在陽光

下晾曬殺菌。

3. 合理穿衣 不穿化纖內褲，不借穿他人內衣、內褲及泳裝。

4. 公共場所「4 個不」 使用公共廁所時儘量避免坐式馬桶；提倡淋浴，不洗盆浴；浴後不直接坐在浴室坐椅上；不在消毒不嚴的泳池內游泳。

5. 不過度講究衛生 有些人每天要清洗外陰 2～3 次，每次還用沖洗器或手清潔陰道，其實這種做法不衛生。因為陰道內環境呈弱酸性，又有許多菌群共同存在，菌群間的相互制約作用能抑制某種菌屬過度增長而致病，這是人體的一種自然防禦系統。清洗陰道無疑將陰道的弱酸環境和菌屬間的相互制約關係破壞了，使陰道上皮的抗病力下降，引起念珠菌或其他細菌所致的陰道炎。

6. 不濫用抗生素 長期大量應用抗生素會破壞陰道細菌間的制約關係，使念珠菌失去抑制、過多生長而致病。

7. 積極治療糖尿病 糖尿病患者平時可用蘇打水清洗外陰，抑制黴菌生長。

8. 停用避孕藥 藥物避孕的婦女如果反覆發生黴菌性陰道炎，應停用避孕藥，改用其他方法避孕。

9. 腳氣病、灰指甲是重要的傳染源 家庭中有人患此類病，一旦傳播到陰道，則成為黴菌性陰道炎。所以，患有腳氣病和灰指甲的家人，要及早治療，以免感染他人。

第三節 ｜ 乳房不適

一、生理性乳房疼痛原因

一些乳房疼痛的患者，由於一時找不到病因，認為自己患上了「乳

腺癌」。其實，乳房疼痛的原因是很多的。女性在不同時期由於生理變化引起的暫時性乳房疼痛，醫學上稱為「生理性乳房疼痛」，現將幾種常見的類型介紹如下——

1. 青春期乳房脹痛　女孩最早的乳房疼痛，一般在 9～13 歲發生，這時女孩乳房開始發育，先是乳頭隆起，有輕微的脹痛感。初潮後，隨青春期乳房的發育成熟會自行消失。

2. 經前期乳房脹痛　有很多婦女在月經來潮前乳房脹滿、發硬、壓痛，重者乳房受輕微震動或碰撞即可脹痛難受，原有的顆粒或結節感更加明顯。這是由於經前體內雌激素水準增高，乳腺增生，乳腺間組織水腫引起的。月經期過後，上述即自行變化消失。

3. 孕期乳房脹痛　一些婦女在懷孕 40 天左右，由於體內雌激素水準發生變化，使乳腺增生，乳房增大，而產生乳房脹痛，重者可持續整個孕期，不須治療。

4. 產後乳房脹痛　產後 3～7 天常可出現雙乳脹痛、硬結、疼痛。這主要是乳腺淋巴瀦留靜脈充盈和間質水腫，及乳腺導管不暢所致。防治方法：產婦儘早哺乳；有硬結時可在哺乳前熱敷並按摩硬結；也可用吸乳器吸引乳汁，促使乳腺導管通暢。

5. 人工流產後乳房脹痛　人工流產後，有些婦女乳房脹痛，並可觸及腫塊，這是由於妊娠突然中斷，體內激素水準急遽下降，使剛剛發育的乳腺突然停止生長，造成乳腺腫塊及乳房疼痛。

6. 性生活後乳房脹痛　這與性生活時乳房生理變化有關，性欲淡漠或者性生活不和諧者，因達不到性滿足，乳房的充血、脹大就不易消退，或消退不完全，持續性充血會使乳房脹痛。

二、造成乳房不適的外在因素

除了依女性年紀可能發生的生理性原因外，還有一些可能造成乳房疼痛的外在因素——

1. **藥物** 中藥類的一些進補食品,是女性常用來保健或調經所服用的。但有許多女性食用後,會產生胸部脹痛的情形,一般在停止食用並等待下一次月經過後,胸痛的情形就會改善。至於西藥中的部分藥物,亦會造成胸部脹痛的情形,例如治療胃潰瘍及腸胃不適的藥物,均較常造成此種症狀。

2. **不適合的胸罩** 目前市面上有各種魔術胸罩和調整型胸罩,如果選到不合適的胸罩,太過寬鬆容易造成乳房無支撐而胸部疼痛,太緊則會造成局部的壓迫,而有不適的情形。因此,穿著適合自己且舒適的胸罩,才是最佳的選擇。

3. **懷孕** 懷孕期的婦女由於荷爾蒙的改變,也會有持續性胸部脹痛的情形發生。

三、乳房常見的疾病

乳房是女性美的標誌,同時也是女性易發生疾病的部位之一。常見的疾病有──

1. **乳腺炎** 多見於初產婦,產後 2 ～ 4 週左右,常在乳頭破裂後發生。症見乳房紅腫、疼痛、有硬結,並伴有發燒、寒顫等症狀,早期可用抗生素進行治療。

2. **乳房增生瘤** 多發於 30 ～ 45 歲的婦女。腫塊可見於一側或雙側乳房。患者在月經前一週感到乳房脹滿腫瘤,睡眠差,腫塊外型不規則、大小不一,呈圓形或橢圓形,月經來潮後消失。增生瘤不會癌變,不必治療,一般在絕經期後自癒。

3. **乳腺導管乳頭瘤** 好發於 40 ～ 45 歲婦女。腫瘤體小而質軟,疼痛不明顯,乳頭有血性分泌物流出。此病易惡變為乳頭癌。懷疑有乳腺導管內腫瘤時,可進行乳腺管 X 線造影,確診後應及早施行手術。

4. **乳腺囊腫** 常見於 50 歲左右婦女,多為乳房受暴力衝擊後,乳房小血管破裂出血形成血腫,血液被吸收和破壞掉後形成囊腫。患者感

到乳房鈍痛和不適，腫塊用手觸及時與皮膚無黏連，質地較軟，有活動感，患者應及時去醫院檢查治療。

5. 乳房脂肪瘤　多發生於中年婦女，呈單邊生長，生長較慢，腫塊為圓形或不規則分葉狀，邊緣清楚柔軟，治療以手術摘除為主。

6. 乳腺癌　常見於中老年婦女。腫塊生長較快，質地堅硬，邊界清楚，表皮呈橘皮樣改變。早期疼痛較輕，晚期加劇。癌腫塊破潰後形成茶花樣潰瘍。早期發現應及時去醫院進行乳房根治切除手術，同時配合化療及放療。

7. 乳疼症　在月經前一週開始發生。表現為乳房脹疼，活動時加重，甚至乳頭不敢觸碰，而月經來潮後逐漸消失，下一月經週期重新出現，乳房檢查無明顯腫塊。可按經前期緊張症進行治療。多數 2～3 年內也可自行消失。

8. 乳房纖維腺瘤　是一種良性腫瘤，多見於中年婦女。由乳腺和纖維結締組織異常增生而形成。患者一般無任何症狀，月經過後也不消失。腫塊好發於乳房外上部，表面光滑，質地堅硬，邊界清楚，無壓痛，有移動感，癌變機會較少。可在早期進行手術切除，預後良好。

四、乳房的自我檢查

乳房自我檢查分三個步驟——

【第一步，鏡前檢查】　首先，站在鏡前，裸露上身，雙臂垂於兩側，觀察自己乳房的外型。熟知自己正常乳房的外觀很重要，這樣一旦有什麼異常，就可以立即察覺出來。不過，一側乳房比另一側稍大，並非不正常現象。接著，將雙臂舉過頭頂，轉動身體，察看乳房的形態是否有變化。然後，雙手扠腰向右向左慢慢旋轉身體，察看乳頭及乳房是否有凹陷、紅腫或皮膚損害。最後，將雙手掌撐在臀部，並使勁向下壓，同時轉動身體，這樣會使乳房的輪廓顯得清晰。注意觀察乳房的形態有無異常變化，如發現異常變化，需要與另一側進行比較，察看雙側乳房

是否對稱。如果不對稱，則要提高警惕，及時就醫。

【第二步，立位或坐位檢查】　首先，將左手舉起放在頭後，再用右手檢查左側乳房。乳房檢查的正確範圍：上到鎖骨下，下至第六肋，外側達腋前線，內側近胸骨旁。檢查的正確手法：三個手指併攏，從乳房上方12點（將乳房比做一個時鐘）開始，用手指指腹按順時鐘方向緊貼皮膚做循環按摩檢查。每檢查完一圈回到12點，下移2釐米做第二圈、第三圈檢查，要檢查整個乳房直至乳頭。檢查時手指不能脫離皮膚，用力要均勻，掌握力度以手指能觸壓到肋骨為宜。此法被稱為指壓循環按摩法。檢查完左側乳房後，將右手舉起放在頭後，用左手檢查右側乳房，檢查方法同上。在檢查完整個乳房後，用食指、中指和拇指輕輕地提起乳頭並擠壓一下，仔細查看有無分泌物。如果發現有分泌物，則應去醫院做進一步檢查。

【第三步，臥位檢查】　身體平躺在床上，肩下墊個小枕頭或摺疊後的毛巾，使整個乳房平坦於胸壁，以便於檢查乳房內有無異常腫塊。由於坐位或立位時乳房下垂，特別是體型較胖的女性容易漏檢位於乳房下半部的腫塊，所以臥位檢查同樣是十分必要的。檢查的範圍和手法同坐位或立位檢查相同。

建議女性務必將自我檢查結果做成書面紀錄，這樣才能提早發現問題並便於對照治療。

五、專家給出的緩解乳房不適的建議

1. 改變飲食習慣　採用低脂高纖的飲食，即食用穀類（全麥）、蔬菜及豆類的纖維。一項研究發現，採取這種飲食的女性，其動情激素有不同的代謝途徑。大多數動情激素皆由糞便排出，僅留下少數動情激素於血液循環中，這表示乳房將受到較少的刺激。

2. 保持身材苗條　這意味著根據身高將體重保持在適度的範圍內。對過度肥胖的女性，減輕體重有助於緩解乳房痛及腫脹。在女性體內，

脂肪類似另一種腺體，產生並貯存動情激素。如果你的體內脂肪過多，體內可能有過剩的動情激素循環著。

3. 攝取維他命　應攝取富含維他命C、鈣、鎂，及維他命B群的食物，這些維他命有助於調節前列腺素E的製造，進而抑制催乳激素的作用。

4. 保持平靜　心情緊張時，腎上腺分泌的腎上腺素也會干擾體內必需脂肪酸（Essential Fatty Acid）的轉化作用。

5. 避免咖啡因　咖啡因是否導致乳房不適？目前尚未證實。有些研究說會，有些則沒有結論。

6. 不吃鹹辣食品　高鹽的食物易使乳房脹大，月經來前的 7 ～ 10 天尤其應避免這類食物。

7. 避免利尿劑　利尿劑的確有助於排放體內的液體，也能減輕乳房的腫脹。但這種立即的緩解需付出代價。過度使用利尿劑會導致鉀的流失，破壞電解質的平衡，以及影響葡萄糖的形成。

8. 冷熱敷　有些女性將手浸入冷水中，然後罩住乳房，可以獲得緩解。其他女性則用熱敷袋、熱水瓶或洗熱水澡等方式緩解乳房痛。也有人發現交替使用冷熱敷最有效。

9. 穿穩固的胸罩　那些慢跑運動員所穿的穩固胸罩，可防止已受壓迫的乳房神經更進一步受到壓迫。有些婦女發現晚上睡覺穿胸罩也有幫助。

10. 考慮換避孕藥　口服避孕藥裏的動情激素含量可能有利或有害，這視你乳房的情況而定。通常，動情激素含量低的避孕藥，可能幫助改良纖維及囊腫性的狀況，但是會惡化纖維肥瘤——一種固態的腫塊，通常可移動。

11. 嘗試以按摩緩解　有些婦女以輕輕按摩乳房的方式，使過量的體液再回到淋巴系統。先將肥皂塗在乳房上，沿著乳房表面旋轉手指成約一個硬幣大小的圓，然後用手將乳房壓入再彈起。

六、日常生活中乳房的保健

怎樣在日常生活中注意乳房的保健呢？其實只需在以下方面多加留意即可，並不需要多花費時間和精力！

(1) 營養充足，保持乳房部的肌肉強健，脂肪飽滿。

(2) 行端坐正，保持優美的體態，特別是不能含胸，應挺胸、抬頭、收腹、直膝，使優美的乳房能驕傲地挺出，女性的風采充分展示。

(3) 根據自己乳房的情況穿著質地柔軟、大小合體的胸罩，使乳房在呈現優美外型的同時，還能得到很好的固定、支撐。

(4) 注意保護乳房，避免受意外傷害，在擁擠的公共汽車上及逗弄小孩時，尤其應該注意。

(5) 注意乳房的清潔，經常清洗乳房，特別是乳頭乳暈部，這一點對於那些先天性乳頭凹陷者尤為重要。

(6) 定期對乳房實施自我檢查，定期到專科醫生處做乳房部的體格檢查，有必要時還可定期做乳腺 x 光攝影。在自我感覺不適或檢查發現問題時，應及時就診，以早期診斷、早期治療各種乳房疾病。

第四節 | 偏頭痛

偏頭痛，或稱血管神經性頭痛，是一種週期性發作的神經—血管舒縮功能障礙的頭痛，為慢性復發性頭痛中最常見的一種。它表現為一側或兩側頭部的搏動性或鑽痛性疼痛。此病以女性較多，多始於青春期，常有家族史。發作前常有一定誘因，如月經來潮、疲勞、失眠、睡眠不足、憂鬱、工作學習壓力大、情緒刺激等。發作前可有先兆，如視物模糊、閃光、幻視、眼痛、黑蒙、暫時性失語、半身麻木或運動障礙等，一般先兆症狀持續 15 ～ 20 分鐘。頭痛最初是開始於一側額顳部的鈍

痛，繼而擴散至半個頭，偶見整個頭部疼痛的。疼痛感常比較劇烈，多呈搏動性跳痛或炸裂樣疼痛，能持續數小時到 1 天，進入睡眠後終止，次日即可完全恢復。偏頭痛會反覆發作，可數日或數週 1 次。常見伴隨症狀有煩躁、噁心、嘔吐、畏光、面色蒼白等，少數人可有眼肌麻痺，發作時兩側瞳孔可以大小不等，應注意鑒別症狀性偏頭痛（主要因為腦腫瘤、腦動脈瘤，或腦血管畸形所致）。

我國成年人偏頭痛的患病率達 7.7%～ 18.7%，其中女性患者比男性患者多 3 ～ 4 倍，而且多數起病於青春期。醫學專家指出，引發偏頭痛的誘因，主要是睡眠不足、疲勞過度、精神緊張、情緒波動、季節更換、天氣變化、女性月經，以及噪音、強光等環境因素，另外，不適度地食用含酒精飲料、咖啡、巧克力等也容易導致偏頭痛。

偏頭痛的治療重點在於預防，應用預防性的藥物和克服不良的生活習慣，常能收到良好的效果。

一、生理週期帶來偏頭痛

研究表明，有偏頭痛的女性中，大約近 2 ／ 5 的人都曾在月經期前後發病。

【症狀】　通常在月經期前兩三天發作，頭痛部位有熱血澎湃的感覺。疼痛持續時間短，每次不會超過兩小時。原因是卵巢在月經期前會分泌較多的荷爾蒙。

【解決方案】　服雌激素：在月經期前服用 3 天的雌激素。要記住，服藥須在醫生指導下進行。控制飲食：月經期前後要控制飲食，多吃有助於緩解荷爾蒙作用的食物，比如，牛奶、新鮮水果、蔬菜、燕麥、牡蠣等。這些食物中含有豐富的鈣、鎂、鋅等元素，能幫助緩解過多荷爾蒙造成的不適。

二、壓力帶來偏頭痛

【症狀】　發作時間通常在午後，感覺就像戴了頂尺寸過小的帽子，有壓迫、束縛的感覺。原因是當壓力來臨時，身體就會產生反應，使得情緒波動、血壓上升、心跳加快、肌肉緊張，如無法及時解除壓力，就會出現偏頭痛。

【解決方案】　① 熱敷：可用熱毛巾敷在後頸部，這樣能使血管受熱擴張，加速血液循環及代謝功能，將體內的酸性物質代謝出來，疼痛就會大為緩解了。② 隨時隨地放鬆：感覺壓力即將來臨時，聽一首輕音樂，到室外漫步一會兒，去髮廊洗個頭，都能緩解壓力，讓你緊繃的肌肉和神經得到放鬆，這樣偏頭痛自然也就不會找上門了。③ 按摩：捲曲食指，以內側撫摩前額 30 次，從額中至太陽穴；用中指揉太陽穴 30 次；用拇指按揉風池穴 30 次；用手掌做乾洗臉動作 10 次。

三、部分食物引發偏頭痛

據統計，1 / 5 的偏頭痛，是由於所吃的食物引起的。

【症狀】　當你享受完燭光晚餐後，隨之而來的偏頭痛就開始折磨你的神經，讓你徹夜不眠。原因是食物裏某些物質能改變大腦中的化學成分，使顱骨外面的血管發生變化，從而刺激敏感的神經末梢。

【解決方案】　① 躲避法：避開導致偏頭痛的食物及氣味。味精、亞硝酸鹽、各種火腿香腸、罐頭湯、冷藏食品，都含有這些成分。阿斯巴甜糖也會導致偏頭痛，許多果汁飲料中都以此種甜味劑代替蔗糖。另外，陳年乳酪、醃製食品、鹹魚都可能會引起偏頭痛。② 多攝取鎂：經研究發現，因食物導致偏頭痛的人血液中鎂的含量極低，因此，可以多攝取一些富含鎂的食物，如：豆類、香蕉、海產品、堅果等。③ 運動：瑜伽、有氧健身操、游泳對治療壓力性偏頭痛都有很好的輔助作用。

導致偏頭痛的其他誘因還有——

（1）鼻竇炎引起的偏頭痛：表現為早晨起床後，前額疼痛，同時鼻腔分泌物為膿狀分泌物。這樣的情況應及時找五官科大夫醫治。

(2) 冷熱刺激引起的偏頭痛：吃過冷、過熱的食物，或冬季用冷水刷牙時，因三叉神經過於興奮導致偏頭痛，表明你的牙齒容易過敏或有牙周炎等疾病，這時找牙醫解決即可。

第五節｜更年期綜合症

一、更年期綜合症及常見症狀

更年期就是從性成熟到性機能衰退的生理過渡時期，此時婦女卵巢功能逐漸衰退，乃至消失，由生殖旺盛期轉入老年期。一般更年期發生在 45 ～ 50 歲。在更年期出現的一組以植物神經系統功能紊亂為主的症候群，稱為更年期綜合症。

一般說來，女性患此症有症狀重、時間長的特點，但也因人而異，差別很大。

【心血管症狀】　患者常陣陣發熱，或忽冷忽熱，出大汗，有時有頭暈，每天可發生幾次或幾十次，並多在夜間發作。有的婦女甚至出現發悶、氣短、心跳加快、血壓升高等症狀，均由於血管功能失調引起。

【神經系統症狀】患者多有情緒不穩、易激動、易緊張、失眠、多夢、記憶力衰退等症狀。

【月經方面】　絕經期前，月經紊亂是更年期婦女典型症狀。

【生殖器官方面】　陰毛及腋毛脫落，性欲衰退，陰道分泌物減少，性交時出現疼痛感。

因為新陳代謝變化而引起的症狀有──

(1) 肥胖：尤其是腹部及臀部等處脂肪堆積。

(2) 關節疼痛：尤其是膝關節疼痛較為明顯，為更年期婦女的普遍症狀。

(3) 骨質疏鬆：主要表現為腰背痛。

二、更年期綜合症的治療

更年期綜合症症狀雖多，但因各人精神及健康狀態不同差異較大。症狀不明顯或較輕，不影響生活和工作者，不須治療。

對於那些症狀較重者應及時到醫院找醫生諮詢，目前治療更年期綜合症多採取小劑量補充雌激素的方法，但需要特別指出的是，這必須在醫生指導下排除各種禁忌症方可進行，患者切不可盲目用藥，並應至少1年進行1次婦科及乳腺的檢查。

第六節│貧血症

貧血症以女性患者居多。世界衛生組織提供的資料顯示，在全世界近20億患有貧血症的人群中，女性占了1／2，在女性中約有三分之一的人，患有不同程度的貧血。在發展中國家懷孕婦女的貧血率更是讓人吃驚，竟高達3／4，這不僅影響孕婦的身體健康，更影響到了下一代的身體素質。

當女性患高度的貧血症時，卵巢與子宮的發育會停滯，會造成月經異常及美容障礙、不孕症、早產、流產等情形。

慢慢形成的貧血症，其最初症狀包括沒有食欲、頭痛、便秘、煩躁及很難集中注意力。它一般起因於急、慢性失血或紅細胞生成不足，如缺鐵、維生素B $_{12}$、葉酸及蛋白質等，使用藥物、荷爾蒙病變、外科手術、病菌、胃潰瘍、痔瘡、憩室病、經血過多、多次懷孕、肝受損、甲狀腺毛病、風濕性關節炎、骨髓疾病、放射照射，及飲食缺乏症等都是造成貧血的可能原因，而骨髓造血功能障礙（如再生障礙性貧血）、紅

細胞破壞過多也是造成貧血的原因之一。

一、貧血自查

貧血的慢性症狀較多，很難直接感覺，但如果你經常出現如下現象，就應該要警惕了——

(1) 容易感覺疲勞、憋氣、心跳。

(2) 頭重、頭暈，早晨很難起床。

(3) 臉色不好，眼皮裏變白。

(4) 指甲變薄易折，或翹成匙狀。

(5) 食欲不振、噁心、便秘。

(6) 食物難以下嚥。

注意：如果你有了以上令人擔心的症狀，一定不要自己隨便診斷，而應該及時去醫院檢查，讓你的醫生告訴你確切的結果。

二、哪些女性容易患貧血症

相較於男性，女性更容易罹患貧血症，這是由女性的生理特點所決定的。

【月經是導致貧血的主要原因】　女性通常在一次月經期間失去20～30毫克的鐵，身體內鐵的含量供不應求，很容易導致貧血。

【過分減肥也會成為導致貧血的重要原因】　由於減肥而不吃早飯及午飯，或只吃那些不能使營養得以平衡的食品，這樣不良的飲食習慣引起的貧血發病率是很高的。

【懷孕婦女中 1 / 3 的人有貧血】　從懷孕到生育，一般母親要消耗 1000 毫克的鐵，而現在的女性，由於月經、偏食等原因，懷孕前大多已有貧血傾向，一旦懷孕，體內鐵的消耗量急速增加。因此，孕婦中貧血人數的數量是相當多的。產後的婦女由於失血量多，也非常容易導致貧血。

在正常情況下，人體本身有自發的調節機制以應付這些生理時期的失血。但在這些時期內，人體的免疫平衡系統相對薄弱，容易受外界不良因素影響而失衡。因此，女性應十分注意日常的保養，以防發生貧血。

三、貧血症的家庭治療措施

補充葉酸和維生素 B$_{12}$，維生素 B$_{12}$ 和葉酸攝入不足，或吸收不良會導致巨幼細胞性貧血。葉酸缺乏者可口服葉酸 10 毫克，每日 3 次，或 30 毫克，每日 1 次肌注，直至貧血及症狀完全消失！

維生素 B$_{12}$ 缺乏者，每日 1 次肌注維生素 B$_{12}$，2 週後，每週 2 次，血象正常後每月 1 次，痊癒後停藥。

【加強營養】　可以多吃富有營養的高蛋白食品，可以多吃一些牛肉和豬肝。

【服用中藥】　如四物湯、四君子湯、當歸補血湯，或八珍湯均有一定的補血作用。

【謹慎補鐵】　血清內過多的鐵，已被認為與癌症有關。要警惕攝入鐵，而且僅在醫生的指示下攝入。鈣及抗酸劑會干擾鐵質吸收，所以應該分開服用。

【多吃蔬菜】　飲食應包括粗煉糖蜜、綠花椰菜、蛋黃、海帶、葉菜類、豆科植物（大豆除外）、香菜、李子、葡萄乾、米糠、蘿蔔葉、全麥等穀類。吃魚的同時也吃含鐵的蔬菜，能增加鐵的吸收。多攝取含維生素 C 的食物以幫助鐵質吸收。

【勿食用麥麩】避免將麥麩當作一種纖維來源。

1. **少吃富含草酸的食物**　由於草酸干擾鐵的吸收，含有草酸的食物應適量攝食。這些食物包括杏仁果、蘆筍、甜菜、腰果、巧克力、海帶、大黃、汽水、菠菜，及大部分的堅果及豆子。而啤酒、糖果、乳製品、霜淇淋及軟性飲料中的添加物，茶中的鞣酸，咖啡所含的多酚類，各式各樣產品含的鉛，及抽煙中的鎘等物質，均會干擾鐵質的吸收。

2. 補充營養素 (1) 粗煉糖蜜成年人每天2次各1湯匙，小孩及嬰兒則加1茶匙到牛奶中。(2) 生物素每日2次，各300微克。(3) 維生素B群加額外的泛酸（B_5）及維生素B_6用量每日3次，各50毫克。泛酸及維生素B_6對製造紅血球是重要的元素。(4) 維生素C每天300～1000毫克。對鐵質吸收重要。(5) 銅用量每日2毫克。銅是製造紅血球所需的要素。

【保健藥膳】

(1) 烏骨雞1隻（1500克以上，公雞、母雞均可），大生地、飴糖各120克。先將烏骨雞宰殺後去毛及腸雜，洗淨。大生地酒洗後切片，飴糖拌和後，裝入雞肚子內縫好，放進瓦缽內，放入銅鍋中隔水蒸爛。佐餐食。補血養肝。適用於肝血虧虛或產後血虛血熱，及一切失血後所出現的貧血，骨髓造血功能障礙所致的貧血，化學、物理損傷及造血器官功能障礙所致的貧血等症。大便溏瀉、腹脹食少者皆不宜服用。

(2) 牛骨髓60克，天多300克，生地、黃精各500克，紹興黃酒適量。先將牛骨砸碎取油髓，備用。將黃精、生地、天多加適量的水，煎熬、濃縮成膏。趁初成之濃縮膏尚熱時，加入骨髓，用銀匙不斷地攪拌和勻，冷卻即成。每晨起空腹時，用紹興黃酒調膏10克服食。補精生血，養肝滋胃。對再生障礙性貧血和化療、放療所致的骨髓造血功能損害有一定防治作用。脾虛腹瀉、胃納不佳者忌服。

(3) 花生米100克，乾紅棗50克，紅糖適量。花生米溫水泡半小時，取皮。乾紅棗洗淨後溫水泡發，與花生米皮同放鋁鍋內。倒入泡花生米水，加清水適量，小火煎半小時，撈出花生衣，加紅糖即成。飲汁，吃棗。每日3次。此汁養血補血。適用於身體虛弱及產後、病後血虛及營養不良性貧血，惡性貧血等症。

(4) 阿膠30克，糯米100克，紅糖適量。先將糯米煮粥，待粥將熟時，放入搗碎的阿膠，邊煮邊攪勻，稍煮2～3沸加入紅糖即可。每日分2次服，3日爲1個療程。間斷服用。本粥養血止血，滋陰補虛，

安胎，益肺。適用於血虛、虛勞咳嗽、吐血、鼻出血、便血及婦女月經過多、崩漏、孕婦胎動不安、胎漏等症。連續服用可有胸滿氣悶之感覺。故宜間斷服用。脾胃虛弱者不宜多用。

(5) 當歸、熟地各 10 克，紅棗 30 克。將上述藥共置入砂鍋內加水煎煮，取汁。不拘時代茶飲用。每日 1 劑。本茶養血補血。適用於陰血虧虛所致的身體虛弱、面色萎黃、婦女月經失調等症。

(6) 黃豆芽、豬血各 250 克，料酒、植物油、蒜茸、蔥末、薑末、精鹽各適量。黃豆芽去根洗淨；豬血劃成小方塊，用清水漂淨。鍋內加植物油燒熱，爆香蒜茸、蔥末、薑末，下豬血並烹入料酒，加水煮沸，放入黃豆芽，煮 2 分鐘，調入精鹽即成。隨意服食。此湯潤肺補血。適用於血虛頭暈、缺鐵性貧血等症。並可防治棉塵肺、矽肺等症。

(7) 荔枝乾、大棗各 7 枚。將荔枝乾與大棗水煎。每日 1 劑，分 2 次服。此方補氣血。適用於失血性貧血症。

(8) 豬血、粳米各 100 克，精鹽、蔥、薑、菠菜各適量。先將豬血放沸水中稍煮，然後撈出切成小塊，再將菠菜洗淨，放入沸水中，略燙數分鐘，撈出後切細，同豬血塊、粳米煮粥，粥熟後放入精鹽、蔥、薑即可。每日早、晚餐溫熱服食。養血，潤燥。適用於貧血、痔瘡便血、老年性便秘等症。

(9) 豬肝 100 克，韭菜 50 克，洋蔥 80 克，沙拉油 1 大匙。將豬肝洗淨血液，切成 5 毫米薄片，先下鍋煮至七分熟，然後與新鮮韭菜同炒，加入調料。益血補肝、明目，適用於血虛萎黃、貧血、慢性肝炎等。

(10) 龍眼肉、枸杞、黑米、粳米各 15 克。將龍眼肉、枸杞、黑米分別洗淨，同入鍋，加水適量，待大火煮沸之後轉小火煨煮，至米爛湯稠即可。本粥益氣補虛，養肝益血，補血生血，可治療膚色蒼白、食欲不佳。

(11) 蓮子、桂圓肉各 30 克，紅棗 20 克，冰糖適量。將蓮子泡發後去皮、心洗淨，與洗淨的桂圓肉、紅棗一同放入砂鍋中，加水適量煎

煮至蓮子酥爛，加冰糖調味。睡前飲湯吃蓮子、紅棗、桂圓肉，每週服用1～2次。此方具有補心血、健脾胃功效，適用於貧血乏力、神經衰弱、心悸、健忘、睡眠不安等。

(12) 枸杞子20克，紅棗10枚，雞蛋2個。同煮，蛋熟後去殼再同煮10分鐘。吃蛋飲湯，每天或隔天1次。此方有補虛勞、益氣血、健脾胃等功效。可治療貧血症，還可以用於體質虛弱、頭暈眼花、健忘失眠、視力減退的調理。

第七節 | 尿道感染

一、女性易患泌尿道感染及其症狀

尿道感染是最普遍的婦女疾病之一。根據統計，美國每年有將近700萬人因泌尿道系統感染而求診，女性求診的病人超過男性病人的8倍以上。

大多數泌尿道系統患者是成年婦女。至少有25%的婦女在一生中曾患過泌尿道感染或膀胱炎，不少人甚至會多次感染。

泌尿道系統感染的症狀：（1）頻尿，常尿急、夜尿；（2）排尿會痛，有灼熱感；（3）尿液呈現混濁狀；（4）背後腰部或腹部疼痛；（5）尿中帶血。

如果有上述症狀，應儘快就醫。

有些病人還會出現發冷、發熱、頭暈、想吐，或背腰部酸痛等症狀。出現這些症狀時，表示腎臟可能已受到感染，必須立刻治療。

二、常見的泌尿道系統感染病因

1. 性交 性交時常會把陰道和肛門間的細菌帶進尿道，甚至膀胱

裏。性交也可能造成組織不適，使之易於遭受感染。

2. 避孕方法不當　使用子宮避孕套不當可能壓迫到膀胱，增加泌尿道感染的機會。子宮避孕套上的殺精劑也可能使陰道內的組織變弱，容易受到細菌感染。

3. 飲水量太少　水喝得少會減少排尿的頻率，因而增加細菌停留在膀胱及尿道內的時間，進而造成感染。

4. 長時間憋尿　有些人因為工作性質的緣故必須長時間憋尿，例如老師、股市營業員、百貨公司職員、司機等，容易因尿液在膀胱停留的時間較久，致使感染機會增加。

5. 衛生習慣不良　女性排尿後，應由陰道口往肛門的方向擦拭，即由前向後擦拭。如果擦拭的方向不對，很容易把陰道和肛門間的細菌帶進尿道，甚至膀胱裏，引起感染。

6. 更年期婦女　更年期女性因為女性荷爾蒙降低，致使黏膜較乾澀、脆弱，細菌容易滋長，會增加陰道及泌尿道感染的機會（達一般年齡層的 10 ～ 15 倍之多）。

7. 懷孕婦女　懷孕婦女因為懷孕中高量的黃體素，會抑制膀胱迫尿肌收縮，而增大的子宮體又壓迫膀胱，造成膀胱不易排空尿流，容易滯留，給予病菌感染滋生機會，再加上輸尿管受荷爾蒙及子宮壓迫的影響，導致輸尿管鬆弛和擴張，尿液中的病菌容易逆流而上，併發腎炎。

三、女性尿道感染的處理措施

急性尿道和膀胱發炎時，最要緊的是臥床休息，多飲白開水，增加營養並避免刺激性食物（忌辛辣、酒料）。熱水坐浴可改善血液循環，緩解症狀。口服鹼性藥物、解痙藥減輕膀胱刺激與痙攣。根據尿溢培養的結果，選用致病菌敏感的消炎抗菌藥物，若處理及時，症狀大多在 1 週左右就會消失。

為防重複感染，平時應特別注意外陰清潔，勤換內褲。經常多飲白

開水以利尿而起沖洗膀胱作用。要是屢屢急性發炎，口服小量雌激素或陰道內塞入**雌激素栓劑**以促使尿道內、外括約肌恢復張力和上皮生長，並且增強局部抵禦能力。

四、尿道感染的預防措施

事實上沒有任何一種方法可以讓你絕對避免感染，不過，下述幾點建議或許能有些許的幫助——

(1) 攝取充足水分，每天不少於 2000cc。

(2) 排尿及排便後要擦拭時，應由陰道口擦至肛門，即由前往後擦拭，以避免細菌傳播，並保持陰部衛生。

(3) 應時常排尿，不可憋尿。

(4) 多吃維他命C或喝酸乳酪，可達到酸化尿液的作用，減少尿中細菌生存。

(5) 養成良好的排便習慣。

(6) 性交後應多喝水，增加排尿，有助除去可能已存在的細菌。

(7) 檢查子宮避孕套是否合用，或使用其他避孕方式。如果你必須連續使用子宮避孕套，則儘量在非避孕時將之拿下。

(8) 避免穿過緊的衣服或束褲，它們可能會造成組織不適，產生悶熱和增加細菌繁殖的機會。應多穿棉質內褲，不容易引起不適，而且比尼龍（化纖）材質通風。

(9) 平常多注意尿量和尿液的顏色，陰道有不正常分泌物應即時就醫，不要擅自服用抗生素和止痛藥，以免延誤病情。

第 7 章
小兒常見病自診自護

第一節 | 小兒腹瀉

　　腹瀉是由很多不同原因引起，以大便次數比平日增加及大便性狀改變，比如以稀便、水樣便、黏液便、膿血便等爲主要表現的胃腸道功能紊亂疾病。

　　小兒腹瀉是兒科常見病。好發於 6 個月～ 2 歲嬰幼兒，一年四季都可能發生，但以夏秋季最多。可分爲感染性和非感染性兩種。

一、易引起小兒腹瀉的原因

　　【內在因素】　(1) 神經系統功能調節能力差，容易發生腸道功能紊亂。(2) 消化系統發育未成熟，消化能力差。(3) 防禦感染功能差。(4) 因生長發育快，需要營養物質多，使消化道負擔過重。

　　【感染因素】　腸道內感染細菌、病毒或腸道外感染（如中耳炎、上感、肺炎、泌尿道感染等）引起。

　　【非感染因素餵養不當造成】　小兒非感染性腹瀉主要是由於餵養不當，如進食過多、過少、過熱、過涼，突然改變食物品種，對牛奶等

食物過敏，腹部受涼等引起，也可由於食物過敏、氣候變化、腸道內雙糖酶缺乏引起。

二、小兒腹瀉的臨床表現

輕型一般情況良好，僅大便次數增多，大便由於病原體的不同而呈現不同的表現，可為黃綠色蛋花湯樣、黃色稀便、黏液膿血樣等。中型每日十餘次或更多，精神較差，可伴發熱、嘔吐、食欲減低。重型全身情況差、高熱、精神委靡，並可發生脫水、酸中毒及電解質紊亂（低鉀血症、低鈣血症、低鎂血症）等；如四肢冰涼，脈搏細弱或摸不到，說明脫水達嚴重程度，發生了休克可危及生命，故應密切觀察病情，特別注意四肢溫度與小便量；此外，如發現呼吸深快，說明有酸中毒，亦可危及生命，要及時上醫院就診。

三、小兒腹瀉的治療

【飲食要求】　適當減少進食，飲食易消化，給予足夠的液體以防止脫水。

【控制感染】　適細菌性腸炎可根據致病菌選用抗菌藥，常用氨卞青黴素、慶大黴素等。病毒性腸炎一般不需用抗菌藥。

【應用乳酪乳酸桿菌製劑】　適使該菌在腸道繁殖以抑制大腸桿菌，有較好效果而無副作用，並可增進食欲，改善消化吸收功能。

【微生態療法】　適恢復腸道正常菌群的生態平衡，多用回春生、媽咪愛（兩者皆屬益生菌製劑）等。

四、腹瀉小兒的護理

目前並非所有的腹瀉病兒都必須住院，大部分在家中服藥治療和護理。因此家長應掌握一些護理腹瀉病兒的知識。

【應調整飲食】　如正在添加輔食的孩子要暫停輔食或減少次數

與輔食量。幼兒應停止餵含油肉多的食品。小嬰兒如有母乳應儘量吃母乳。

有噁心嘔吐的孩子，除了應給易消化的食物外，要少量多次，緩慢餵水餵飯。當腹瀉嘔吐特別嚴重時，可以少餵食物１～２次，現在不主張長期禁食，因為那樣對小兒不利。

對嘔吐不甚嚴重的腹瀉小兒，應少量多次餵口服補液鹽沖的水，現在各醫院所採用的成分是聯合國世界衛生組織統一制定的。對於輕、中度脫水只要堅持餵哺，脫水一般可以糾正。對於尚未發生脫水的孩子腹瀉不久就開始給口服補液鹽，可以防止或減少脫水酸中毒的發生。如果家中沒有這種補液鹽，可以用米湯或開水加適當的鹽代替，每 500 毫升液體加鹽 1 克左右（像ＡＯＣ藥片那麼大）。對於新生兒、早產兒及２～３個月的小嬰兒餵補液鹽水要適當控制用量，如發現病情變化要及時找醫生諮詢或住院治療。

【注意皮膚護理】　嬰幼兒特別是嬰兒，皮膚嬌嫩，腹瀉時排出的大便形狀不同於正常大便，一般酸性較強，而且大便次數多，若不及時更換尿布，大便就會黏在肛門周圍、外陰及臀部。這樣幾個小時後，就會出現不同程度的臀紅，嚴重者可致臀部皮膚糜爛。因此，尿布必須勤更換、及時更換，每次便後要將皮膚的大便洗淨，並且擦乾皮膚，在天氣熱的時候，可以把臀部暴露。也可適當在臀部塗一些對皮膚有保護作用，且沒有刺激性的油，或油膏，如液體石蠟油、鞣酸軟膏等。臀紅和其他疾病一樣，要以預防為主，早發現，早治療。千萬不要使臀部發展到皮膚糜爛的程度。

要注意觀察小兒的精神狀態、腹瀉及嘔吐次數、大便的形狀（水分多少、顏色、有無黏液及膿血）、有無小便並儘量估計尿量，是否口渴、煩躁，皮膚的彈力（在腹部臍附近用雙手拇指將皮膚捏起，然後再放開，正常皮膚迅速展平，恢復原狀，脫水時，則皮膚展平很慢）。前囟未閉的也可觀察它是否下陷或彈力降低，口唇是不是乾燥。如出現異常

現象，就是出現了脫水。有經驗的家長還可以看看小兒口唇是否發紅，呼吸是否比較深長，如果有，說明出現了酸中毒。事實上脫水和酸中毒多是同時存在的。當出現上面所說的情況時應當送醫院治療。

【注意口腔護理】　經常保持口腔清潔，因此時的病兒有時發熱，常餵糖水，口腔內細菌使糖發酵，有時使用抗生素，可能造成口腔及全消化道菌群失調，因此容易發生黴菌病。

因此，最好在每次餵糖水或食物後，給飲少量白開水，如發現異常應及時接受治療。

五、幼兒腹瀉脫水診斷及補水措施

【幼兒病症】　小兒 11 個月，平時身體很壯實，家中也很注意衛生。不知什麼原因，最近 3 ～ 4 天來出現腹瀉。初起時每天 3 ～ 4 次，而後腹瀉加重，一天約 5 ～ 6 次，像蛋花湯樣稀水便，並且有一種酸臭味。同時伴有發燒，體溫 38 度左右，有時嘔吐，精神差，不愛玩，口渴愛喝水，尿量減少。

【專家診斷】　夏秋季天氣炎熱，是各種細菌、病毒生長繁殖的季節，嬰幼兒在這個時期最容易患腹瀉。根據以上症狀，小兒診斷為腹瀉，可能為病毒感染。此病又稱秋季腹瀉。這種病多發生在秋季和初冬。1歲左右的小兒較多見，以腹瀉稀水便為主，伴有嘔吐發燒等症狀。因為腹瀉、嘔吐，及發燒等症狀丟失了大量液體，所以很容易引起脫水，這樣就加重病情。如果不及時補充液體，造成嚴重脫水，可危及小兒生命。

發生小兒腹瀉時，家長不要著急，首先要觀察孩子有無脫水，還要學會估計脫水程度。

【輕度脫水】　一般小兒容易煩躁、愛哭、口渴，哭時眼淚減少，尿量也相應減少。兩眼窩稍凹陷，皮膚略乾燥，捏起後回縮減慢。

【中重度脫水】　小兒精神差，煩躁不安或嗜睡，重者出現昏迷，四肢軟弱無力，哭時無眼淚或口舌乾燥，兩眼窩明顯凹陷，尿量明顯減

少或無尿，皮膚捏起後回縮很慢，小兒突然明顯消瘦，體重減輕約3%～10%，甚至更多。

【對策】　根據小兒的症狀，由於腹瀉引起的輕度脫水，可以在家中治療。首先不要控制飲食，應該繼續母乳或牛奶餵養，可配合粥、麵條等容易消化的食物。最主要原則給小兒口服足夠的液體，以預防或治療脫水。不要喝白水，因為它不含有電解質，達不到補液的目的。要按世界衛生組織推薦的常用口服補液方法，其配方如下——

【米湯口服液】　取米湯 500 毫升、細鹽 1.75 克。

【糖鹽水】　取白開水 500 毫升、細鹽 1.75 克，加白糖 10 克（約 2 小勺）。

【用法與用量】(1) 預防脫水：選擇以上任何一種液體，按每千克（公斤）體重約20～40毫升，4小時內服完。以後能喝多少給多少。(2)輕度脫水：選擇以上任何一種液體，按每千克體重50～80毫升。例如：11 個月小兒，體重約 9 千克，總液量應 450～720 毫升，4 個小時內服完。給兩歲以下寶寶餵糖鹽水，可每 1～2 分鐘餵 1 小勺，約 5 毫升，大一點的孩子可以用杯子直接喝。如果患兒有嘔吐可暫停，隔 10 分鐘再慢慢餵服，每 2～3 分鐘餵 1 勺。一旦腹瀉停止，必須馬上停服。

口服補液同時可以配合一些消化道藥物。家庭治療期間一定要密切觀察病情變化，如果腹瀉次數和量增加，出現頻繁嘔吐、高燒不退應及時找醫生治療。

六、小兒腹瀉處理要點

腹瀉是兒童常罹患的疾病，可能造成相關併發症（如腹水）而死亡。有腹瀉症狀的嬰幼兒，雖然可能不會排斥飲食，但是吃多少、拉多少，營養無法吸收，也會造成體力的耗損。

處理要點如下所述——

(1) 在哺乳或泡牛奶之前及接觸寶寶的前後，都應該洗手。

(2) 使用煮沸過的溫開水沖泡牛奶，奶瓶要徹底消毒。

(3) 注意水分補充，不要給他運動飲料或果汁，除非寶寶不肯喝水，即使要給他運動飲料或果汁，也要加水稀釋。

腹瀉嚴重時可以購買口服電解質液，補充水分、電解質及維持血液循環，必要時須以靜脈點滴注射治療，以平衡大量流失的水分，以及電解質。

(4) 當餐沒有餵完的奶，不可留至下一餐餵食，因保溫的奶正好是病原體生長最好的培養基，若留待下餐餵食，寶寶就會吞食下大量培養好的細菌。

(5) 症狀輕微時，可先將奶粉的濃度調成 1/2 濃度，並暫時停止添加副食品，等到情況緩解後，再將奶粉調回原來濃度（餵哺母乳例外）。

腹瀉情況嚴重或腹瀉期間長達 2 週以上變成慢性腹瀉時，可選擇不含乳糖的特殊配方奶粉，當腹瀉情況改善後，再換回一般嬰兒奶粉。

如果嬰幼兒本身具有過敏體質而引起腹瀉、腹痛等過敏症狀，這時就要考慮選擇水解蛋白的特殊配方奶粉（低過敏奶粉），或者是大豆蛋白配方奶粉。

七、小兒腹瀉的預防要點

(1) 提倡母乳餵養：母乳含有小兒所需要的多種消化酶和抗體，各種營養成分都非常適合兒童的消化和吸收，比牛乳及一切母乳代用品優越得多，而且衛生、經濟、方便。母乳餵養可預防小兒腹瀉。世界衛生組織認為，若廣泛宣傳母乳餵養，全世界每年可有 100 萬嬰兒免於死亡。

(2) 放棄奶瓶，改用碗勺餵奶：因為奶瓶容易污染，不易清洗消毒，特別是橡膠乳頭，很容易污染病菌，導致小兒腹瀉。改用碗勺，污染的機會比奶瓶要少。為了孩子的健康，父母們不妨一試。

(3) 合理餵養，添加輔食應逐步進行：並且要保證給寶寶吃的食物保持新鮮，擺放一段時間後的食物最好不要給寶寶吃；給寶寶喝的飲料

要在正規商店購買；給孩子吃的水果要隨吃隨開。

（4）養成良好的衛生習慣，食前便後洗手，做好食品、食具消毒：衛生習慣要從大人和小孩兩方面做起，不僅要注意保持寶寶手的衛生，而且大人給孩子餵食前一定要洗手，避免用自己的嘴巴試食物的溫度，以免把細菌傳染給孩子。

（5）不要濫用抗生素：目前小兒腹瀉，應用各種抗生素的現象非常普遍，而實際上小兒腹瀉約一半以上為病毒所致，或者由於飲食不當引起。對這些原因引起的腹瀉，抗菌藥物不但無效，反而會殺死腸道中的正常菌群，引起菌群紊亂，加重腹瀉。近年來出現了許多生態製劑，如雙歧桿菌製劑、整腸生、培菲康、乳酸菌素片等。這類藥物是以扶植腸道正常菌群為目的，通過生物拒抗作用，抑制病菌的生長，間接達到殺死病菌的效果，而且無副作用。當然對於嚴重的痢疾，合理使用抗菌藥物也是必要的。

第二節｜小兒百日咳

百日咳是由百日咳桿菌所致的急性呼吸道傳染病，從廣泛施行百日咳疫苗接種以來，其發病率已明顯降低。

本病傳染性很強，冬春季節發病較多。可為散發，或在托兒所、幼稚園中暴發流行。密切接觸的易感者90％以上發病。患者是主要的傳染源，發病前1～2天至病程3週內傳染性最強；帶菌者及不典型病人均有傳染性。本病主要通過飛沫經呼吸道傳播，傳播範圍一般在患者周圍2.5米之內。很少通過其他媒體傳播。人群對百日咳普遍易感，以嬰幼兒最易感染，因本病抗體不能通過胎盤，故新生兒亦可發病。預防接種和自然感染後均不能建立終身免疫；6歲前接受過被動免疫的成人，

由於體內抗體逐漸消失，可成為帶菌者或輕症病人。

一、小兒百日咳的臨床表現

其臨床特徵為陣發性痙咳及陣咳，終末出現雞鳴樣吸氣性吼聲。病程長達 2～3 個月，幼嬰易發生窒息、死亡。

【潛伏期】 平均 3～12 天。典型患兒的病程為 6～8 週，可以分為 3 期，每期歷時約 3 週左右。

【卡他期】 患兒出現流涕、打噴嚏、咳嗽、眼結膜充血等感冒症狀，可伴有低熱或中度發熱。約 3～4 日後熱退、其他症狀好轉，但咳嗽日漸加重，進入痙咳期。

【痙咳期】 陣發性痙咳為本期特徵。在原有單聲咳嗽基礎上，演變為連續十幾聲或幾十聲咳嗽，直到咳出黏稠痰液或將胃內容物吐出為止，在咳嗽末深長吸氣，發出高音調的雞鳴樣吼聲，如此反覆發作。痙咳時患兒兩眼圓睜，面紅耳赤，舌伸齒外，屈肘握拳，彎腰屈背，縮成一團，痛苦萬狀。咳嗽久者，因胸腔內壓力增高，頭、頸靜脈回心血流受阻，可出現眼瞼和顏面浮腫、球結膜下出血、面部瘀點或眼瞼周圍皮下出血，也可發生鼻出血或痰中帶血，甚至發生顱內出血。由於痙咳時舌向外伸與下切齒反覆摩擦可出現舌繫帶潰瘍。患兒在不咳嗽時可嬉戲如常，但奔跑、哭鬧、吸入煙塵、強迫進食等因素即可誘發陣咳。痙咳期無併發症時肺部無陽性體徵（只異常性變化），但病程過久則可造成患兒疲倦，食欲減退，加上經常嘔吐，故可導致營養不良。此期約持續 2 週或更長。新生兒與小嬰兒此期常無典型痙咳，缺乏雞鳴樣吼聲，但由於其聲門狹窄，極易因黏稠分泌物阻塞而發生窒息、紫紺、屏氣，甚至驚厥，且常於夜間發作，如搶救不及時，可造成死亡。

【恢復期】 痙咳發作次數逐漸減少，咳嗽減輕，其他症狀亦隨之好轉，疾病逐漸痊癒，但在此時如遇上呼吸道感染或受冷空氣、煙塵等刺激可再次出現痙咳期表現，不過強度會減弱，持續時間也會縮短。

二、小兒百日咳的治療

【一般治療】 按呼吸道傳染病進行隔離，對於小嬰兒應加強夜間護理；保持室內空氣新鮮、有一定濕度；少食多餐，頻繁嘔吐者要注意營養的補充。避免誘發痙咳的因素。

【併發症治療】 針對不同的併發症給予相應的治療。

三、小兒百日咳的預防

【控制傳染源】 隔離患兒 3 ～ 4 週。密切接觸者觀察 21 天。

【保護易感人群】 (1) 自動免疫：按時接種三聯疫苗（百日咳菌苗、白喉類毒素、破傷風類毒素），為我國計畫免疫之一。(2) 藥物預防：與病人密切接觸的家庭成員，尤其是兒童，應給予紅黴素，每日 50 毫克／千克，分次口服，連續 10 ～ 14 天。

第三節｜小兒維生素 C 缺乏症

維生素 C 缺乏症又稱壞血病，是由於人體長期缺乏維生素 C 所引起的全身性疾病，以成骨障礙和出血傾向為主要表現。

一、維生素 C 缺乏症的病因

(1) 攝入不足。母乳中含有豐富的維生素 C，故母乳餵養兒一般不易得病，但如果乳母飲食中長期缺乏維生素 C，則母乳含量不足也可使嬰兒患病。牛乳中的維生素 C 含量只有人乳的 1／4，且於煮沸後破壞殆盡。維生素 C 主要存在於新鮮水果和綠葉蔬菜中，長時間加熱、遇鹼或有銅離子存在等均可使之破壞；穀物中含量很少，故單純以穀類餵養嬰兒，如不及時添加水果、蔬菜即可造成維生素 C 缺乏症。

（2）吸收障礙。長期消化道功能紊亂可影響維生素Ｃ的吸收和利用。

（3）需要量增加。在生長發育加速期、發熱性疾病治療，以及創傷癒合時，維生素Ｃ需要量增加，若攝入量不足便會發生缺乏症。

二、小兒維生素Ｃ缺乏症的臨床表現

胎兒出生時體內儲存的維生素Ｃ一般可供生後３個月使用，故維生素Ｃ缺乏多見於６個月～２歲的嬰幼兒。起病緩慢，在典型症狀出現以前先有體重減輕、食欲不振、四肢乏力、煩躁不安，然後出現下列症狀。

【出血】　毛細血管管壁的膠原纖維減少，脆性增加，出現皮膚瘀斑，初起時僅見於毛囊周圍及齒齦處；當病情進展時肌肉、內臟、黏膜也可出血；有時表現爲鼻出血、血尿、黑糞、關節腔內，和顱內出血。

【骨骼疾病】　膠原纖維合成障礙使軟骨的骨化受阻，但鈣在軟骨基質內繼續沉著，以致臨時鈣化帶因鈣鹽堆積而增厚。骨骺端骨質脆弱，易發生骨膜下出血，幹骺脫位、分離或骨骺嵌入。如果病變在膝、踝關節附近，則關節腫脹，但不發紅，兩大腿外展、小腿內彎，患肢呈固定位置，患兒不願被移動或抱起，呈假性癱瘓；若發生在肋骨和肋軟骨交界處，則該處明顯突出、變尖，排列如串珠，在凸起的內側可觸及凹陷（此與佝僂病的肋串珠不同，後者較圓鈍，內側無凹陷），因肋骨移動時疼痛，故小兒呼吸淺速。

【齒齦炎】　除齒齦出血、腫脹外，可發生齒齦潰瘍合併感染、牙齒生長障礙。

【其他】　創傷癒合減慢，因抵抗力低下常合併感染、營養不良和其他維生素缺乏症。

三、小兒維生素Ｃ缺乏症的治療

【應大量補充維生素Ｃ】　重症患兒每日靜脈注射 500 ～ 1000 毫克，連續 4 ～ 5 天後改爲口服，每日 300 ～ 500 毫克。輕症小兒每日口

服 100～300 毫克，一般應連續治療 2～3 週。保持口腔清潔，預防感染，適當補充其他維生素。保持安靜少動，防止骨折及骨骺脫位。

四、小兒維生素Ｃ缺乏症的預防

正常小兒每天維生素Ｃ供給量爲：嬰兒 30 毫克；幼兒 35～40 毫克；年長兒 40～60 毫克；早產兒 100 毫克。患病時維生素Ｃ消耗量較大，應及時補充。孕婦、乳母應多吃富含維生素Ｃ的新鮮水果和蔬菜；鼓勵母乳餵養，人工餵養兒則應及時添加富含維生素Ｃ的輔食，或是維生素Ｃ製劑。

第四節｜小兒維生素Ａ缺乏症

維生素Ａ缺乏症是因體內缺乏維生素Ａ而引起的以眼睛和皮膚病變爲主的全身性疾病，多見於 1～4 歲小兒。最早的症狀是暗適應差、眼結合膜及角膜乾燥，以後發展爲角膜軟化而且有皮膚乾燥和毛囊角化，故又稱夜盲症、乾眼病、角膜軟化症。

一、小兒維生素Ａ缺乏症的病因

【攝入不足】　長期以米糕、麵糊等穀物或脫脂乳煉乳餵哺小兒而未及時添加輔食品，或病後「忌嘴」以及長期素食皆很容易發生維生素Ａ缺乏症。

【吸收障礙】　慢性消化道疾病如遷延性腹瀉、慢性痢疾、腸結核和肝膽系統疾病等，均可影響維生素Ａ的消化、吸收和貯存；長期服用石蠟油通便也可影響維生素Ａ的吸收。

【需要增加】　生長發育迅速的早產兒，患各種急慢性傳染病、長

期發熱和腫瘤等均可使肌體對維生素A的需要增多，導致相對缺乏。

【代謝障礙】　缺乏蛋白質和鋅可影響維生素A的轉運和利用。患甲狀腺功能低下和糖尿病時，產生 β 胡蘿蔔素轉變成維生素A產生障礙，故維生素A缺乏而血中胡蘿蔔素增多，皮膚黃染但眼結膜不顯黃色。

二、小兒維生素A缺乏症的臨床表現

【眼部】　（1）最初為暗適應時間延長，以後在暗光下視力減退，黃昏時視物不清繼則發展成夜盲症。（2）眼乾燥不適，經常眨眼，係因淚腺管被脫落的上皮細胞堵塞，而使眼淚減少所致，繼而眼結膜和角膜失去光澤和彈性，眼球向兩側轉動時可見球結膜摺疊形成與角膜同心的皺紋圈，在近角膜旁有泡沫狀小白斑，不易擦去，即為畢脫斑（結膜乾燥斑）。（3）角膜乾燥、混濁而軟化，繼則形成潰瘍，易繼發感染，癒合後可留下白斑，影響視力；重者可發生角膜穿孔、虹膜脫出以致失明。

【皮膚】　皮膚症狀多見於年長兒，初起乾燥、脫屑，以後角化增生角化物充塞於毛囊並突出於皮面，狀似「雞皮」，摸之有粗糙感；皮損首先見於上、下肢伸側，以後累及其他部位；毛髮乾枯，易脫落，指（趾）甲脆薄多紋，易折斷。

【其他】　患兒體格和智慧發育輕度落後，常伴營養不良、貧血和其他維生素缺乏症。牙釉質發育不良，常伴呼吸道、消化道及泌尿道感染。

第五節｜小兒維生素B₁缺乏症

一、引起小兒維生素B₁的缺乏症的病因

【攝入不足】　母乳維生素B₁含量不多，約為 150 微克／升，低

於牛乳（400 微克／升），若乳母缺乏維生素 B₁，可使其乳汁中的含量更低，導致嬰兒發生缺乏症。穀類加工過精，或淘米時過度搓洗，或習慣吃撈飯棄去米湯，或食物中加鹼燒煮以及長期偏食等均可引起缺乏。

【需要增多】 在小兒生長發育迅速階段，或患發熱或甲狀腺功能亢進等均使維生素 B₁ 需要量增多。

【吸收利用障礙】 長期消化不良、慢性腹瀉可導致缺乏症。

二、維生素 B₁ 缺乏症臨床表現

【消化道症狀】 食欲不振，嘔吐，消化不良，排綠色稀便。

神經系統症狀：初期煩躁不安、夜啼，病情進一步發展則出現反應淡漠、呆滯、眼瞼下垂、頸肌和四肢非常柔軟，致頭頸後仰、手不能抓、吸吮無力、腱反射減低。嬰兒常累及喉返神經，出現聲音嘶啞、失音，後期出現顱內壓增高，昏迷抽搐，可致死亡。年長兒常以多發性周圍神經病變較突出，如感覺障礙、肌無力甚至肌肉萎縮。

【循環系統症狀】 可出現急性心功能不全的症狀，如心動過速或奔馬律，呼吸難，伴有紫紺。嬰兒呈現出臨床表現。

【水腫及漿液漏出】 常有下肢水腫並逐漸向上蔓延，可伴發心包、胸腔、腹腔積液。

【先天性腳氣病】 若孕母缺乏維生素 B₁，則新生兒可患先天性腳氣病，表現爲出生時全身水腫、體溫低、吸吮無力、肢體柔軟、反覆嘔吐、嗜睡、哭聲無力，給予牛乳或健康人乳後，症狀可逐漸消失。

三、維生素 B₁ 缺乏症的治療

每日口服維生素 B₁ 10 ～ 30 毫克（應同時治療乳母，每日口服維生素 B₁ 100 毫克）；重症或伴有消化道功能紊亂時可採用肌注，每日 2 次，每次 10 毫克，2 日後可改爲口服，連續數週。由於患兒常伴有其他維生素 B 群缺乏，故應同時口服複合維生素 B₁ 或酵母片。

　　靜脈推注高滲葡萄糖可使血中丙酮酸含量增高，導致心搏驟停，故應禁忌；亦不宜使用呼吸興奮劑，以免耗氧增加，反使抽搐加劇；腎上腺皮質激素可使糖元異生，以及血糖增高；而煙酸、葉酸等均可阻礙維生素 B$_1$ 的磷酸化作用，均須愼用。

四、維生素 B$_1$ 缺乏症的預防

　　嬰兒每日維生素 B$_1$ 需要量爲 0.4 毫克，兒童 0.6～1.5 毫克，孕婦及乳母 2～3 毫克。膳食不應長期食用精米、麵，最好摻一些雜糧和粗糧；烹調時不宜加鹼；鼓勵多吃肉類和豆製品，並戒絕偏食、挑食的不良習慣。

第六節｜小兒維生素 D 缺乏性佝僂病

　　維生素 D 缺乏性佝僂病，是由於兒童體內維生素 D 不足致使鈣、磷代謝失常的一種慢性營養性疾病，以正在生長的骨骺端軟骨板不能正常鈣化、造成骨骼病變爲其特徵。維生素 D 不足使成熟骨礦化不全則表現爲骨質軟化症。

　　嬰幼兒，特別是小嬰兒生長快、戶外活動少，容易發生維生素 D 缺乏，故本病主要見於 2 歲以下的嬰幼兒。

一、維生素 D 缺乏性佝僂病的病因

　　【日照不足】　紫外線照射能轉化爲體內物質維生素 D 3，因紫外線不能通過玻璃窗，故嬰幼兒缺乏戶外活動即導致內源性維生素 D 生成不足；大城市中高大建築可阻擋日光照射，大氣污染如煙霧、塵埃亦會吸收部分紫外線；冬季日照短、紫外線較弱，容易造成維生素 D 缺乏。

【攝入不足】 天然食物中含維生素D較少，不能滿足需要；乳類含維生素D量甚少，雖然人乳中鈣磷比例適宜（2：1），有利於鈣的吸收，但母乳餵養兒若缺少戶外活動，或不及時補充魚肝油、蛋黃、肝泥等富含維生素D的輔食，亦容易罹患佝僂病。

【生長過速】 早產或雙胞胎體內貯存的維生素D不足，且出生後生長速度快，需要維生素D多，易發生維生素D缺乏性佝僂病。生長遲緩的嬰兒發生佝僂病者較少。

【疾病因素】 多數胃腸道或肝膽疾病會影響維生素D的吸收，如嬰兒肝炎綜合症、先天性膽道狹窄或閉鎖、脂肪瀉、胰腺炎、慢性腹瀉等；嚴重肝、腎損害亦可致維生素D羥化障礙、生成量不足而引起佝僂病。

【藥物影響】 長期服用抗驚厥藥物可使體內維生素D不足。

二、維生素D缺乏性佝僂病的臨床表現

本病多見於3月～2歲小兒，主要表現為正處於生長中的骨骼的病變、肌肉鬆弛和神經興奮性的改變。佝僂病的骨骼改變常在維生素D缺乏數月後出現，患有骨軟化症孕婦的母乳餵養兒可在出生後2個月內出現佝僂病症狀。重症佝僂病患兒還可有消化和心肺功能障礙，並可影響智慧發育和免疫功能。本病在臨床上可分期如下——

【初期】 多見於6個月以內，特別是3個月以下的嬰兒，主要表現為神經興奮性增高，如容易生氣、煩惱、夜間啼哭、睡眠不安、汗多刺激頭皮而搖頭出現枕禿等。

【激期】 維生素D缺乏的嬰兒如不經治療，症狀會繼續加重，出現甲狀腺功能亢進，鈣、磷代謝失常，和典型的骨骼病變。

【恢復期】 患兒經治療和日光照射後，臨床症狀和體徵會逐漸減輕、消失；血清鈣、磷濃度逐漸恢復正常，鹼性磷酸酶約需1～2月降至正常水準；骨骺8線影像在治療2～3週後有所改善；出現不規則的

鈣化線，以後鈣化帶緻密增厚，骨質密度即逐漸恢復正常。

【後遺症期】 嬰幼兒期重症佝僂病可殘留不同程度的骨骼畸形，多見於2歲以上的兒童。無任何臨床症狀，血生化正常，其骨骺幹骺端活動性病變不復存在。

三、維生素D缺乏性佝僂病的治療

目的在於控制病情活動，防止骨骼畸形。治療應以口服維生素D爲主，劑量爲每日50～100微克（2000～4000ＩＵ），視臨床和8線骨片改善情況於2～4週後改爲維生素D預防量，每日10微克（400ＩＵ）。對有併發症的佝僂病，或無法口服者可一次肌肉注射維生素D 320萬～30萬ＩＵ，2～3個月後口服預防量。治療一個月後應復查效果，如臨床表現、血生化檢測和骨骼8線改變無恢復徵象，應與維生素D依賴性佝僂病鑒別。對已有嚴重骨骼畸形的後遺症期患兒可考慮外科手術矯治。

四、維生素D缺乏性佝僂病的預防

營養性維生素D缺乏性佝僂病是一種自限性疾病，充足的日光照射和每日補充生理劑量的維生素D（400ＩＵ）即可保證體內的D3濃度正常，因此，孕婦應多做戶外運動，飲食應含豐富的維生素D、鈣、磷和蛋白質等營養物質；新生兒在出生2週後應每日給予生理量（10～20微克每日）維生素D；處於生長發育高峰的嬰幼兒更應採取綜合性預防措施，即保證一定時間的戶外活動，給予預防量的維生素D和鈣劑，並及時添加輔食。

第七節｜小兒急性上呼吸道感染

一、臨床表現

發病可急可緩。大多先有上呼吸道感染症狀，也可忽然出現頻繁而較深的乾咳，以後漸有支氣管分泌物，在胸部可聽到乾、濕囉音，以中等不泡音爲主，偶可限於一側。嬰幼兒不會咯痰，多經咽部吞下。症狀輕者無明顯病容，重者發熱 38 ～ 39℃，偶達 40℃，多 2 ～ 3 日即退。感覺疲勞，影響睡眠食欲，甚至發生嘔吐、腹瀉、腹痛等消化道症狀。年長兒再訴頭痛及胸痛。咳嗽一般延續 7 ～ 10 天，有時遷延 2 ～ 3 週，或反覆發作。如不經適當治療可引起肺炎，白細胞正常或稍低，升高者可能有繼發細菌感染。

身體健壯的小兒少見併發症，但在營養不良、免疫功能低下、先天性呼吸道畸形、慢性鼻咽炎、佝僂病等小兒患者中，不但易患支氣管炎，且易併發肺炎、中耳炎、喉炎及副鼻竇炎。

二、治療措施

【一般治療】　進行休息、飲食、室內溫度和濕度的調整等，嬰兒須經常調換臥位，使呼吸道分泌物易於排出。因咳嗽頻繁妨礙休息時，可給鎮咳藥，但應避免給藥過量以致抑制分泌物的咳出。當急性支氣管炎發生痙攣而導致呼吸困難時，輕者參考以下中醫療法「實熱喘」處理，重者參考毛細支氣管炎及支氣管哮喘的治療處理。

【中醫療法】　本病中醫稱爲外感咳嗽，由於致病因素不同，臨床分爲風寒咳嗽、風熱咳嗽和實熱喘。治法以疏風散寒、清熱宣肺、降熱平喘爲主。可結合臨床辨證施治。

(1) 風寒咳嗽：以突然咳嗽、聲咳急頻爲主，痰稀薄、鼻塞、流清涕、

咽癢或伴頭痛、惡寒或不發熱，苔微白，脈浮。治以辛溫解表，散寒止咳。常用杏蘇散加減。

(2) 風熱咳嗽：咳嗽不爽，痰以黃黏稠爲主，咽紅口乾，鼻塞流黃涕，或伴發熱有汗，舌苔身微黃白，脈浮數。治以辛涼解表，宣肺止咳。常用桑菊飲加減。

(3) 實熱喘：除上述症狀外，患兒發熱較高，同時伴有順喘憋。治以宣肺化痰，降逆平喘。常用麻杏石甘湯加減。

三、預防呼吸系統疾病

預防呼吸道疾病，主要強調呼吸道保潔。少去公共場所，如果實在要去，戴上口罩。家裏空氣要清新，常開窗開門，始終有一扇窗戶是打開通風的。家裏的空氣還要有一定的濕度，使用濕化器也要注意不要太潮濕，保持一定濕度即可。

一般不主張藥物預防，沒什麼藥物能夠預防呼吸道疾病，主要還是增加鍛鍊，增強體質。有意識地給孩子一些鍛鍊的機會，比如和孩子早起步行去幼稚園，早上空氣較冷，對孩子的呼吸道會有一定刺激，是一個非常好的鍛鍊機會。孩子習慣後，還能對氣候變化有一定應變能力。

第八節 ｜ 風疹

風疹是兒童時期常見的病毒性傳染病，臨床特點是：全身症狀輕微，皮膚紅色斑丘疹及枕後、耳後、頸後淋巴結腫大伴觸痛，合併症少見。孕婦在孕早期感染風疹後，病毒可通過胎盤傳給胎兒而導致各種先天缺陷，稱爲先天性風疹綜合症。

一、風疹的流行病學

人類是風疹病毒的惟一自然宿主，病毒通過飛沫傳播，在出疹前、中、後數天內傳染性最強。除鼻咽分泌物，血、糞、尿中亦有病毒存在，亞臨床型患者亦具有傳染性。多在冬、春季節發病，1～5歲兒童多見，男女發病率均等。母親的抗體可保護6個月內嬰兒不發病。廣泛使用疫苗後發病率降低，發病年齡提高。母親孕期原發感染可導致胎兒宮內感染，其發病率和致畸率與感染時的胎齡密切相關，以孕早期爲最高。先天性風疹患兒在生後數月內仍有病毒排出，具有傳染性。

二、風疹的臨床表現

後天性風疹病人可分爲3個時期——

【潛伏期】 一般爲14～21天。

【前驅期】 較短，大多只有1～3天。有低熱和其他症狀，多數較輕，常因症狀輕微或時間短暫而被忽略。

【出疹期】 典型臨床表現爲耳後、枕部及頸後淋巴結腫大伴有觸痛，持續1週左右；皮疹在淋巴結腫後24小時出現，是多形性，大部分是散在斑丘疹，也可呈大片皮膚發紅或針尖狀猩紅熱樣皮疹，開始在面部，24小時內遍及頸、軀幹、手臂，最後至足部；常是面部皮疹消退而下肢皮疹方現，一般歷時3天，出疹後脫皮極少。在前驅期末和出疹早期，軟齶可見紅色點狀黏膜疹，與其他病毒感染所致黏膜疹相似，無特異性。出疹時可伴低熱，持續1～3天，輕度脾腫大常見。

【併發症】 風疹很少有併發症，臨床可見的以呼吸道感染爲主；偶見出疹期內併發肺炎、感染後腦炎和血小板減少性紫癜等，預後均相當良好。

先天性風疹綜合症：風疹病毒通過抑制細胞有絲分裂、細胞溶解、胎盤絨毛炎等引起胎兒損傷，可產生：(1)一過性新生兒期表現；(2)永久性器官畸形和組織損傷；慢性或自身免疫引起的晚發疾病，這些遲

發症狀可在出生後 2 月～至 20 年內發生。

三、風疹的防治

本病無特效藥，主要為對症和支持治療。先天性風疹患兒可長期帶病毒，影響其生長發育，應早期檢測視、聽力損害，給予特殊教育與治療，以提高其生活品質。

【被動免疫】　易感者肌注免疫血清球蛋白可以被動保護或減輕症狀，但其效果不確切，通常不用此法預防。但如易感孕婦接觸風疹後不願或不能做治療性流產，則應立即肌注免疫血清球蛋白 20～30 m l。

【主動免疫】　國外已採用疫苗預防，效果肯定。注射疫苗後，98％易感者可獲終身免疫。一般用於 15 個月至青春發育期之間的女性，未孕婦女證實抗體陰性而且能在接種後 3 個月內不懷孕者亦可使用。即使妊娠婦女不慎應用。亦很少發生先天性風疹綜合症。

【隔離】　至出疹後 5 天。

第九節｜兒童貧血症

一、30％以上兒童貧血

貧血，一直是危害兒童健康的幾大問題之一。兒童貧血主要是由於缺鐵所致。如今的孩子不缺吃不缺喝，什麼有營養吃什麼，但是醫生們卻發現一個令人擔憂的事實：雖然這些年來生活水準不斷提高，但因貧血前來就診的孩子並未減少，兒童貧血發病率的總體水準並沒有下降。中國預防醫學科學院營養衛生研究所最近對 5 歲以下兒童的調查發現，兒童貧血的患病率相當高，目前我國兒童的貧血率至少在 30％以上，其中絕大多數為缺鐵性貧血。

　　專家們還發現一個新情況，孩子除了因為營養不良、鐵攝入量不足，從而導致缺鐵性貧血外，大部分兒童罹患這種病，則是吃出來的。有些孩子平時因為營養過剩，偏食，喜歡吃油膩，以及味道厚重的食品，結果使脾胃超負荷承受，造成腸胃遲緩疾病，因此發生鐵吸收障礙，導致罹患上貧血病。

　　兒童貧血造成的危害非常嚴重，不但會導致兒童臉色蒼白、睡眠不寧、面色發黃、毛甲乾澀、容易感冒等，還會使兒童產生頭暈、噁心、嘔吐、四肢乏力、注意力不集中等現象，嚴重影響孩子的身體發育。而且，鐵缺乏會導致孩子發育遲緩，學習能力下降，智商降低，阻礙孩子智力的正常發展，並能使鉛的吸收增多。因此，貧血影響著許多孩子的健康。

　　如何防治貧血，保證孩子的健康發展，是醫生和家長所共同關心的問題。專家建議不應該單純為補血而補血，提倡常規補充。預防勝於治療，預防兒童貧血還要靠合理飲食，家長要幫助孩子把好嘴這一關。

二、兒童貧血的食療法

　　中醫認為，孩子貧血主要是因脾胃虛弱、營養不良導致造血功能發生障礙。因此，在治療上應以益氣養血、增補脾胃為基本法則。除了藥物治療外，食療也能補血、健脾胃。

　　缺鐵性貧血的食療，當然首要是盡量加強鐵元素的攝入。

　　鐵鍋被譽為「天然補血劑」，鐵鍋在燒煮時落下來的鐵粉與食物結合，增加了鐵的攝入。若在炒菜時適當加些醋，更可促進鐵的吸收。

　　在動物性食品中，含鐵量較豐富的有瘦肉、肝、腰子、魚、蝦、蟹、豬血等。在植物性食品中，含鐵量較多的有黑木耳、海帶、紫菜、銀耳、香菇、芝麻、大豆、桂圓、髮菜等；新鮮蔬菜中，薺菜、油菜、莧菜、蠶豆、豇豆含鐵也較多。一般動物性食品的鐵吸收率較高，應注意葷素搭配。

三、預防缺鐵性貧血

缺鐵性貧血雖然對兒童危害不淺，但它是可以預防的。正常胎兒從母體獲得的鐵約爲 225 毫克，這大約可供出生後 4～5 個月生長之用。如果是不足月嬰兒，則從母體獲得的鐵將大大減少。因此，足月兒在出生後 4 個月、不足月兒在出生後 2 個月就應該注意補充鐵元素。

兒童貧血特別是缺鐵性貧血預防的關鍵在於飲食。我們知道，胎兒時期的營養完全來自母體，尤其孕期最後幾週，隨著胎兒自身造血活動的增強，同時需要儲存足夠的鐵供出生後造血之用，因而需要由母體供應的鐵更多。所以，保證孕婦有足夠的鐵攝入，注意選用含鐵多的食物是預防小兒貧血的主要方法之一。

嬰兒出生後，鐵的補充就要依靠食物。爲了預防缺鐵性貧血，對於 1 歲以下嬰兒要大力提倡母乳餵養。嬰兒出生後應儘早開奶。如果母乳充足，在 4 個月以內儘量不添加牛奶或其他代乳品，以減少其他食品對母乳中鐵吸收的干擾。維持母乳餵養至少要 4 個月，最好 6～9 個月。自第 2 個月起，可於哺乳後加餵鮮桔汁等。對於足月嬰兒最遲應從 4 個月後開始按每公斤體重每天 1 毫克補鐵。對於 2～3 歲幼兒，要保證每天有足夠的動物性和豆類食物，可多吃雞、鴨、豬血、薺菜、紫菜、海帶等，以及新鮮水果，幫助鐵的吸收。

爲更加有效地防治兒童貧血，最好採用鐵與維生素 C 合配的營養液劑。建議選擇專業兒童營養品生產企業生產的專用兒童營養品。

第十節 | 小兒肺炎

一、小兒肺炎及表現

肺炎是小兒主要的常見病之一，尤多見於嬰幼兒。嬰幼兒肺炎不管

是什麼病因引起，統稱支氣管肺炎。起病可緩可急，一般多於上呼吸道感染數天至 1 週後發病。最先見到的症狀是發熱、咳嗽；身體較弱嬰兒可不發熱，有咳嗽、嗆奶、食欲不好、精神差等症狀；重病孩子表現有鼻扇，口周發青，呼吸次數較正常增加，胸部凹陷；也有的孩子表現為腹脹、腹瀉、便血等消化系統症狀。

二、小兒肺炎的症狀及處理方法

如果發現孩子呼吸增快、胸部凹陷、喉鳴、鼻扇、口周青紫，可能是患了肺炎。父母可用數呼吸次數及查看有無胸凹陷來判斷小兒是否有肺炎及肺炎輕重程度。

如為輕度肺炎，無胸凹陷而呼吸增快，2～12 個月的患兒呼吸次數在每分鐘 50 次以上，1～4 歲呼吸次數在每分鐘 40 次以上。

如果為重度肺炎，有胸凹陷或喉喘鳴現象出現，不應在家中治療，應立即送醫院。醫生則根據肺炎的病因選用抗菌素消炎，並給予止喘、退熱、鎮靜等治療。

若小兒是輕度肺炎，在家按醫囑用藥治療 2 天以後，發熱減退，進食好轉，呼吸次數減慢為病情好轉。若小兒不能喝水，仍有胸凹陷、驚厥、嗜睡或不易喚醒，小兒安靜時有喉喘鳴，表示病情惡化，也應立即送往醫院治療。

三、小兒肺炎的護理和預防方法

小兒肺炎的護理和預防應做到——

(1) 室內要保持空氣新鮮，陽光充足，室溫最好保持 18～20℃，每日通風 2 次，家長不要在室內吸煙。保持室內一定濕度。

(2) 小兒安靜時可平臥於床上，如有氣喘可將枕頭把背部墊高，呈半臥位以利於呼吸，每晚可用棉花棍蘸溫開水清潔鼻腔。

(3) 小嬰兒的飲食可選用糕乾奶或將牛奶加些糕乾粉呈糊狀，使小

兒不易嗆奶。1歲以上病兒則可食清淡半流食，易消化、高營養食物，及含維生素多的蔬菜及水果。

(4) 高熱時可選用物理降溫法或按醫生囑咐服退熱藥。

(5) 如小兒喘憋加重，可將小兒衣服穿暖、包好，將窗戶打開，抱小兒坐在窗口，採用冷空氣療法可以使喘憋減輕，每次15～20分鐘。

預防上呼吸道感染是預防肺炎的主要措施，在流行感冒時不要帶孩子到公共場所去，以免染上上呼吸道疾病。平時要加強體質鍛鍊，經常到戶外活動，提高兒童抵抗能力，同時也要注意足夠營養，使孩子不易罹患肺炎。

第十一節 ｜ 小兒肥胖症

一、小兒肥胖症概述

小兒肥胖症是由於能量攝入長期超過人體的消耗，是體內脂肪過度積聚、體重超過一定範圍的一種營養障礙性疾病。由於人民生活水準提高、膳食結構發生改變，兒童肥胖症呈增多的趨勢。肥胖不僅影響小兒的健康，還將成為成年期高血壓、糖尿病、冠心病、痛風等疾病和猝死的誘因，因此對本病的防治應引起社會及家庭的重視。

二、引起小兒肥胖症的病因

病因要從單純性肥胖和繼發性肥胖兩方面講起，首先是單純性肥胖症。95％～97％肥胖症患兒，不伴有明顯的內分泌、代謝性疾病，其發病與下例因素有關。

【營養素攝入過多】 攝入的營養超過肌體代謝需要，多餘的能量便轉化為脂肪貯存體內，導致肥胖。人體脂肪細胞數量的增多主要在嬰

兒出生前 3 個月、生後第 1 年和 11～13 歲三個階段，若在這三個時期內攝入營養過多，即可引起脂肪細胞數目增多並且體積增大，治療較困難且易復發。不在脂肪細胞增殖時期發生的肥胖，僅出現脂肪細胞體積增大，數目增多不明顯，治療較易奏效。

【活動量過少】　缺乏適當的活動和體育鍛鍊也是發生肥胖症的重要因素，即使攝入不多但如活動過少，也可引起肥胖。有些疾病需要減少活動，在病期或病後極易出現肥胖。肥胖兒童大多不喜愛運動，形成惡性循環。

【遺傳因素】　肥胖有高度的遺傳性，目前認為肥胖與多基因遺傳有關。父母皆肥胖的後代肥胖率高達 70%～80%；雙親之一肥胖者，後代肥胖發生率 40%～50%；雙親正常的後代發生肥胖者僅 10%～14%。

【其他】　如調節飽食感及饑餓感的中樞失去平衡可致多食，精神創傷（如親人病故或學習成績低下）以及心理異常等因素，亦可導致兒童過食。

對於繼發性肥胖，約有 3%～5%的肥胖症小兒繼發於各種內分泌代謝病和遺傳綜合症，他們不僅體脂的分布特殊，且常伴有肢體或智慧異常。

三、臨床表現

肥胖可發生於任何年齡，但最常見於嬰兒期、5～6 歲和青春期。患兒食欲旺盛且喜吃甜食和高脂肪食物。明顯肥胖的兒童常有疲勞感，用力時氣短或腿痛。嚴重肥胖者由於脂肪的過度堆積，限制了胸擴展和膈肌運動，使肺換氣量減少，造成缺氧、氣急，紫紺、紅細胞增多，心臟擴大或出現充血性心力衰竭甚至死亡，稱肥胖—換氧不良綜合症。

體格檢查可見患兒皮下脂肪豐滿，但分布均勻，腹部膨隆下垂，嚴重肥胖者可因皮下脂肪過多，使胸膜、臀部及大腿皮膚出現白紋或紫

紋。因體重過重，走路時兩下肢負荷過度可致膝外翻和扁平足。女孩胸部脂肪過多應與乳房發育相鑒別，後者可觸到乳腺組織的硬結。男性患兒因大腿內側和會陰部脂肪過多，陰莖可隱匿在脂肪組織中而被誤診爲陰莖發育不良。

肥胖小兒性發育常較早，故最終身高常略低於正常小兒。由於怕被別人譏笑而不願與其他小兒交往，故常有心理上的障礙，如自卑、膽怯、孤獨等。

四、肥胖兒童的膳食調整

飲食調整不僅指對攝入熱量進行嚴格計算和控制，有選擇地進食或避免進食某些食物。還包括對攝食行爲、食物烹調方式進行調整。

對於年齡很小，或剛剛發生的輕中度肥胖者可按飲食調整方案進行治療。這個方案的內容包括：要求肥胖者多食含纖維素或非精細加工的食物。少食或不食高熱量、高脂、體積小的食物，油炸食物，軟飲料，（酒精含量低於 0.5%）西式速食，甜食，奶油製品等。食物切小塊，進食速度減慢，小口進食。吃飯時間不要過長，吃飯時可用適當方式分散其對食物的注意力。教會孩子如何正確選擇適宜食物和不同食物間如何替代。鼓勵孩子獨立選擇食物，並在生活中獨立地做出決定。

對於中重度肥胖對其攝食量應予適當限制。每日攝入熱量 5 歲以下兒童爲 2512.08 ～ 3349.44 焦耳（1 卡＝ 4.1868 焦耳），5 歲以上爲 3349.44 ～ 5024.16 焦耳，青春期爲 6280.2 ～ 8374.6 焦耳。具體食譜可根據個人經濟狀況、口味、習俗、習慣來制定。視情況可以實行一日六餐制（早餐，午餐，晚餐，上午、下午和晚間小吃）。蛋白質、維生素、礦物質和微量元素應充分供應。嚴格禁食易於造成脂肪堆積的食物。控制體重顯效後，進行維持期熱量供應。

五、肥胖兒童的運動原則

【設計原則】　安全，有趣味性，成本低，便於長期堅持，能有效地減少脂肪。

【設計要素】應重視有體重移動的運動，在這些運動中距離比速度更重要。還應注意柔韌性運動。

【運動形式】　有氧運動，有氧運動與無氧運動交替，技巧運動。

【處方制定】　測試個體有氧能力。將峰強度控制在以代謝當量爲單位的 90％，平均強度爲其 60％～ 70％之間。尋得安全的界值點。把減脂的任務均勻分配到 3 個月之內。

【處方內容】　包括運動強度、運動頻率、運動時間、運動期限。運動強度以平均強度爲主，一般爲最大氧消耗的 50％（約爲最大心率的 60％～ 65％）。運動頻率爲每週 3 ～ 5 次。運動時間爲 1 ～ 2 小時。運動期限以 3 個月爲 1 個階段，1 年爲 1 個週期。

【訓練方案】　每次訓練必須先做準備活動（即熱身運動），在每個訓練活動間要有小休息。運動結束必須有恢復運動（即冷身運動）。身體不適或受傷時立即停止訓練。必須教會自我保護技術。

六、小兒肥胖症的預防

【人群一級預防】　肥胖症的一級預防從兩個方面著手，一是通過社會各種組織和媒介在人群中開展普遍的社會動員，使人們對肥胖症有正確認識（既不麻痺，又不緊張恐懼），改變不良的生活方式、飲食習慣和不合理的膳食結構等，使人群中肥胖症的危險因素水準大大降低，從而控制肥胖症的發生。另一方面是提高對危險因素易感人群的識別，並及時給予醫療監督，以控制肥胖症的進展。

【嬰幼兒期預防】　強調母乳餵養。人工餵養時按嬰兒實際需要進行適度餵養。在出生後 3 個月內避免餵固體食物。在出生後 4 個月時，如果小兒已經成爲肥胖，應注意避免繼續攝入過量熱卡。特別在出生後6 ～ 8 個月時對肥胖兒童儘量減少奶入量，代之以水果蔬菜；用全米、

全麥麵粉代替精米精製麵粉的製品。家長不要把食物作爲獎勵或懲罰幼兒行爲的手段。

【**學齡前期預防**】　養成良好的生活習慣和進食習慣。不要偏食糖類、高脂、高熱食物。養成參加各種體力活動和勞動的習慣。比如，可以走路的場合不要坐車，上下樓要自己爬樓，不要坐電梯。養成每天都有一定體育鍛鍊的習慣。上述習慣的形成對一生的生活方式，特別是預防成人期靜坐式生活方式都有重大影響。

【**青春期及青春早期預防**】　這是一個關鍵時期，也是一個危險時期。特別對女孩，除了體脂增多，心理上的壓力、擔憂、衝突也會增多。追求苗條體型，使不少女孩引發對減肥的錯誤認識，片面追求節食、禁食，盲目服用減肥食品或藥品，造成損傷或死亡。這一時期健康教育的重點是加強對營養知識，和膳食安排的指導、運動處方訓練的指導，正確地認識肥胖等。

對於已經肥胖或可能肥胖的青年應由專業醫師給予個別指導，並且鼓勵雙親參加，共同安排子女生活。

第 8 章
中老年常見病自診自護

第一節｜高血壓

　　高血壓病是以動脈血壓升高爲主要表現，並伴有腦、心、腎功能障礙，和病理改變的全身性疾病。此病是當前威脅人類健康的重要疾病，是腦卒中（腦中風）和冠心病的主要危險因素。在早期和中期，症狀往往不明顯，而爲人們所忽視，一旦出現心腦血管併發症，則變成難以控制的醫療保健問題，因而被稱爲「無聲的殺手」。

一、正常血壓的標準和高血壓診斷標準

　　【正常血壓的標準】　計算血壓的單位一般有毫米汞柱（ｍｍＨｇ）和千帕（ｋｐａ），兩者之間是可以換算的，它們之間的比例大約爲7.5：1，換算時可以簡單地用毫米汞柱乘以4再除以30，就得到血壓的千帕值，反之也可以。

　　正常的血壓範圍是收縮壓在 90～140 毫米汞柱（12.0～18.7 千帕）之間，舒張壓在 60～90 毫米汞柱（8.0～12.0 千帕）之間，高於這個範圍就可能是高血壓或臨界高血壓，低於這個範圍就可能是低血壓。

【高血壓的診斷標準】　高血壓的診斷並不難，但需在不同時間測3次血壓，取其平均值，平均收縮壓超過140毫米汞柱或舒張壓超過90毫米汞柱，方能診爲高血壓。對偶爾超過正常範圍者，宜定期重複測量以確診。臨床上最重要的檢查步驟是尋找高血壓的病因。

二、高血壓患者常見的臨床表現

高血壓患者中約5%左右無自覺症狀，也不知道血壓何時升高，更不知道什麼時候已產生了血管和器官損害的併發症，有些患者甚至在發生了心血管意外之後，才知道自己患有高血壓。

大多數的高血壓患者在血壓升高早期，僅有輕微的自覺症狀，如頭痛、頭暈、失眠、耳鳴、煩躁、工作和學習精力不易集中，並且容易出現疲勞等。隨著病情的發展，特別是出現併發症時，症狀逐漸增多並明顯，如手指麻木和僵硬、多走路時出現下肢疼痛，或出現頸背部肌肉酸痛緊張感。當出現心慌、氣促、胸悶、心前區疼痛時，表明心臟已受累，出現夜間尿頻、多尿、尿液清淡時表明腎臟受累、腎小動脈發生硬化。如果高血壓患者突然出現神志不清、呼吸深沉不規則、大小便失禁等提示可能發生腦出血，如果是逐漸出現一側肢體活動不便、麻木甚至麻痹，應當懷疑是否有腦血栓的形成。

三、高血壓與高血壓病有區別

在現實生活中，不少人常把高血壓和高血壓病混同起來，認爲只要發現高血壓就是高血壓病，或者把高血壓病簡稱爲高血壓，其實它們是兩種不同的概念。

高血壓只是一個症狀，不能算是一種獨立的疾病。許多疾病如急慢性腎炎、腎盂腎炎、甲狀腺機能亢進等，都可能出現血壓升高的現象。但由於這種高血壓是繼發於上述疾病之後，通常稱爲繼發性高血壓或症狀性高血壓。

　　高血壓病是一種獨立的疾病，又稱原發性高血壓，約占高血壓病人的90％以上。其發病原因目前尚不完全清楚，臨床上以動脈血壓升高爲主要特徵，但隨著病情加重，常常使心、腦、腎等臟器受累，發生功能性或器質性改變，如高血壓性心臟病、心力衰竭、腎功能不全、腦出血等併發症。

　　由於病因病理不同，治療原則也不相同。原發性高血壓只有積極治療高血壓，才能有效地防止併發症；而繼發性高血壓首先是治療原發病，才能有效地控制高血壓發展，僅用降壓藥控制血壓是很難見效的。所以，臨床上遇到高血壓病人，必須排除是其他疾病所致的高血壓，才能診斷爲高血壓病。

四、高血壓的發病因素

　　通過流行病學調查和實驗研究，目前認爲下列因素與血壓升高有關，如遺傳因素、體重因素、營養因素、精神和心理因素等。

　　【遺傳因素】　許多臨床調查資料表明，高血壓是多基因遺傳，在同一家庭高血壓病患者集中出現，不是因爲他們有共同的生活方式，主要是因爲有遺傳因素存在。遺傳性高血壓患者有兩種類型的基因遺傳：❶ 具有高血壓病主基因，隨年齡增長必定發生高血壓。❷ 具有高血壓病副基因，這些人如無其他誘發高血壓病的因素參與則不發病，但目前如何從形態、生化或功能方面檢測出這些遺傳素質，還是很困難的。

　　【體重因素】　體重與血壓有高度的相關性。有關資料顯示，超重、肥胖者高血壓患病率較體重正常者要高2～3倍。前瞻性研究也證明，在一個時期內體重增長快的個體，其血壓增長也快。我國的人群研究結果無論單因素或多因素分析，均證明體重指數偏高是血壓升高的獨立危險因素。

　　【營養因素】　近年來有關膳食結構與血壓調節之間的關係研究較多，而比較多的研究認爲，過多的鈉鹽、大量飲酒、膳食中過多的飽和

脂肪酸或不飽和脂肪酸與脂肪酸比值過低，均可使血壓升高，而膳食中有充足的鉀、鈣、優質蛋白質，即可防止血壓升高。

【吸煙】　現已證明吸煙是冠心病的三大危險因素之一。吸煙可加速動脈粥樣硬化，引起血壓升高。據測：吸兩支煙 10 分鐘後由於腎上腺素和去甲腎上腺素的分泌增加，而使心跳加快，導致收縮壓和舒張壓均會升高。

【精神和心理因素】　調查發現從事緊張度高的職業，如司機、售票員，高血壓的患病率高達 11.30% 左右，其次是電話員、會計、統計人員，患病率達 10.2%。說明高血壓病在從事注意力高度集中、精神緊張又缺少體力活動者中，較容易發生。

總之，高血壓的發病與許多因素有關，高血壓病可能是遺傳、營養、體重，及社會心理等多種因素綜合作用的結果。

五、如果不及時治療高血壓會有什麼危險

高血壓病對人體的最直接影響是增加心臟的負擔，使心臟的每一次搏動更為「費力」，還會啟動體內多種生物因子，日久則會引起心肌肥厚、心臟擴大，即併發高血壓性心臟病，最終可導致心力衰竭，部分患者可因心律失常而發生猝死。

高血壓病也是動脈粥樣硬化的重要發病因素。

而腦動脈粥樣硬化還可引起血管性癡呆，是老年性癡呆的重要病因。如果動脈粥樣硬化發生在腎動脈上，可導致腎組織缺血，最後出現腎功能不全。嚴重的可致尿毒症，而後者又可加重高血壓病，形成惡性循環。此外，頸動脈粥樣硬化同樣可影響腦供血，導致頭暈、乏力、記憶減退等症狀。下肢動脈硬化可導致下肢缺血，出現發涼、麻木、間歇性跛行，甚至下肢壞疽。高血壓病還可影響眼睛，使視網膜動脈痙攣、硬化，導致陣發性視物模糊，甚至視力嚴重減退。

我們必須認識到，從表面來看，降壓治療的目的是將血壓降低到正

常範圍內，實際上，治療高血壓病的主要目的是最大限度地降低心腦血管病的死亡和病殘（如癱瘓等）的危險，並減少其他併發症的發生。現已證實，有效控制血壓能明顯減少心腦血管意外（如心肌梗死、腦梗死）的發生率，降低死亡率，延長患者的生命。

就目前的醫療水準，高血壓病還無法治癒，患者除了改變不良生活方式外，還需要終身服藥。

六、老年人高血壓治療原則

老年人高血壓治療主要在於預防心力衰竭與腦血管意外的發生。老年人高血壓的主要治療目的是降低外周血管阻力，提高心臟排血量，保護腎功能，同時避免體位性低血壓及藥物性低血壓等危險，重視生存品質，強調非藥物治療。老年人的肝臟和腎臟的功能較低，易造成藥物的蓄積，同時對血容量的減少和交感神經的抑制敏感、壓力反射敏感性降低等常易發生低血壓反應，老年人心臟儲備能力降低易發生心力衰竭，因此老年人使用抗高血壓藥物要從小劑量開始，逐漸增加用藥量，使得血壓的下降較為緩慢、穩步。在降壓的過程中，要注意老年人血壓的心輸出量降低、血管阻力異常的現象，減少各重要臟器由於血壓的下降所導致的儲備功能下降的現象，增加心臟、腦和腎臟的血流量，防止心肌缺血和腦梗塞的發生。

七、治療高血壓病的有效方法

治療高血壓病，必須採取綜合療法，即不能單純依賴某一種療法，包括不能單靠降壓藥。最新研究結果表明，高血壓病並非是一種病，並非單純的血壓增高，而是一組包括血壓增高和血液動力學以及生化性能亦發生改變的綜合症。因此，治療高血壓應採取綜合療法，主要包括：

【藥物療法】　降壓藥，調節血脂、血液黏稠度，以及保護血管的藥物。

【運動療法】　根據病情及病人的年齡、體質情況，堅持適宜的運動。實踐證明，適宜的運動不僅可以降低血壓，還能降低血脂，保護血管。

【飲食療法】　合理飲食，補充鉀和鈣，減少飲食中飽和脂肪及膽固醇，多吃富含維生素Ｃ的蔬菜，及大豆製品。

【精神療法】　保持穩定而愉快的情緒，防止暴怒和生悶氣、閒氣，有助於血壓穩定。

【生活規律】　戒煙少飲酒，勞逸結合，保證充足和良好的睡眠，均有助於降低血壓。

八、降壓藥物的使用原則

具體說來，主要應根據以下 6 項原則：

(1) 高血壓病人剛開始接受藥物治療時，原則是先選用降壓作用溫和、緩慢、持久，和副作用少的藥物。一般先採取單一降壓藥物，如果服用一個時期，降壓效果不佳時，再選擇聯合用藥。

(2) 用藥先從小劑量開始，以後逐漸增加，達到降壓目的後可改爲維持量以鞏固療效。切忌突然停藥以免引起血壓反跳，即所謂的「停藥綜合症」。

(3) 除惡性高血壓外，血壓顯著增高多年的病人和老年人，血壓下降不宜過多或過快，以免給患者帶來具體的不適，和對主要臟器產生不良的影響。

(4) 若高血壓患者同時患有其他疾病，或者幾個主要臟器已有不同程度的損害，在用藥的選擇上，既要熟悉各種降壓藥的毒副作用，又要考慮患者的實際情況，儘量避免會引起疾病惡化的藥物。

(5) 注意藥物之間的互補作用。選擇協同作用增加的藥物。避免相互加重毒副作用，或者出現互相拒抗的作用。

(6) 堅持個體化的用藥原則，切忌採用固定模式，根據每個患者的

具體情況，針對性地耐心選擇較理想的藥物，在實踐中找出最佳的用藥方案。

九、血壓應控制到多少為宜

由於高血壓治療是保護心腦腎，那麼血壓降到多少能達到這個目的？醫學科學家進行的長期觀察與研究證實，當血壓控制在 140 ／ 90 毫米汞柱以下時，心腦血管疾病的發病率才最低。

（1）一般高血壓病人沒有嚴重的合併症者，可將血壓降至正常範圍即 18.7 ／ 12.8 千帕以下（140 ／ 90 毫米汞柱）。

（2）若病程較長，合併有冠心病的患者，舒張壓不宜降至 11.4 千帕（85 毫米汞柱）以下，以免誘發急性心肌梗塞。

（3）對於需要立即降壓處理的高血壓急症，應在短期內給予降壓，但應有一定的限制，一般不超過 25%～ 30%，不要求立即降至正常。

（4）有糖尿病的高血壓患者，血壓還應該控制得更低一些，血壓應低於 130 ／ 85 毫米汞柱。

（5）高血壓腎功能損害的患者，血壓應該控制在 125 ～ 130 ／ 75 ～ 80 毫米汞柱以下，才能延緩腎功能損害的發展。

十、高血壓治療誤區有哪些

大多數高血壓病患者，都居家治療。這種治療方法雖然方便，但實際治療過程中卻存在不少誤區，有些甚至可能導致嚴重後果。居家治療高血壓的誤區有以下幾個——

1. 不測血壓服藥　許多高血壓患者平時不測血壓，僅憑自我感覺服藥，平時感覺無不適時少服或不服，一有頭暈、頭痛等症狀時就加大藥量，殊不知，血壓忽高忽低或下降過快，同樣會出現頭暈、頭痛等不適症狀，不測血壓，盲目服藥，不僅不能控制血壓穩定，還可使病情惡化，誘發心腦血管疾患。

2. **間斷服藥** 有些人在應用降血壓藥物治療一段時間後，症狀好轉，血壓降至正常，即認爲已「治癒」，便自行停藥，結果在不長時間後血壓又升高，再用藥使血壓下降後再停藥，人爲地使血壓降低——升高——再降低——再升高，這樣對人體的危害較大，不僅能使病情惡化，使肌體產生耐藥性，而且還會導致「高血壓危象」。

3. **無症狀不服藥** 一些高血壓患者血壓雖然很高，平時卻無任何自覺症狀，由於身體沒有其他不適，這些人很少服藥或不服藥，從病理學方面講，無症狀高血壓長期不服藥，可使病情加重，又可誘發心腦血管疾患。

4. **降壓過快** 一些高血壓患者治病心切，常常擅自加倍服藥或數藥並用降血壓，數天內血壓大幅度下降，降壓過快可導致大腦供血不足，引發腦梗塞等嚴重後果，這種教訓是深刻的。

5. **睡前服藥** 有些高血壓病人喜歡睡前服用降壓藥，認爲這樣治療效果會好些，其實這是一個誤解，人在睡眠後，全身神經、肌肉、血管和心臟都處於放鬆狀態，血壓比白天下降 20% 左右，如果睡前服藥，兩小時後正是藥物的高效期，這樣就導致血壓大幅度下降，使心、腦、腎等重要器官供血不足，從而使血液中的血小板、纖維蛋白等凝血物質在血管內積聚成塊，阻塞腦血管，引發缺血性腦中風。

6. **濫用亂用** 高血壓按其病情及其他器官的損害情況分爲三期，對各期高血壓的治療用藥有所不同，有些人患高血壓後，不按醫囑服藥，而是按照別人治療高血壓的用藥處方用藥，或者偏信廣告中的好藥，這樣就勢必出現治不對症、藥不對病的情況，延誤疾病的治療。

因此，高血壓患者在用藥治療時，除避免上述誤區之外，爲了更好地發揮藥物的治療作用，達到既有效地控制血壓穩定，又減少併發症的目的，必須嚴格遵照醫囑或在醫生的指導下正確用藥。

十一、高血壓病人的運動治療

運動是非藥物治療高血壓的主要手段，可以調節自主神經，降低交感神經的興奮性。運動還可以促進血液循環，降低膽固醇的生成。運動能增加食欲，促進腸胃蠕動，預防便秘，更可以燃燒脂肪，增加肌體對胰島素的敏感性，達到減肥的效果。

病人血壓控制穩定且無明顯合併症時，可進行稍激烈的運動，如快步走、慢跑、騎自行車、游泳、打網球、跳繩、打羽毛球等。血壓控制不當，或有明顯合併症時，應進行較溫和的運動，如散步、體操、打太極拳等。

過度激烈或太溫和的運動皆不恰當，判定運動強度的公式如下——

最高心率＝（220－年齡）×85％

最低心率＝（220－年齡）×70％

如果運動後測得心率介於最高與最低心率之間，那麼就表示此次運動強度適當。例如：一位 60 歲的老年人，運動後的心率應在（220－60）×70％到（220－60）×85％之間，即 112～136 次／分。運動後心跳低於 112 下則表示運動強度太低，達不到運動效果；心跳超過 136 下則表示運動強度太高，容易導致各種意外。

此外，在運動後，有點喘，流汗，仍可講話而不累，就表示此次運動強度適當。每週可運動 3～4 次，每次 30～45 分鐘，根據具體情況來選擇適合自身的運動。

開始運動可分成三個步驟：

（1）熱身運動——如伸展操、散步等，約做 5～10 分鐘。

（2）主要運動——指有氧運動，如騎自行車、游泳、慢跑、跳繩等，約 20～30 分鐘。從事體力勞動者和肥胖及患有糖尿病的患者，可適當增加運動量。

（3）恢復運動——可做散步或呼吸調節運動，約做 10 分鐘，可緩和運動後的心率，及減少運動傷害的發生。

出現以下這些情況的高血壓患者，是不適宜進行運動的——

(1) 生病或感到不適，特別是血壓、心律不穩定，而導致不適的情況下。

(2) 饑餓時或飯後 1 小時不宜做運動。

(3) 運動中出現任何不適現象，應立刻停止。

(4) 糖尿病、腎衰、心衰等併發疾病未能控制好的患者，也不能進行運動。

【高血壓患者的幾種常用體育運動如下】

1. 散步　各種高血壓患者均可採用。做較長時間的步行後，舒張壓可明顯下降，症狀也可隨之改善。散步可在早晨、黃昏或臨睡前進行，時間一般為 15～50 分鐘，每天一二次，速度可按每人身體狀況而定。到戶外空氣新鮮的地方去散步，對防治高血壓是簡單易行的運動方法。

2. 慢跑或長跑　慢跑和長跑的運動量比散步大，適用於輕症患者。高血壓患者慢跑時的最高心率每分鐘可達 120～136 次，長期堅持鍛鍊，可使血壓平穩下降，脈搏平穩，消化功能增強，症狀減輕。跑步時間可由少逐漸增多，以 15～30 分鐘為宜。速度要慢，不要快跑。患有冠心病則不宜長跑，以免發生意外。

3. 太極拳　適用於各期高血壓患者。太極拳對防治高血壓有顯著作用。據北京地區調查，長期練習太極拳的 50～89 歲老人，其血壓平均值為 134.1／80.8 毫米汞柱，明顯低於同年齡組的普通老人（154.5／82.7 毫米汞柱）。高血壓患者打太極拳有三大好處：第一，太極拳動作柔和，全身肌肉放鬆能使血管放鬆，促進血壓下降。第二，打太極拳時用意念引導動作，思想集中，心境寧靜，有助於消除精神緊張因素對人體的刺激，有利血壓下降。第三，太極拳包含著平衡性與協調性的動作，有助於改善高血壓患者動作的平衡性和協調性。太極拳種類繁多，有繁有簡，可根據每人狀況自己選擇。

4. 氣功　據中醫人員對氣功療法降壓原理的研究證實，氣功對高血壓患者有明顯治療作用。用氣功治療高血壓的近期有效率可達 90%

左右。美國也有報導說，用氣功治療高血壓，半年後約 75%的人有效。

5. 水平運動 科學家通過試驗證明，現代人的高血壓可能與直立生活有關。人的一生中有 2 / 3 的時間處於垂直狀態，而在大城市中的人竟達 3 / 4 以上。平臥位的生活日益減少了，久而久之，促使心血管因不勝負荷而影響血壓調節，成爲血壓升高的因素之一。

由此，專家們認爲，若能選擇水平運動將有效地控制高血壓。水平運動不僅能強身健體，還能使心血管減輕負荷，緩解器官壓力，改善血液循環，增加臟器供血，促進功能恢復，降低血壓。

水準運動的方式很多，如：游泳、爬行運動、仰臥位體操，與用手擦地板的家務勞動。

但高血壓患者在進行體育鍛鍊時，注意不要做動作過猛的低頭彎腰、體位的變化幅度過大，以及用力屏氣的動作，以免發生意外。老年人由於往往患有多種慢性病，體育鍛鍊時更應注意，而且最好是在醫生指導下進行鍛鍊。

十二、高血壓病人的飲食治療

飲食治療可以有效地控制體重，防止和糾正脂類、蛋白、血糖代謝紊亂，預防或延緩動脈硬化，減少高血壓和心腦血管疾病的發生。我們根據患者不同的年齡、性別、身高、體重、血壓、血糖、血脂、勞動強度、有無併發症等，來計算患者每日攝入的總熱量、三大營養素的比例及重量。

高血壓患者的三餐有特殊的要求，一般說來包含以下八個方面——

1. 三餐 飲食安排應少量多餐，避免過飽。高血壓患者常較肥胖，必須吃低熱能食物，總熱量宜控制在每天 8.36 兆焦左右，每天主食 150 ～ 250 克，動物性蛋白和植物性蛋白各占 50%。

不伴有腎病或痛風病的高血壓病人，可多吃大豆、花生、黑木耳或白木耳及水果。

晚餐應少而清淡，過量油膩食物會誘發中風。食用油要用含維生素E和亞油酸的素油。不吃甜食。多吃高纖維素食物，如筍、青菜、大白菜、冬瓜、番茄、茄子、豆芽、海蜇、海帶、洋蔥等，以及少量魚、蝦、禽肉、脫脂奶粉、蛋清等。

2. 低鹽 每人每天吃鹽量應嚴格控制在 2～5 克，即約 1 小匙。食鹽量還應減去烹調用醬油中所含的鈉，3 毫升醬油相當於 1 克鹽。鹹（醬）菜、腐乳、鹹肉（蛋）、醃製品、蛤貝類、蝦米、皮蛋，以及茼蒿菜、草頭、空心菜等蔬菜含鈉量均較高，應盡量少吃或根本不吃。

3. 高鉀 富含鉀的食物進入人體可以對抗鈉所引起的升壓和血管損傷作用，可以在食譜中經常「露面」。這類食物包括豆類、冬菇、黑棗、杏仁、核桃、花生、馬鈴薯、竹筍、瘦肉、魚、禽肉類，根莖類蔬菜如莧菜、油菜及大蔥等，水果如香蕉、棗、桃、橘子等。

4. 魚 不論對哪種高血壓患者，魚都是首選的。因為流行病學調查發現，每星期吃一次魚的人比不吃魚者，心臟病的死亡率明顯低。

5. 果蔬 每天人體需要維生素 B 群、維生素 C，可以通過多吃新鮮蔬菜及水果來滿足。有人提倡，每天吃 1～2 個蘋果，有益於健康，水果還可補充鈣、鉀、鐵、鎂等。

6. 補鈣 有人讓高血壓患者每天服 1 克鈣，8 星期後發現血壓下降。因此應多吃些富含鈣的食品，如黃豆、葵花子、核桃、牛奶、花生、魚蝦、紅棗、鮮雪裏蕻、蒜苗、紫菜等。

7. 補鐵 研究發現，老年高血壓患者血漿鐵低於正常，因此多吃豌豆、木耳等富含鐵的食物，不但可以降血壓，還可預防老年人貧血。

8. 飲水 天然礦泉水中含鋰、鍶、鋅、硒、碘等人體必需的微量元素，煮沸後的水因產生沉澱，對人體有益的鈣、鎂、鐵、鋅等會明顯減少，因此對符合標準的飲用水宜生喝。茶葉內含茶多酚，且綠茶中的含量比紅茶高，它可防止維生素 C 氧化，有助於維生素 C 在體內的利用，並可排除有害的鉻離子。此外茶葉還含鉀、鈣、鎂、鋅、氟等微量

元素。因此每天用 4～6 克茶葉（相當於 2～3 杯袋泡茶）沖泡，長期服用，對人體有益。

以上飲食原則，高血壓病人若能落到實處，持之以恆，必會有益於健康。

總體說來，高血壓病人飲食宜清淡而有足夠的營養，少吃肥甘厚味，如動物內臟、蛋黃、動物油等，應吃植物油，如花生油、菜籽油、大豆沙拉油等，可進食蛋清（蛋白）、豆製品等以補充營養。芹菜、胡蘿蔔、番茄、黃瓜、冬瓜、木耳、香菇、洋蔥、海帶、大蒜、莧菜、馬鈴薯、絲瓜、芋頭、茄子等蔬菜和蘋果、香蕉、西瓜、荸薺、山楂等瓜果具有降壓或降血脂作用，可以多吃一些。小米、高粱、豆類、白薯等也可多吃，對治療高血壓很有好處。

高血壓患者平時亦可自製一些美味湯飲用，既是生活享受，亦有輔助的療效。

1. 紫菜降壓五味湯　紫菜一大片，芹菜適量，番茄1個，馬蹄10個，洋蔥半個。芹菜切段，番茄切片，馬蹄切塊，洋蔥切絲。以上同煮為湯，調味食用。

2. 海帶決明湯　海帶30克，草決明15克。海帶入砂鍋煎1小時後，再入草決明煎1小時。飲湯食海帶。

3. 海帶燕窩降壓湯　海帶25克（切絲），燕窩25克，紫菜25克，豆腐3塊。以上煮湯入蔥薑鹽調味，最後放豆腐小塊稍煮即成。

4. 參貝湯　海參2條，乾貝2個，海帶20克，夏枯草20克。海參乾貝浸泡一夜，海參放薑蔥煮軟。將乾貝海帶切細燉湯，7碗水燉至3碗半，再將夏枯草煎取汁倒入參貝湯調味即成。

5. 海蜇鉤藤湯　海蜇250克，嫩鉤藤20克，同煮為湯，每日早晚服食。

6. 雙耳湯　白木耳、黑木耳各10克，冰糖30克。以上同做為湯，食木耳飲湯，1日3次。

7. **豬腰安眩湯**　鹵豬腰 2 個，海帶 25 克，一起煮湯食用。可治高血壓頭眩頭痛。

8. **菊花茶**　菊花有清熱解毒、平肝降壓作用，取白菊花 20 克，沸水泡代茶飲，對早期高血壓、頭痛、頭暈、耳鳴效果佳。

9. **荷葉茶**　取荷葉 100 克，水煎代茶飲，有清熱解暑，擴張血管，降低血脂、血壓作用，且荷葉又為減肥良藥，對於肥胖兼有高血壓者更為適合。

10. **山楂茶**　山楂能改善冠狀動脈供血，具有促消化、增進食欲、降低血脂作用。取生山楂 30 克、何首烏 20 克，水煎代茶飲。高血壓、冠心病患者，長期服用效果更佳。

11. **三七茶**　三七有活血化淤作用，可改善心肌供血。取三七 15 克、紅花 15 克，水煎代茶飲。

12. **玉米鬚茶**　玉米鬚有健胃、利尿、消腫作用，臨床上廣泛用於腎炎及心臟病引起的水腫。取玉米鬚 50 克、益母草 30 克，水煎代茶飲。

13. **夏枯草茶**　取夏枯草 30 克、芹菜根 50 克，水煎代茶飲，可平肝陽、降血壓，對目赤、頭暈有效。

14. **車前子茶**　車前子有明顯的利尿降壓作用，常見於高血壓、慢性肝炎水腫的治療，可長期服用。取車前子 30 克、白茅根 50 克，水煎代茶飲用即可。

15. **決明子茶**　決明子可祛風散熱、平肝明目、利尿，對高血壓、便秘、高血脂症效果佳。取決明子 30 克、枸杞 30 克，水煎代茶飲。

16. **西瓜翠衣茶**　取西瓜翠衣 150 克、冬瓜皮 100 克，水煎加冰糖少許代茶飲。有清熱解暑、利尿降壓作用。

十三、高血壓病人的自我保健方法

患了高血壓的病人，除了請醫生進行藥物治療以外，還應該進行積極的自我調治。

自我保健首先可以安排一些有益於身心健康、消除緊張因素、保持血壓穩定的活動。如蒔花種草、養鳥養魚、聽音樂、學書法、繪畫、釣魚等，均可陶冶情操，寧心怡神。

【按摩保健】 按摩頭部，用兩手食指或中指擦抹前額，再用手掌按擦頭部兩側太陽穴部位，然後將手指分開，由前額向枕後反覆梳理頭髮，每次 5～10 分鐘。按摩頭部可以清頭目、平肝陽，使頭腦清新，脹痛眩暈消減，頭部輕鬆舒適，血壓隨之下降。此外還有擦腰背、點血壓點等法。如擦腰背是用兩手握拳，用力上下按摩腰背部位，每次 3～5 分鐘，具有補腎強腰，舒通經脈，降低血壓的作用。血壓點在第六頸椎兩側 5 釐米處，點穴按壓可以通經活絡，降低血壓。

【洗腳敷藥】 晚上臨睡前，用溫水洗腳泡腳，洗泡過程中可以揉按腳心湧泉穴，揉搓腳趾，洗後用藥粉（牛膝 30 克、吳茱萸 5 克，研為細末，分 10 次外用），醋調後以膠布外敷於足心，第二天早晨除去。洗腳敷藥具有補肝腎、平肝陽、引火歸原的作用，對頑固性高血壓有效。

【倒捏脊俯臥位】 請家屬或助手從大椎向腰部方向捏脊。用兩手食指和拇指沿脊柱兩旁，用捏法把皮膚捏起來，邊捏邊向前推進，由大椎起向尾骶腰部進行，重複 3～5 遍。倒捏脊法可以舒通腎脈，降低血壓。

【揉肚腹】 病人仰臥，用兩手重疊加壓，按順時針方向按揉腹部，每次 3～5 分鐘。揉肚腹可以疏通腹氣，健脾和胃，調節升降，有降壓的作用。此外，還可以進行日光浴、森林浴、泉水浴等自我保健活動。各項自我保健均應堅持長期進行，才會有明顯效果，尤其對治療後鞏固療效，功不可沒。

十四、高血壓病的預防從改變生活方式開始

改善不合理的生活方式是預防高血壓也是治療高血壓的重要手段。下面是專家們提出的改善生活方式的具體措施——

1. **少鹽** 平時我們吃飯時，鈉的攝入普遍較多，爲了預防高血壓病必須減少食鹽的攝入量。食鹽攝入量的標準爲每天少於 6 克。含鹽較高的食物有：精鹽、醬油、黃醬、郫縣辣醬、甜麵醬、榨菜、醃芥菜頭、醬蘿蔔、香腸、臘腸等。

2. **控制體重** 超重或肥胖者應減肥。在改變飲食的同時，還應進行適度的體育鍛鍊，如快走、慢跑、做健身操等，以促進熱量的消耗。在減重過程中，不能急於求成，有人通過吃極低熱量的飲食或完全饑餓，來達到迅速減肥的目的，是不可取的。

3. **戒煙** 吸煙可使血壓升高，更重要的是，吸煙是腦卒中、冠心病的重要危險因素。因此，爲了降低心血管病的危險因素，吸煙的人應立即戒煙。

4. **限制飲酒** 所有的人都應限制飲酒量，每日飲用的酒精量應少於 20 克。如果你有飲酒習慣，又發現血壓升高或者是體重超重，最好戒酒。

5. **保持良好的心理狀態** 我們應該時時告誡自己，要心胸開闊，避免緊張、急躁和焦慮狀態，同時勞逸結合，心情放鬆。

6. **進行有規律的體育鍛鍊** 注意從小的運動量開始，逐漸增加；對於適合自己的運動要長期堅持下去；年齡較大者，適合低強度的運動項目，避免運動中發生意外。

7. **增加鈣的攝入量** 我國人群鈣攝入普遍不足，多數僅達到供給量（每日 800 毫克）的一半左右。爲預防心血管病的發生，應多增加鈣的攝入量。

8. **改善膳食結構** 即：食物以多樣、穀類爲主；多吃蔬菜、水果和薯類；常吃奶類、豆類或其他製品；經常吃適量的魚、蛋、瘦肉，少吃肥肉和葷油；食量與體力活動要平衡，保持適宜體重；吃清淡少鹽的食物；飲酒應該適量；吃清潔衛生、沒有變質的食物。

十五、得了高血壓還要預防嗎

高血壓的 I 級預防是指已經有高血壓的危險因素存在，但尚未發生高血壓的患者，這時應採取預防措施控制危險因素以防止高血壓的發生。

那麼，已經得了高血壓還要預防嗎？怎麼預防？預防有效嗎？這就是高血壓的II級預防，也就是說，對已經罹患了高血壓的人要做到早發現、早診斷、早治療，預防病情進一步加重，預防心、腦、腎等重要臟器併發症的發生。

【怎樣做好高血壓II級的預防呢？】

首先，要堅持健康生活方式；其次，及時發現高血壓；第三，將血壓控制在理想水準；第四，同時控制高血壓的危險因素。

如果有條件的話，35 歲以上的人每年至少應測量一次血壓。如果您的高壓和低壓分別低於 140 和 90 毫米汞柱，說明您的血壓正常；如果連續 3 次不在同一天量血壓，高壓大於等於 140 或低壓大於等於 90 毫米汞柱，就診斷為高血壓了。此時應去醫院，尋求合理的治療。

儘管高血壓病嚴重威脅著人們的健康，但是國內外許多成功的經驗告訴我們：高血壓病是可防可治的。有研究資料證明，採取健康的生活方式可使高血壓病的發病率減少 55％；對高血壓病的及時而合理的治療，可使高血壓病的嚴重併發症再減 50％。這就是說，75％的高血壓病及其併發症是可以預防和控制的，關鍵在於人人都應自覺地提高自我保健意識，嚴格控制自身的行為方式，認真配合醫生的治療，則健康長壽是大有希望的。

十六、高血壓患者早晨需補充水分

醫學專家研究發現，上午 9 ～ 10 點是高血壓病人發病高峰時刻。他們經過長期觀察分析，終於揭出謎底：原來這和飲水有關。

水是維持人體一切生理活動，進行新陳代謝，諸如輸送養料、消

化吸收、排除廢物等必要的物質。因此水在人體內是一種良好的溶劑，它能使很多物質溶於水，並加速化學反應而有利於營養物質的消化、吸收。水本身還是人體不可缺少的營養素，每種活細胞、每種活組織內部都有水的成分。由於體內水分分布均勻而又不斷循環，可以使身體得以保持恒溫。

科學家指出，健康人每天需補充水 1.5 ～ 2 公斤。然而，人們的飲水不是很規律的。一般來說，人夜間很少有飲水習慣，而人體新陳代謝並未停止。水分從呼吸道、皮膚、大小便等不同管道大量散失，使體內水分減少，導致血液濃縮，影響血液循環，使人發生頭暈、眼花、心悸。特別是患有高血壓、腦血管硬化的老年人，飲水過少，會促使血液黏度的增加，容易形成腦血栓。這種現象在上午 9 ～ 10 點左右尤為常見。因為這類病人動脈多半已經發生粥樣硬化，血管狹窄，容易使病人出現肢體麻木、乏力，甚至偏癱。

防止高血壓病在 9 點～ 10 點左右的高峰期發作，最有效的辦法是清晨補充水分，降低血液的黏稠度。

第二節 ｜ 糖尿病

一、糖尿病患病情況及分類表現

隨著生活水準的提高、生活模式的改變，及社會老齡化，無論是已發展國家還是發展中國家，糖尿病的發病率日趨增加，已經成為僅次於心腦血管疾病、腫瘤的第三位威脅人類健康的主要殺手。目前全世界糖尿病的患者數超過 1.2 億人。

糖尿病是由於胰臟所分泌的胰島素不足所造成的。缺乏胰島素，體內無法利用葡萄糖，因此造成血液中的葡萄糖量過高，而組織所吸收的

葡萄糖量過低。這種糖尿病又分為兩型：第一型稱作少年糖尿病（或胰島素依賴型），第二型是指那些成年時期所發生的糖尿病。

第一型的症狀包括暴躁、頻尿、口渴、嘔吐、體弱、疲勞、容易饑餓。此型糖尿病主要見於兒童或年輕人。患者可能瞬間地由正常狀態（有胰島素反應）轉為昏迷狀態。此病早期的徵兆是饑餓、頭昏、流汗、頭腦不清、心悸、嘴唇麻痹或刺痛。如果未加以治療，患者可能還會產生雙重影像、顫抖、無方向感，做出奇怪的動作，最後可能失去意識。當發生這些症狀時，立即吃糖果、喝汽水，或食用任何含糖的食物，可使血糖濃度迅速回到正常。

第二型也就是成人型糖尿病較常見於有此家族病歷的人。其特徵包括視線模糊、發癢、口渴、頭昏、肥胖、疲勞、皮膚感染、傷口復原緩慢、足部刺痛或麻痹。這些症狀通常出現於中年以後。此型糖尿病與飲食有關，而且並不一定需要胰島素。肥胖症是此型的主要因素。

二、糖尿病的病因

糖尿病病因及發病機制十分複雜，目前尚未完全闡明，傳統學說認為與以下因素有關——

【遺傳因素】　舉世公認，糖尿病是遺傳性疾病，遺傳學研究表明，糖尿病發病率在血統親屬中與非血統親屬中有顯著差異，前者較後者高出 5 倍。在糖尿病 I 型的病因中遺傳因素的重要性為 50％，而在糖尿病 II 型中其重要性達 90％以上，因此引起糖尿病 II 型的遺傳因素明顯高於糖尿病 I 型。

【精神因素】　近十年來，中外學者確認了精神因素在糖尿病發生、發展中的作用，認為精神的緊張、情緒的激動及在各種壓力的狀態下，會引起升高血糖激素的大量分泌，如生長激素、去甲腎上腺素、胰升糖素，及腎上腺皮質激素等。

【肥胖因素】　目前認為肥胖是糖尿病的一個重要誘發因，約有

60％～80％的成年糖尿病患者，在發病前均為肥胖者，肥胖的程度與糖尿病的發病率呈正比，有基礎研究材料表明：隨著年齡增長，體力活動逐漸減少時，人體肌肉與脂肪的比例也在改變。自 25 歲至 75 歲，肌肉組織逐漸減少，由占體重的 47％減少到 36％，而脂肪由 20％增加到 36％，這是老年人，特別是肥胖多脂肪的老年人中糖尿病明顯增多的主要原因之一。

【長期攝食過多】　飲食過多而不節制，營養過剩，使原已潛在有功能低下的胰島素 β 細胞負擔過重，而誘發糖尿病。現在國內外亦形成了——「生活越富裕，身體越豐滿，糖尿病越增多」的概念。

【感染】　幼年型糖尿病與病毒感染有顯著關係，感染本身不會誘發糖尿病，僅可以使隱形糖尿病得以外顯。

【妊娠】　有關專家發現妊娠次數與糖尿病的發病有關，多次妊娠易使遺傳因素轉弱而誘發糖尿病。

【基因因素】　目前科學認為糖尿病是由幾種基因受損造成的：Ⅰ型糖尿病——人類第六對染色體短臂上的基因損傷；Ⅱ型糖尿病——胰島素基因、胰島素受體基因、葡萄糖溶酶基因和線粒體基因損傷。總之，不管哪種類型的糖尿病，也不論是因為遺傳易感而發病，還是環境因素、病毒感染發病，歸根結柢都是基因受損所導致的。換言之，糖尿病就是一種基因病。

三、糖尿病的早期徵象

不少糖尿病病人開始時並無明顯症候，很容易失去警惕。等到覺得自己吃得較多、喝得較多時，往往已經大病上身。那麼該怎樣早期發現糖尿病呢？請注意以下 15 點糖尿病的信號及特點——

（1）注意此病的遺傳特點。如果父母有一人曾患過此病，其子女的患病率較普通人要高出 25 倍。因此，父母有糖尿病的子女，應加強對本病的預防。

(2) 糖尿病的發病年齡有 80% 在 45 歲以上，因此高齡者應定期做尿糖檢查。

(3) 身體肥胖和患有高血壓、動脈硬化、高血脂症、冠心病的人易罹患此病。

(4) 經常發生低血糖的人，易患糖尿病。

(5) 已患有白內障、青光眼等眼疾的人，應警惕發生糖尿病。

(6) 陽痿。據統計，男性糖尿病患者併發陽痿的高達 50%，特別是中年肥胖的人有陽痿者，更值得高度懷疑是否已患上了糖尿病。

(7) 周圍神經炎。表現為手足麻木，伴有熱感、蟲爬感，行走時似乎自己走在棉墊上；有的則伴有強烈的疼痛。據統計，有以上症狀者，占初期糖尿病患的 40% 左右。

(8) 難以控制的肺結核。糖尿病人併發肺結核比正常人要高出 3～5 倍，約占糖尿病患者的 10%～15%。這是因為糖尿病人抵抗力低，高糖環境有利於結核桿菌的生長繁殖，故藥物效果十分不顯著，結核難以控制。

(9) 菱形舌炎。出現中央性舌乳頭萎縮，表現為舌面中有一塊沒有舌苔覆蓋的菱形缺損區。這種症狀的糖尿病初發者發生率高達 61.7%。

(10) 女性上體肥胖。女性上體肥胖（指腰圍與臀圍的比值大於 0.7～0.85），不論其體重多少，葡萄糖耐量試驗異常者高達 60%，而下體肥胖者無一例異常。女性上體肥胖可作為診斷糖尿病的一項指標。

(11) 排尿困難。膀胱括約肌功能障礙所致，易併發尿路感染。據統計，出現此症狀者，男性糖尿病人占 42.3%，女性占 21.7%。

(12) 分娩巨大胎兒。嬰兒出生時體重如超過 4000 克，稱為巨大胎兒。糖尿病孕婦約有 15%～25% 的人分娩巨大胎兒。

(13) 口乾口渴，夜間尤甚，以致影響睡眠。

(14) 皮膚感染。糖尿病人的白細胞對細菌的吞噬殺滅作用降低，易反覆出現毛囊炎、癬症等感染性皮膚病。

(15) 皮膚病變。一些皮膚病變，常常與糖尿病有直接關係，下面介紹的一些皮膚病變，對及早發現和治療糖尿病是很有幫助的。

——糖尿病性潮紅。糖尿病人，尤其是青年糖尿病患者，顏面和手足多有泛發性的淡紅色斑，以額部更為明顯，常同時經常伴有外側眉毛脫落。

——糖尿病性水皰疹。足緣、足趾、小腿外側和手背發生灼傷樣、緊縮性的小水皰，無疼痛感，兩週後自然痊癒而不留疤痕，發病前無特殊誘因，且為多發性。

——脛骨前褐色斑。小腿脛骨前開始出現紅斑、小水皰、紫癜，逐漸形成小圓形褐色萎短斑，直徑 0.5～2．5釐米，輕度凹陷，無任何自覺症狀。

——無汗症。特別是顏面多汗，而軀幹，尤其是下半身出汗減少。

——皮膚搔癢症。早期糖尿病人即有此現象，多發生於外陰、肛門、頭髮等部位，也可發生全身搔癢，另伴全身性皮膚乾燥，手足部易裂。

——類脂性漸進性壞死。好發於下肢，表現為邊緣清晰的橙黃色萎縮膜，中央硬化，伴有毛細血管擴張，有時形成潰瘍。

——環狀肉芽腫。多見於手背、足背和耳廓的一種淡紅色環狀結節。

——糖尿病性潰瘍。常發生於四肢末端，潰瘍前有水皰，潰瘍不易癒合，並會逐漸向深部發展。

——黃色瘤。在四肢外側，尤其是膝、肘、臀、背、頭面部常出現對稱性的黃色結節，周圍輕度潮紅，經常急速成群發生。

——皮膚硬腫。頸項、上背和肩部皮膚出現非凹陷性板狀以及皮膚硬死。

四、糖尿病的誤區

如果不是糖尿病卻被錯誤地診斷為糖尿病，或者是實際患糖尿病卻

沒有檢查出來，都會給病人帶來麻煩。因此，如何正確認識糖尿病，也是人們關心的問題。事實上，人們對糖尿病存在著許多誤解。

1. 只要尿中有糖就是糖尿病 這是一種常見的誤解，因為在不少人的尿中都可查出糖來，但他們卻沒有罹患糖尿病。

2. 只要尿中沒有糖就可排除糖尿病 這也是一種誤解。當胰島素分泌不足時，血糖雖然升高，但不超過腎糖閾（水庫閘門的比喻，水要流出水庫水位須高過閘門）就不出現糖尿，臨床上把它叫做隱性糖尿病。只要控制飲食就能阻止糖尿的發展。如果沒有及時發現病情或者沒有給予足夠重視，隱性糖尿病就可能發展成糖尿病。有糖尿病危險因素的人每年應做 1 次「糖耐量試驗」，以便及時確診或排除隱性糖尿病。

3. 只要空腹血糖正常就可排除糖尿病 這種認識也是錯誤的。有的病人空腹血糖雖然正常，但飯後 2 小時血糖持續居高不下，這也是糖尿病的一種徵象。因飯後血糖升高，胰島不能分泌足夠的胰島素使血糖下降。因此，要確診是否有糖尿病應做全面檢查，其中以空腹血糖及飯後 2 小時血糖為關鍵的兩項指標。

4. 只要控制主食，副食可隨便吃 糖尿病人控制飲食的一個重要原則是控制食物總熱量，所以不單主食，副食也同樣需要加以控制。

5. 長期用胰島素會成「癮」 有的病人怕成「癮」而不敢用胰島素。其實這種擔心是沒有必要，因為病人分泌的胰島素不夠維持正常生理需要，給病人用胰島素，正是一種補充療法，是要滿足正常生理需要。有些長期應用胰島素的病人需要增加劑量，醫學上叫做胰島素阻抗。它與成癮完全是兩回事。胰島素依賴型（Ⅰ型）糖尿病病人需要終身用胰島素，而非胰島素依賴型（Ⅱ型）糖尿病病人必要時也要用胰島素，這些都不會成癮。

6. 併發症不可避免 糖尿病病人如果不能正確而有效地治療，併發症確實很多，主要是糖代謝紊亂引起血脂升高和動脈粥樣硬化，進而導致各種臟器出現問題。因此，只要控制好血糖，不使血脂升高就不會

發生併發症，而且併發症還可以預防。具體預防措施有：控制飲食、適當運動、合理用藥三者相結合。只要堅持經常，就能維持血糖在正常範圍內。

五、糖尿病人的運動療法

糖尿病患者做適量的運動，能夠心情舒暢，有益於身心健康，增強心肺功能，減少高血壓及冠狀動脈疾病，從而降低心血管疾病的發生；運動可保持理想體重，以減少對胰島素的抗拒性；促進肌肉和組織對糖的利用，從而降低血糖、減少尿糖，可以降低胰島素的用量；運動還可以提高胰島素在體內的作用，避免或延遲各種併發症。

糖尿病患者運動有別於一般人的運動。一般以每週 3 ～ 4 次為宜，每次 20 ～ 45 分鐘，使心率達到合理的目標，即運動後心率（次 / 分）＝ 170（次 / 分）－年齡數。其次要選擇合適的運動時間：做運動的最好的時間是在餐後 1 小時開始，飯前鍛鍊易造成低血糖，最好每天三餐後都運動一下。

糖尿病患者可參加多種多樣的運動方式，只要能消耗一定能量，做全身性運動而使全身每個部位都得到鍛鍊即可，例如散步、步行、騎自行車、太極拳、游泳、跑步、球類活動、跳舞等。根據個體的病情、體力和愛好選擇自己喜歡的運動，只有如此才能持久地堅持運動。

此外，為保護足部，運動時有必要穿著合適的鞋襪；為避免脫水，應在運動前後飲用足夠的水。

那麼，具體來說糖尿病人應如何運動呢？

首先，運動前的準備要充分，敘述於下——

（1）應到醫院做一次全面的檢查，包括血糖、糖基化血紅蛋白（或果糖胺）、血壓、心電圖、眼底、腎功能、心功能和神經系統檢查。如果年齡已經超過 40 歲，最好做運動激發試驗後的心電圖，以判斷心功能是否適合運動？

(2) 要與醫生共同討論目前的病情是否適合運動？運動量多大最合適？哪種運動更適合？運動中應該注意什麼？等等。

(3) 選擇合腳的運動鞋和棉襪，特別注意鞋的密閉性和通氣性，既不能進去沙子、石子之類的東西，又能保證通氣。

(4) 要察看進行運動的場地，地面要平整，如果是在馬路上進行，要避免車流擁擠的道路，運動時最好有其他人一起在運動，讓他們知道你是一位糖尿病患者，如果出現意外情況該如何處理，等等。

其次，運動要循序漸進，運動時要遵守「三部曲」——

1. 運動前 在正式運動前先做 15 分鐘左右的熱身運動，這樣可以使肌肉先活動起來，避免運動時肌肉拉傷。例如，在跑步或快走前先緩緩地伸腰、踢腿，然後慢走 10 分鐘左右，再逐漸加快步伐，一直到心率達到要求的頻率。

2. 運動過程 在整個運動過程中，肌肉需要更多的氧氣和葡萄糖的供應，因此血液循環加速、心跳加快、呼吸加深、小血管擴張，從而保證氧氣和葡萄糖的供應，一般情況下應保持運動 20 ～ 30 分鐘。但當你剛剛開始運動計畫時，可以先保持運動 5 ～ 10 分鐘，然後逐漸加量，一般在 1 ～ 2 個月內將運動時間延長到 20 ～ 30 分鐘。

3. 恢復過程 運動即將結束時，最好再做 10 分鐘左右的恢復運動，而不要突然停止。例如，當慢跑 20 分鐘後，再逐漸改為快走、慢走，漸漸放慢步伐，然後伸伸腰、壓壓腿，再坐下休息。

【運動的注意事項】糖尿病人有其特殊情況，因此在運動鍛鍊中除遵循正常人的循序漸進、持之以恆及因人而異選擇運動量、運動項目外，還有以下幾點是應當加以注意的——

(1) 盡可能在飯後 1 ～ 2 小時運動，因為這時血糖較高，不會發生低血糖。

(2) 避免在胰島素或口服降糖藥作用最強時進行運動，注意降糖藥放在餐前 30 分鐘左右服用，這樣病人在飯後 1 ～ 2 小時做運動是比較

安全的。

(3) 不宜在空腹情況下運動，有晨練習慣的病人運動前要進點食，如喝一杯牛奶加幾塊餅乾，並隨身帶幾個糖果。

(4) 避免在惡劣氣候條件下戶外運動。戶外特別是野外運動後，要檢查腳和手，及時發現外傷，預防感染。

(5) 若運動中出現不適，例如饑餓感、出冷汗心悸、心跳加快，應考慮低血糖反應，及時補充糖分；如果出現胸悶、胸痛或腿痛，應立即停止運動，並盡可能到附近醫院就診、檢查。

六、飲食治療是糖尿病的基本治療

糖尿病患者的飲食治療，首先是要控制血糖、血脂，以預防或延緩併發症的發生和發展；其次是維持正常，以改善身體對胰島素的敏感性。

糖尿病患者不妨參考下面的飲食治療方法，嘗試一下——

【控制總熱量】　正常體重、中等體力勞動者，每公斤體重每天供給 30 千卡熱量，其中糖類佔有量暫定為 50%～60%，以利提高周圍組織對胰島素的敏感性，最好選用多糖類如米、麵或玉米等。

由於糖尿病人其內糖原異生旺盛，蛋白質消耗量增大，因此蛋白質供應量充足，占總熱量的 15%～20%為宜，其中至少是必須含有氨基動物蛋白質。一般病人每公斤標準體重每日供給 1.0～1.2 克蛋白質。

糖尿病人膳食中脂肪約占 20%～25%。每日脂肪攝入量以不超過 60 克為宜。膽固醇每日攝入量最好控制在 300 m g 以下（1 個雞蛋約含膽固醇 200 m g）。

【高纖維膳食】　食物纖維可延緩腸道對糖的吸收，具有降低血糖的功效。食物纖維素還可以與體內膽汁酸（組成膽固醇的原料）結合成膽鹽從腸道排出，有降低血膽固醇的作用。每日宜攝入食物纖維 23～40 克。含纖維素最多的是玉米皮，它含纖維素高達 92.1%，豆類皮含 86.7%，小麥麩含 44.1%。蔬菜中纖維素含量較高的有青菜、芹菜、

胡蘿蔔、白蘿蔔和南瓜等。另外還可吃桃、梨、鳳梨、櫻桃等水果，水果的果膠能增加胰島素的分泌量，使血糖明顯下降。

【補充維生素和礦物質】 在糖尿病患者中，大約有 50％死於心血管疾病。而維生素 E 具有保護心血管系統功能的作用，研究顯示，人體每日攝入 400 毫克維生素 E，就能將心血管病的發病率降低 40％～60％。爲此，醫學專家建議，糖尿病患者最好多食用富含維生素 E 的天然食品，如植物油、穀物胚芽、豆類、南瓜、紅薯、蔬菜、蛋黃等，以利人體吸收利用，更好地保護心血管。

【其他】 還要吃一些糙米、麵粉，以及含鉻較多的鮮酵母、蘑菇等。清淡飲食，少吃鹽，糖尿病合併高血壓者則宜控制在 5 克以下。少量多餐。多飲水，控制飲酒。

七、糖尿病病人的飲食禁忌

【忌食】 白糖、紅糖、葡萄糖及糖製甜食，如：果糖、糕點、果醬、蜂蜜、蜜餞、冰淇淋等不利於血糖控制、有損肌體健康的食品。這些富含單糖或雙糖的食物，食後使血糖迅速升高，故不宜食用。

含飽和脂肪酸較多的食物，如豬油、牛油、羊油等不應吃，否則會加重代謝紊亂、高血脂，易致多種併發症。含膽固醇高的食物應儘量少吃或不吃，如動物的內臟、蛋黃、魚子等，如食用也會致脂代謝紊亂。

薰、醃、泡製的肉類及蔬菜，內含致癌物質，大量的營養物質如微量元素、微生素、礦物質丟失，這一類食品不應該吃，糖尿病患者食用後，會影響身體健康，還會因鹽的攝取量增多而易併發高血壓病。

【宜食】 粗雜糧如蕎麥、燕麥片、玉米、大豆及豆製品、蔬菜。

八、關於糖尿病的藥膳方

糖尿病的主要症狀是口渴多飲，多食而消瘦，多尿或尿渾濁。運用藥物與藥膳相結合的療法，可取得令人滿意的效果。

(1) **清蒸茶鯽魚** 鯽魚 500 克，綠茶適量。將鯽魚去鰓、內臟，洗淨，腹內裝滿綠茶，放盤中，上蒸鍋清蒸，熟透即可。每日吃 1 次，淡食魚肉。此方補虛，止煩消渴，適用於糖尿病口渴、多飲不止以及熱病傷陰。

(2) **筍米粥** 鮮竹筍 1 個，大米 100 克。將鮮竹筍脫皮切片，與大米同煮成粥。每日服 2 次。本粥可清熱、宣肺、利濕，適用於糖尿病人，也適用於久瀉、久痢、脫肛等症。

(3) **土茯苓豬骨湯** 豬脊骨 500 克，土茯苓 50 ～ 100 克。將豬脊骨加適量水熬成 3 碗，去骨及浮油，入土茯苓，再煎至 2 碗即成，分 2 次服完。每日服 1 次。此方健脾氣，利水濕，補陰益髓。

(4) **菠菜根粥** 鮮菠菜根 250 克，雞內金 10 克，大米適量。將菠菜根洗淨，切碎，與雞內金加水適量煎煮半小時，再加入淘淨的大米，煮爛成粥。每日 1 次。此方利五臟，止渴潤腸。

(5) **山藥燉豬肚** 豬肚、山藥各適量。先將豬肚煮熟，再入山藥同燉至爛，稍加鹽調味。空腹食用，每日服 1 次。此方滋養肺腎。

九、糖尿病人如何自我療養

糖尿病是一種慢性的終身性的疾病，就目前醫療水準尚不能達到完全治癒，只能控制病情發展，減少併發症，從而提高生活品質，延長壽命。因此，糖尿病的自我保養就顯得尤為重要。有關學者認為，應當謹守以下幾點——

1. **不貪食** 糖尿病人的飲食應嚴格按醫生制定的飲食療法進食。避免過飽、攝入含糖分過高的食物，要多吃些新鮮蔬菜水果。

2. **不宜過分饑餓** 過分饑餓會導致低血糖的症狀，嚴重的還會引起饑餓酮症，因此饑餓時可適量少餐。

3. **不貪杯** 平時進食以不飲酒為宜，赴宴時亦應婉言謝絕飲酒。

4. **不多吃鹽** 國外專家發現吃含鹽食物者的血漿葡萄糖濃度，高

於吃不含鹽食物者。因此少食入鹽或可作爲是糖尿病的一種輔助治療措施。

5.不赴宴或儘量減少赴宴：不能推卻時應嚴格按醫生制定的飲食原則進食。

6.不懶惰　糖尿病人切忌懶惰，適當的運動和活動可促進糖的利用，提高靶細胞對胰島素的敏感性。

7.不忌醫　要定期去醫院檢查及時了解病情的變化，調整治療方案，如此有利於病情的控制。

8.不亂服藥　糖尿病人切記不能亂服偏方、驗方，有些民間偏方根本毫無治療效果，亂服可使血糖波動，不易控制。

9.不熬夜　因爲熬夜會打亂正常生理時鐘，導致肌體功能紊亂，不利病情控制。

10.不悲觀　要正確地對待病情，樹立戰勝疾病信心，調整肌體機能狀態，有利於血糖控制以及減少併發症。

【醫師建議糖尿病患者每天七項】

(1) 在醫生或營養師的指導下，嚴格遵守制定的健康飲食計畫，每天定時定量進餐；

(2) 選擇適宜的運動，每天至少運動 30 分鐘；

(3) 每天堅持定時服用降糖藥物；

(4) 每天監測血糖並做好紀錄，如果連續幾天血糖太高或太低，都應該去看醫生；

(5) 每天溫水洗腳，並仔細檢查雙腳有無紅腫和破潰；

(6) 每天堅持刷牙兩次；

(7) 戒煙。

十、三道防線預防糖尿病

當今世界，糖尿病、冠心病、腫瘤並稱爲人類生命的三大殺手。其

實，糖尿病是可以預防的，主要是要把好三道防線——

【一級預防】 樹立正確的進食觀，採取合理的生活方式。糖尿病雖存在一定的遺傳因素，但關鍵是生活因素和環境因素。熱量過度攝入、營養過剩、肥胖、缺少運動是發病的重要原因。熱量攝入適當，低鹽、低糖、低脂，高纖維、維生素充足，即是最佳的飲食配伍。

【二級預防】 定期測量血糖，以儘早發現無症狀性糖尿病。應該將血糖測定列入中老年常規的體檢項目，即使一次正常者，仍要定期測定。凡有糖尿病蛛絲馬跡可尋者，如有皮膚感覺異常、性功能減退、視力不佳、多尿、白內障等，更要及時去測定和仔細鑑別，以期儘早診斷，爭得早期治療的可貴時間。

【三級預防】 糖尿病人很容易併發其他慢性病，患者多因併發症而危及生命。因此，要對糖尿病慢性合併症加強監測，做到早期發現，早期預防，而到了晚期，療效往往不佳。早期診斷和早期治療，常可預防併發症的發生，使病人能長期過上接近正常人的生活。

第三節 | 冠心病

一、冠心病及冠心病分類

冠心病是冠狀動脈粥樣硬化性心臟病的簡稱。是指供給心臟營養物質的血管——冠狀動脈發生嚴重粥樣硬化或痙攣，使冠狀動脈狹窄或阻塞，以及血栓形成造成管腔閉塞，導致心肌缺血缺氧或梗塞的一種心臟病，亦稱為缺血性心臟病。

它是動脈粥樣硬化導致器官病變的最常見類型，也是危害中老年人健康的常見病。本病的發生與冠狀動脈粥樣硬化狹窄的程度和支數有密切關係，但少數年輕患者冠狀動脈粥樣硬化雖不嚴重，甚至沒有發生粥

樣硬化，也可以發病。也有一些老年人冠狀動脈粥樣硬化性狹窄雖較嚴重，卻並不一定都有胸痛、心悸等冠心病臨床表現。因此，冠心病的發病機理十分複雜，總的來看，以器質性較爲多見。冠狀動脈痙攣也多發生於有粥樣硬化的冠狀動脈患者。

冠心病包括急性暫時性的和慢性的，它們又分爲下面幾種——

1. 原發性心臟驟停　原發性心臟驟停是猝死的首要原因。

2. 心絞痛　心絞痛又分爲勞累性心絞痛和自發性心絞痛兩種。勞累性心絞痛的特徵是由運動，或其他增加心肌需氧量的情況所誘發的短暫胸痛發作，休息或舌下含化硝酸甘油後，疼痛常可迅速消失；自發性心絞痛的特徵是胸痛發作與心肌需氧量的增加無明顯關係。與勞累性心絞痛相比，這種疼痛一般持續時間較長，程度較重，且不易爲硝酸甘油所緩解。

3. 心肌梗塞　心肌梗塞是指在冠狀動脈病的基礎上，冠狀動脈的血液中斷，使相應的心肌出現嚴重而持久地急性缺血，最終導致心肌的缺血性壞死。按照病因、病理、心電圖和臨床症狀不同，心肌梗塞可分爲急性心肌梗塞和陳舊性心肌梗塞。

4. 缺血性心臟病中的心力衰竭　缺血性心臟病可因多種原因而發生心力衰竭，它可以是急性心肌梗塞或早先心肌梗塞的併發症，或可由心絞痛發作或心律失常所誘發。

5. 心律失常　心律失常可以是缺血性心臟病的惟一症狀。

本病多發生在 40 歲以後，男性多於女性，腦力勞動者多於體力勞動者，平均患病率約爲 6.49%，而且患病率隨年齡的增長而增高。隨著高脂肪、速食化、快節奏、高壓力的生活方式的影響，冠心病的患病率呈逐年上升的趨勢，並且患病年齡日漸趨於年輕化。

二、冠心病的病因

本病病因至今尚未完全清楚，但認爲與高血壓、高脂血症、高黏血

症、糖尿病、內分泌功能低下，以及年齡大等因素有關。

中醫認爲常見致病因素有下面幾種——

(1) 腎氣虧損。隨著年齡的增長，臟氣功能漸退，或未老而腎虧，命門火衰，不能溫煦各臟腑，導致陽衰氣滯，血行不暢，發生氣虛血瘀；或腎陰虧乏，不能滋養臟腑之陰，也可導致陰虛血瘀。

(2) 寒邪內侵。由於胸陽不足，陰寒之邪乘虛侵襲，寒凝氣滯，痹阻胸陽，心臟不通發爲胸痹。

(3) 飲食不節。素嗜肥甘厚味或長期飲酒，脾胃受損，運化失常，痰濁內生，阻隔胸陽，氣機失暢，發爲胸痹。

(4) 情志失調。長期缺乏運動，精神抑制，情志失去平衡，或過度緊張不安，思慮過度，致血行不暢，氣滯血瘀，心脈瘀阻發爲胸痹。

冠心病的心理社會病因有下面幾種——

1. 行爲類型 科學家把人的行爲習慣分爲Ａ、Ｂ兩型。Ａ型行爲的核心特徵是時間緊迫感和競爭敵對傾向；心地坦蕩和從容不迫者爲Ｂ型行爲。大樣本研究發現，Ａ型行爲的中年健康男性雇員，在整個8年半的觀察期間其冠心病包括心肌梗死、心絞痛等的發生率爲Ｂ型行爲的2倍。國際心肺血液研究協會認爲，Ａ型行爲對冠心病發生的作用超過年齡、血壓、血脂和吸煙等危險因素，屬於冠心病的獨立危險因素。

2. 個性特徵 心理問卷初步證明，冠心病病人在社會上更具有獨立性，和對別人的懷疑性，以及有更大的內部緊張性。

3. 社會環境 心肌梗死前6個月內病人的生活事務等明顯增多，冠心病發病率在發達國家明顯高於發展中國家，城市居民高於農村，腦力勞動者高於體力勞動者。這些證據均證明冠心病的發生與社會環境因素有關。

4. 不良行爲 公認的冠心病行爲危險因素包括吸煙、缺乏運動、多食與肥胖等。這些行爲往往是對特定的社會環境或心理壓力的不良適應，故要從心理社會的角度給予認識。

三、冠心病的臨床表現

臨床表現主要取決於受累心臟缺血的程度。當冠狀動脈管徑狹窄達75％以上時，即可產生心絞痛、心肌梗塞、心悸失常，或甚至猝死。輕者胸悶氣慼，重者則胸痛，或胸痛徹背，或突然劇痛，面色蒼白，四肢厥冷，大汗淋漓，脈微欲絕。

典型的心絞痛發作爲突然發作的心前區或胸骨後疼痛，在勞動或興奮時，或受寒、飽餐後發生。疼痛部位多在胸骨上段或中段之後，也可能波及心前區，可放散至左肩或左上肢前臂內側達小指與無名指，亦可表現爲牙痛、胃脘痛。疼痛性質多爲悶脹、窒息性、壓榨性，甚至有瀕死的恐懼感。

疼痛發作持續時間，一般數秒至數分鐘，少有持續15分鐘以上者，疼痛發作時經休息或含服硝酸甘油製劑後即可緩解。有些心絞痛發作在夜間，發作時病人面色蒼白，表情焦慮，或有大汗不止。變異型心絞痛發作時疼痛劇烈，持續時間長，休息或含服硝酸鹽製劑皆不易緩解。

四、冠心病的家庭治療措施

1. 注意春季防病　早春季節，天氣忽冷忽熱，正是冠心病多發季節，這是因爲變化多端的氣候可使心臟血管發生痙攣，影響心臟本身的血液供應；再則氣溫忽冷忽熱，稍不注意，極易發生感冒和支氣管炎。這一切對患有冠心病的病人都十分不利，常是誘發心絞痛和心肌梗塞的主要原因。因此這一季節尤其要注意防病。

2. 注意保暖，避免受寒　寒冷會使血管收縮，血液黏稠度增加，冠狀動脈血管阻力增加，冠脈血流量減少，心肌缺血缺氧，並容易繼發靜脈血栓，從而增加了心肌梗塞和心臟猝死的危險。因此，冠心病人應根據氣溫變化，及時增減衣物，如遇天氣突然變化驟冷，大風時，應注意暫時減少室外活動。

3. 適度運動　堅持參加力所能及的運動，避免競爭激烈的比賽。

而且絕對不搬抬過重的物品。

4. 保持情緒穩定 過度憂慮、激動、發怒可使變感神經處於高度興奮狀態，體內兒茶酚胺分泌增多，導致心率加快、血壓升高、氧耗量增大或冠狀動脈痙攣，從而誘發心絞痛或急性心肌梗塞，所以日常生活中，冠心病患者要特別講究精神衛生，保持情緒穩定。

5. 不宜飽餐及飽餐後沐浴 在正常情況下，胃腸道的血管極其豐富，進食後，因消化與吸收的需要，心輸出量增加，腹腔臟器處於充血狀態。在此基礎上如果飽餐，一方面加重心臟的負擔，同時還可使冠狀動脈收縮，血供減少，心肌進一步缺血、缺氧，加重心功能不全。基於上述原因，先飽餐後沐浴危險性就更大了，因為入浴後全身小血管擴張，心臟和腦部更加缺血和缺氧，所以極易促成猝死。

6. 堅持服藥 很多人在病情發作的時候才想到要服藥，其實不發作的時候更要按照醫囑，有規律地長期服藥，並隨時備好心絞痛發作時應用的擴血管藥物。

7. 減肥 肥胖是心臟病及高血壓的危險因素，應做適量的運動並控制飲食。

8. 儘量減少維生素 D 的攝取 勿由高脂的乳品中獲取維生素 D，這類食品易促成動脈堵塞。應避免均質化的產品，研究顯示，在均質（Homogenizations）牛奶中的黃嘌呤氧化（一種酵素）會損壞心臟，並阻塞動脈。

9. 勿喝酒及咖啡 酒、咖啡、可樂、香煙及其他刺激性物質，均應戒除。避免吃魚肝油，尤其當喝酒時。儘量少喝飲料，僅喝蒸餾水。

10. 多吃洋蔥 洋蔥對高脂血症、動脈硬化都有很好的療效，冠心病人宜經常用洋蔥作菜食用。

11. 喝芹菜汁 榨取芹菜汁，加適量的蘋果汁同飲，既鮮甜可口又生津健胃。它有平肝、清熱、祛風、利尿、健脾、降壓、健腦和醒神之功效，對血管硬化、高血壓、神經衰弱症有很好的輔助治療效果。

12. 勿食紅肉、精緻調味品　豬、牛、羊肉和精緻調味的食物、糖、白麵粉都不宜食用。精製糖會引起血糖的各種變化，促使所有的細胞產生有害的反應。血糖忽高忽低地驟變，將威脅到細胞內糖分的穩定性。紅肉中所含的膽固醇是動脈硬化病人的大忌。

13. 採取低鹽飲食　飲食中儘量少含鹽，購買食物時，要認清標籤，低鹽的飲食中應避免的食品及食品添加劑包括：味精、碳酸氫鈉、罐頭蔬菜、已調配好的商品化食品、低熱量軟性飲料、含防腐劑的食品、肉類軟化劑、某些藥物，以及牙膏（鹹性）、軟化過的水等。

五、心絞痛的家庭治療措施

心絞痛是常見的心臟病前兆，它的特徵是胸部緊繃、有強烈的疼痛。它通常發生在使勁出力之後，是由心肌的血流量不足而引起的。病人會感覺到好像有人用力在壓他的胸部。疼痛可能持續數分鐘，而且通常會延伸到肩膀、手臂、頸部，或上下顎。胸口疼痛的程度因人而異。有些心絞痛病人感到劇烈疼痛，有些人只感到稍微不適，好比消化不良一般。有些人則不具任何症狀。導致心絞痛的可控制因子包括高血壓、抽煙、血膽固醇上升、Ａ型個性、生活緊張肥胖、久坐的工作性質，及糖尿病。而高脂及高鹽的飲食、與人爭吵、冷天外出等，也均可能引發心絞痛。因此，我們可以通過改善生活方式來避免心絞痛的發生。

1. 改善不良的生活習慣　心絞痛患者應徹底改善一些不良的生活習慣，如抽煙，生活無規律，長期緊張和壓力，高脂、高膽固醇、高鹽的飲食等。要建立正確的觀念及健康的生活態度，才能防患於未然。

2. 學會放鬆心情　試著解決你的衝突來源能有效地改善心絞痛，不論是在工作中還是在家中，學習控制情緒，而不是讓情緒控制你。儘量不要和配偶吵架，那樣常會引發心絞痛。

3. 斜躺著睡眠　為防止在晚上睡覺時會發病，不妨將床頭抬高 8～10 釐米，有助於減少發作次數，採取這種睡姿能促使血液聚集腳部，

所以沒有太多血液回流入心臟裏的狹窄動脈。

4. 把腳放在地上　如果你晚上睡覺時心絞痛發作，可以坐在床沿，將腳放在地板上。這樣做可以緩和你的症狀，如果症狀仍未消退，則應服用藥物。

5. 禁煙　抽煙會增加血液中的一氧化碳含量，將血液中的氧氣取代。而心絞痛是心臟裏的動脈受阻，極需氧氣，抽煙顯然是對患者最有害的習慣。再者，抽煙會使血小板凝聚，加重動脈的阻塞情形。抽煙還會降低服用藥物的效果。

6. 避免噪音　暴露於過量噪音中 30 分鐘以上，會使血壓上升，並且在噪音消退後，還能繼續影響心臟 30 分鐘。

7. 多運動　許多心絞痛患者認為運動容易引發心絞痛。剛開始接受運動訓練時，確實會在初期階段經歷心絞痛，但不要因此就不運動。如果患者發現運動後病發頻繁，則應減慢速度或減輕程度，直到身體能接受的程度。

運動能紓解壓力及不適，另外它也有助於減輕體重。壓力及體重過量都對心臟不利。運動也能減少心跳次數，並降低血壓，結果將減低對藥物的需求。當然，光靠運動還不夠，還需配合飲食治療方能奏效。開始運動計畫前，先向醫師諮詢，並做體能測試，以了解自己的極限，同時，運動前需做暖身，尤其是冷天外出之時。

8. 控制飲食　少吃鹽，少吃脂肪，減少熱量的攝取。高脂及高鹽的飲食可引發心絞痛，因為這些食物會突然提高你的血壓。來自脂肪的熱量應減至 30％以下。這也就是說應儘量避免含飽和脂肪酸及膽固醇的食物。含飽和脂肪酸的食物亦即那些在室溫下呈固態的油脂類，例如牛油。而且每天攝取少於 180 克的肉類、海產或家禽肉。

9. 只吃瘦肉　購買肉類時，應購買脂肪含量在 15％以下的種類，如瘦肉，去皮雞肉、鴨肉、鵝肉和兔肉。

10. 食用植物油　用含單元不飽和脂肪酸（例如橄欖油）或多元不

飽和脂肪酸（例如植物油）的油類來炒肉，以減少脂肪的攝入。每日的總用油量應限制在 5～8 茶匙。

11. 勿食動物內臟　避免攝取含高膽固醇的動物內臟，例如肝、心、腎等。

12. 只喝脫脂牛奶　僅喝脫脂牛奶或低脂牛奶。而且當你購買低脂乳酪時應注意，有些低脂產品含高量的鹽。避免全脂牛奶。

13. 避免刺激物　例如咖啡及茶，它們均含咖啡因。也避免煙、酒、糖、奶、油、紅肉、脂肪（尤其是動物性脂肪）、煎炸食物、加工精製食品、軟性飲料、辣食、白麵粉產品（例如白麵包）。勿用甘草植物。

14. 確保飲食均衡　多吃生菜、魚。大蒜、洋蔥及卵磷脂是好的飲食添加品。它們有效地降低血膽固醇的含量。飲食中也別忘了加入杏仁果及其他核果（不包含花生）、橄欖油、紅鮭魚、鮪魚、鯖魚。這些食物含必需脂肪酸，脂肪含量低，而且含有正常心臟功能所需的營養。

15. 限制維生素 K 含量豐富的食物　避免維生素 K 補充品及富含維生素 K 的食物，以防止凝血作用。含維生素 K 的食物會增進血液凝結，應僅攝取少量。含高量維生素 K 的食物包括苜蓿、綠花椰菜、白花椰菜、蛋黃、肝、菠菜及所有深綠色蔬菜。要增加抗凝血效果，可在飲食中多添加下列食物：小胚芽、維生素 E、大豆、葵瓜子。

16. 多吃蔬菜　增加每日的蔬菜攝取量，多吃穀物，特別是燕麥片，它有助於降低膽固醇。

六、心肌梗塞家庭防治措施

發生急性心肌梗塞的病人，在臨床上常有持久的胸骨後劇烈疼痛、發熱、白細胞計數增高、血清心肌酶升高，以及心電圖反映心肌急性損傷、缺血和壞死的一系列特徵性演變，並可出現心律失常、休克和心力衰竭，屬冠心病的嚴重類型。

心肌梗塞的原因，大多數是冠狀動脈粥樣硬化斑塊或在此基礎上血

栓形成，造成血管管腔堵塞所致。而情緒上的危機、營養過剩的一餐，或運動過度及舉重等因素也可能誘發潛在的病源。

心肌梗塞重在預防，必須從日常生活中的一點一滴加以注意，以下是家庭預防和治療的基本措施——

1. 絕對不搬或抬過重的物品 搬抬重物時必然要彎腰屏氣，其生理效應與用力屏氣大致相類似，是老年冠心病人誘發心肌梗塞的常見原因。

2. 放鬆精神 愉快地生活，保持心境平和，對任何事物要能泰然處之；參加適當的體育活動但應避免競爭激烈的比賽，即使比賽也應以鍛鍊身體增加樂趣為目的，不以輸贏論高低。

3. 適度運動 一般來說，要達到鍛鍊的目的，每週至少要有 3 次認真的體育運動，每次不少於 20 分鐘，但也不宜超過 50 分鐘。開始時要先活動一下身體，如舉臂、伸腿等。運動結束時要做一些放鬆活動，不應立即停止活動，更不應運動後馬上上床休息，否則容易引起頭暈，對心臟不利。在參加體育運動之前，應該先測定體力耐受程度。運動程度和速度不要過度，過度會導致血壓急遽上升，使左心室過度疲勞，促使發生心力衰竭。運動量一般可視年齡和健康狀況而定。如果是心、肺功能都正常的人，可以根據運動後的最高心率限度來定。具體計算方法是，從 220 減去年齡數，再乘以 0.75。假如您今年 60 歲，那麼（220 － 60）×0.75 = 120 次，如果超過 120 次，則會對身體產生不良的影響。

4. 不要在飽餐或饑餓的情況下洗澡 水溫最好與體溫相當，水溫太高可使皮膚血管明顯擴張，大量血液流向體表，可造成心腦缺血。洗澡時間不宜過長，洗澡間一般悶熱且不通風，在這樣環境中人的代謝水準較高，極易缺氧、疲勞，老年冠心病病人更是如此。冠心病較嚴重的病人應在他人幫助下洗澡。

5. 要注意氣候變化 在嚴寒或強冷空氣的影響下，冠狀動脈可發生痙攣並繼發血栓而引起急性心肌梗塞。氣候急遽變化、氣壓低時，冠

心病病人會感到明顯不適。資料表明，低溫、大風、陰雨是急性心肌梗塞的誘因之一。所以每遇氣候惡劣時，冠心病病人要注意保暖，或適當加服擴冠藥物進行保護。

6. 做好日常保護　冠心病人日常生活中各種保護措施非常重要，同時，還要懂得和識別心肌梗塞的先兆症狀，並給予及時處理。

7. 採取高纖飲食　據研究，水溶性的食物纖維有助於降低血膽固醇的含量。這類纖維見於大麥、豆類、糙米、水果、葡萄糖甘露醇、燕麥。燕麥麩及糙米糠是降低膽固醇的最佳選擇。因為纖維會吸收食物中的礦物質，因此需額外補充礦物質，但勿與纖維同時使用。下列食物也是很好的選擇：杏仁果、啤酒酵母、穀類、生羊奶及生羊奶產品、芝麻。

8. 喝大麥水　大麥水有益健康。用約 3 升的水加 1 杯大麥，煮沸 3 小時，經常啜飲。

9. 補充必需脂肪酸　必需脂肪酸對健康是相當重要的。必需脂肪酸即體內無法自製而需靠食物供應的脂肪酸。三種必需脂肪酸分別是亞麻油酸、次亞麻油酸及花生四烯酸。

10. 食用低溫壓榨植物油　好的脂肪是多元不飽和脂肪，即所有在室溫裏呈液態的植物油。僅使用低溫壓榨油，所謂低溫壓榨即指製造過程中未曾加熱超過 43℃，這是酵素開始毀壞的溫度。橄欖油、花生油、葵花子油、大豆沙拉油、亞麻仁油、櫻草油、黑醋粟油等等，均含不飽和脂肪酸，屬於多元不飽和脂肪，也是很好的食用油。

七、用藥與治療

【冠心病者如何正確地舌下含藥】　冠心病患者都知道，當心絞痛發作時，可採取舌下含藥的方法來緩解心絞痛，可有些病人用藥後，效果不明顯。認真觀察和研究，發現有兩個問題會影響舌下含藥的效果。

許多人將藥片含在口腔中，並不知將藥置於舌下，有些人甚至將藥片放在舌上面，殊不知，舌表面有舌苔和角化層，很難吸收藥物，正

確的舌下含藥法是將藥片咬碎後置於舌的下方。口腔乾燥時，可飲少許水，以利藥物的吸收。因此，心絞痛發作時，要採取舌下含藥而不是舌上面含藥。

冠心病患者使用的舌下含服藥能擴張心臟冠狀動脈，同時也能擴張身體周圍的動脈。患者在採用舌下含藥法時，最宜採取半臥位。因為半臥位時，可使回心血量減少，減輕心臟負擔，使心肌供氧量相對滿足自身需要，從而緩解絞痛。如果病人平臥位，會使回心血量增加，心肌耗氧量也增加，從而使藥物作用減弱，起不到良好的止痛作用。另外，病人不宜在站立時舌下含藥，否則會因血管擴張、血壓降低，導致腦血管供血不足而發生意外。

【速效救心丸的使用方法】 速效救心丸是由川芎、冰片等中藥經現代科學方法提煉而成的中藥滴丸劑型，具有劑量小、療效高、作用快、無副作用的特點。

【功能與主治】 增加冠狀動脈血流量，改善心肌供血狀況，緩解心絞痛。用於治療冠心病、胸悶憋氣、心前區疼痛。

八、心絞痛發作時如何用藥

(1) 心絞痛發作時首選短效劑硝酸甘油片舌下含化，一般為 0.6mg，不能吞服，如藥物不溶解，可輕輕嚼碎繼續含化，1～2 分鐘即可發揮作用，有條件時可吸氧。常見的不良反應有頭痛、腹脹、面紅、心悸、體位性低血壓、皮炎等。

(2) 黏膜乾燥者，可用硝酸甘油噴霧劑，在易激發心絞痛發作的活動前 5～10 分鐘使用。

(3) 為避免低血壓引起的暈厥，應坐位或臥位用藥，切記不宜突然站立。

(4) 出現頭痛者，應從小劑量開始，繼續用藥 10 小時可自然消失。長期大劑量服用後，不能突然停藥，應逐漸減量，以防止停藥綜合症的

發生。

(5) 由於硝酸甘油對光敏感，宜放在棕褐色瓶內，不宜久存，有效期 2 ～ 3 個月，如含藥 10 分鐘不化，提示失效。

九、冠心病患者的康復運動

冠心病康復是指通過積極主動的身體、心理、行為和社會活動的訓練，幫助患者緩解症狀，改善心血管功能，提高生活品質。同時積極干預冠心病危險因素，減少再次發作的危險。

那麼，哪些患者可以參加冠心病的康復運動呢？主要有以下幾種：穩定型冠心病（包括陳舊性心肌梗死、穩定性心絞痛）、隱性冠心病、冠狀動脈搭橋手術後、皮冠狀動脈球囊擴張術後的患者。

運動方式以有氧訓練為主，包括步行、騎車、爬山、游泳、打門球、打乒乓球和羽毛球等。有節律的舞蹈、中國傳統的太極拳，拳操等也是合適的運動方式。運動量是指運動時消耗的能量，是運動鍛鍊效果的關鍵指標。合適運動量的標誌是：早晨起床時感覺舒適，無疲勞感。每週的運動總量應相當於步行 10 ～ 20 公里。運動量是由強度、時間和頻率三個要素構成。判斷運動強度是否合適最簡單的方式是：運動時稍出汗，輕度呼吸加快但不影響對話。運動時間是指每次達到訓練強度的時間，一般為 10 ～ 30 分鐘。訓練頻率是指每週訓練的次數，一般每週運動 3 ～ 5 次就可以了。

每次運動必須要有三個階段，即準備活動、訓練活動和結束活動。準備活動又稱為熱身，活動強度比較小，其目的是充分活動各個關節、肌肉和韌帶，也使心血管系統得到準備。訓練活動又分持續訓練和間斷訓練，後者更適合冠心病患者。結束活動又稱為整理，目的在於使高度活躍的心血管系統逐步恢復到安靜狀態，一般採用小強度放鬆性運動。準備活動和結束活動不充分是造成運動意外最常見的原因。

除此以外還應該注意：

（1）要選擇適當的運動，既能達到訓練效果，又容易堅持下去，持之以恆。但要避免競技性的運動。

（2）只在感覺良好時運動。感冒或發熱後要在症狀和體徵消失兩天以上才能恢復運動。

（3）注意周圍環境因素對運動反應的影響，包括：寒冷和炎熱氣候要相對降低運動量和運動強度；穿戴寬鬆、舒適、透氣的衣服和鞋襪；上坡時要減慢速度；飯後不要做劇烈的運動。

（4）患者要根據個人能力，定期檢查和修正運動處方，避免過度訓練。藥物治療改變時，要調整運動方案。參加訓練前應進行身體檢查。

（5）警惕症狀。運動時如發現下列症狀，應停止運動，及時就醫：上身不適（包括胸、臂、頸或下頜，表現爲酸痛、燒灼感、緊縮感或脹痛）、無力、氣短、骨關節不適（關節痛或背痛）。

（6）訓練必須持之以恆。

十、冠心病的中醫食療方

當冠心病存在血液高凝狀態或高脂血症時，可用適當的藥物治療，以防治血小板聚集，改善血液高凝，降低血脂等，但飲食治療更爲重要。冠心病的飲食治療原則，是扶正祛邪，標本兼治，滌痰逐瘀，活血通絡，補益氣血。宜多吃新鮮蔬菜、水果，適當進食肉、魚、蛋、乳，禁服烈酒及咖啡、濃茶，不宜進食糖類食品及辛辣厚味之品。下面介紹幾則食療方——

(1) 綠豆粥　綠豆適量，北粳米 100 克。先將綠豆洗淨，後以溫水浸泡2小時，然後與粳米同入砂鍋內，加水1000克，煮至豆爛米開湯稠。每日2～3次頓服，夏季可當冷飲頻食之。清熱解毒，解暑止渴，消腫，降脂。可預防動脈硬化，適用於冠心病、中暑、暑熱煩渴、瘡毒癤腫、食物中毒等。脾胃虛寒腹瀉者不宜食用，一般不宜多季食用。

(2) 玉米粉粥　玉米粉、粳米各適量。將玉米粉加適量冷水調和，

將粳米粥煮沸後調入玉米粉同煮爲粥。可供早晚餐溫熱服。降脂，降壓。對動脈硬化、冠心病、心肌梗塞及血液循環障礙有一定的治療作用，高血脂症病人常服也有效。

(3) **豆漿粥** 豆漿汁 500 克，粳米 50 克，砂糖或細鹽適量。將豆漿汁、粳米一同放入砂鍋內，煮至粥稠，以表面有粥油爲度，調入砂糖或細鹽即可食用。每日早晚餐，溫熱食。補虛潤燥。適用於動脈硬化、高血壓、高脂血症、冠心病，及一切體弱患者。

(4) **蜜餞山楂** 生山楂 500 克，蜂蜜 250 克。將生山楂洗淨，去果柄、果核，放在鍋內，加水適量，煎煮至七成熟爛、水將耗乾時加入蜂蜜，再以小火煮熟透收汁即可。待冷，放入瓶罐中貯存備用。每日 3 次，每次 15～30 克。開胃，消食，活血化淤。適用於冠心病以及肉食不消和腹瀉等。

(5) **菊花山楂茶** 菊花、生山楂各 15～20 克。水煎或開水沖浸。每日 1 劑，代茶飲用。健脾，消食，清熱，降脂。適用於冠心病、高血壓、高脂血症。

(6) **三仁粥** 桃仁、棗仁、柏子仁各 10 克，粳米 60 克，白糖 15 克。將桃仁、棗仁、柏子仁打碎，加水適量，置武火煮沸 30～40 分鐘，濾渣取汁，將粳米淘淨入鍋，倒入藥汁，武火燒沸，文火熬成粥。早晚皆可，佐餐服用。活血化瘀，養心安神，潤腸通便。適用於瘀血內阻之胸部憋悶，時或絞痛；心失所養之心悸氣短、失眠；陰津虧損之大便乾燥，舌質紅或瘀點、瘀斑。

(7) **丹參飲** 丹參 30 克，檀香 6 克，白糖 15 克。將丹參、檀香洗淨入鍋，加水適量，武火燒沸，文火煮 45～60 分鐘，濾汁去渣即成。日服 1 劑，分 3 次服用。行氣活血，養血安神，調經止痛，清營熱除煩滿。適用於血脂增高，心電圖異常，長期心前區悶，時或絞痛，舌質有瘀點等症。還可用於心血不足、心血瘀阻之心悸失眠、心煩不安等。

(8) **薤白燉豬心** 豬心 1 個，薤白 150 克，胡椒粉適量。豬心洗淨

入鍋，加水適量，武火燒沸煮熟，倒入薤白，文火煮燉至豬心軟透，加入佐料即成。佐餐服用。通陽散結，健脾益心，理氣消食。適用於胸痹、胸悶疼痛、氣短、心悸、失眠、脘腹脹滿疼痛、飲食不振、大便溏瀉、舌淡苔薄、脈沉細。

(9) **蘇丹藥酒**　蘇木 10 克，丹參 15 克，三七 10 克，紅花 10 克，高粱白酒 1000 克。諸藥洗淨晾乾，放入酒瓶內加蓋密封 15～20 天即可。日服 1～2 次，每次 10～15 毫升。此方養血活血，化瘀止痛。適用於各種瘀血阻滯所致的心胸憋悶、脘腹冷痛、跌打損傷、瘀腫、經痛等症。

十一、冠心病患者的生活禁忌

冠心病是一種不可逆的慢性病，一旦戴上這頂「帽子」，就要做好長期「作戰」的準備。但是，冠心病患者一樣可以帶病延年，**關鍵是在合理用藥的基礎上，注意生活中的自我調節。**

1. 忌生氣、發怒　人體的中樞神經系統指揮人的一切，當過分激動、緊張，特別是大喜大悲時，由於中樞神經的抗壓力的反應，可使小動脈血管異常收縮，導致血壓上升、心跳加快、心肌收縮增強，使冠心病患者缺血、缺氧，從而誘發心絞痛或心肌梗死。

2. 忌超負荷運動　「生命在於運動」，但生命更在於平衡，它體現了生命運動的根本規律。從老年人的客觀實際出發，運動應量力而行，恰到好處，做到動靜結合，陰陽協調平衡，才能達到最佳點。如過猶不及，失去平衡，則會陰陽失調。因此，冠心病患者既要堅持運動，又要嚴格掌握一個「度」字，使供血量和需血量相平衡。人在安靜狀態下，心肌每分鐘需要 300 毫升左右的血液供應；大的體力活動，心肌每分鐘需要的最大血量達 2000 毫升左右。可見超負荷的運動量極易導致心腦血管急遽缺血、缺氧，可能造成急性心肌梗塞或腦梗塞。因此，冠心病患者在參加各種體育活動時，可在醫生指導下事先服藥預防。

3. 忌脫水　有些中老年人平時沒有養成定時喝水的習慣，等到渴

了想喝水時，已有程度不同的「脫水」了。人的血液 70% 左右是水，脫水了，血液怎麼流動呢？由於老年人特別是冠心病患者的血黏度都有所增高，達到一定程度時，可出現血凝傾向，導致缺血或心腦血管堵塞，嚴重時可引起心肌梗死或腦卒中（腦中風）。水可以稀釋血液，並促進血液流動，故老年人平時要養成定時喝水的習慣，最好在睡前半小時、半夜醒來及清晨起床後喝一些開水。

4. 忌缺氧　一般而言，一天中，除戶外活動或有氧運動的吸氧量符合生理需要外，其他時間的吸氧量往往不足，冠心病患者則易出現胸悶等症狀。如果長期供氧不足，會加重動脈硬化的程度。所以，冠心病患者要經常對居室環境通風換氣，當胸悶或心胸區有不適感時，立刻緩慢地深吸幾口氣（即深呼吸）。出現心絞痛時，除服用急救藥外，應立刻深吸氣，家中備有氧氣瓶的則吸氧幾分鐘，可以緩解心絞痛，減少心肌細胞的死亡。

5. 忌嚴寒和炎熱　嚴寒季節，冠心病患者不要忽視手部、頭部、面部的保暖。因為這些部位受寒，可引起末梢血管收縮，加快心跳或冠狀動脈痙攣。此外，寒冷還可使去甲腎上腺素分泌增多，血壓升高。所以，冠心病患者冬季外出活動時，宜戴口罩、手套和帽子；早上刷牙、洗臉宜用溫水；洗衣、洗菜時，不要將手長時間泡在涼水裏。在炎熱的夏季，人體血液循環量大幅度增多，可使交感神經興奮，心跳加快，加重心臟的額外負擔。因此，冠心病患者在嚴冬或炎熱的天氣，應該採取相應的自我保護措施。

6. 忌煙酒　世界衛生組織調查表明：尼古丁可使血液中的「纖維蛋白原」增多，導致血液黏稠，很容易引起血液凝固與血管的異常變化，故吸煙者冠心病的發病率比不吸煙者高 3 倍。戒煙後，血液中的纖維蛋白原大大減少，可減少冠心病的發病率。

此外，常飲烈性酒，可因酒精中毒導致心臟病和高脂血症。過多的乙醇還可使心臟耗氧量增多，加重冠心病。所以，冠心病患者應禁飲烈

性酒，或以少量紅葡萄酒或黑啤酒代之。紅葡萄酒或黑啤酒中含有類黃酮，它具有抑制血小板聚集與血栓形成的作用。

7. 忌口腔不衛生　如果口腔不衛生或患有牙周炎等牙病，口腔中的革蘭陽性桿菌及鏈球菌就可能進入血液循環，使小動脈發生痙攣或血栓，導致心肌梗死。所以，冠心病的患者尤其應該要隨時保持口腔清潔，防治牙病。

8. 忌過飽　由於過飽時胃可以直接壓迫心臟，加重心臟負擔，還可以導致心血管痙攣，甚至發生心絞痛和急性心肌梗死。所以，冠心病患者平時宜少量多餐，晚餐尤其只能吃到七八分飽。

【注意】　冠心病病人夜間請喝安全水。

冠心病在白天發作，一般都能得到及時搶救治療，但有不少病人會在夜間突然出現心絞痛，甚至發生心肌梗塞和腦血栓，嚴重者將失去搶救機會。如果夜間注意保健，尤其注意夜間喝水，及時補足體內水分，減少血液黏稠度，可以防止或減少冠心病發作。

冠心病病人睡前在床頭備好水，最好喝 3 次，臨睡前半小時喝一杯溫開水，以降低血黏度，增加晚間血液流速，溶解血栓等。在深夜醒來時也要主動喝上第二杯溫開水。特別是出汗多或腹瀉的病人，更需要喝水，給肌體補足水分，以緩解病情。喝第三杯「安全水」，應該是在清晨起床後做的第一件事。因為清晨最容易發病，有許多冠心病病人在起床後 2～3 小時內發生心絞痛、心肌梗塞和腦血栓。其原因是患者體內水分不足，經過一夜尿泄、皮膚蒸發和口鼻的呼吸均會丟失不少水分。此時及時喝杯溫開水，不但利於改善臟器循環與供血，亦利於胃腸和肺腎代謝，能更好地排泄體內廢物。所以冠心病患者夜間喝好這三杯「安全水」的作用，不可低估。

【注意】　冠心病病人絕對不適宜清晨做運動。

清晨，是人們進行體育運動和病人進行康復運動的黃金時間。但調查發現，清晨同時又是心臟病發作的高峰時間。在 1 天 24 小時中，上

午 6～9 時是心臟病發作的「高峰期」。其原因可能是上午的動脈血壓較高，增加了粥樣硬化斑塊斷裂的可能性，促使血栓形成的膠原纖維暴露出來，血小板聚集進一步增加，在粥樣硬化的冠狀動脈損傷處形成血小板凝集物，引起繼發性缺血，導致心臟病發作。上午的交感神經系統活動性增高，心肌生物電不穩定性增加，激發致死性心律失常出現，進而引起猝死。

所以，冠心病病人在進行體育運動時，最好避開心臟病發作的「高峰期」，安排在下午及晚上為好。

十二、控制冠心病的關鍵措施

控制冠心病的關鍵在於預防。雖然冠心病是中老年人的常見病和多發病，但其動脈粥樣硬化的病理基礎卻始發於少兒期，這期間的幾十年為預防工作提供了極為寶貴的機會。因此，加強一級預防，防止冠狀動脈粥樣硬化的發生，消滅冠心病於萌芽狀態；重視二級預防，提高全社區冠心病的早期檢出率，加強治療，防止病變發展並爭取其逆轉；不可忽視三級預防，及時控制併發症，提高患者的生存品質，延長病人壽命。

冠心病的一級預防，即危險因素的干預。預防冠心病可採用針對全人群和高危人群兩種預防策略。前者是通過改變某個人群、地區或國家與冠心病危險因素有關的生活行為習慣、社會結構和經濟因素，以期降低人群中危險因素的均值；後者是針對具有 1 個或 1 個以上公認的（如高血壓、吸煙等）與冠心病有明確因果關係的危險因素水準的降低，才能有效地減少冠心病的發生。目前公認冠心病危險因素包括男性、40 歲以上的中老年人、有過早患冠心病的家族史、吸煙（現吸煙多於 10 支／日）、高血壓、高血脂、重度肥胖（超重多於 30％）、有明確的腦血管或周圍血管阻塞的既往史。其中，高血壓、高膽固醇，及吸煙被認為是冠心病最主要的 3 個危險因素。除性別、年齡和家族史外，其他危險因素都可以預防和治療。

冠心病病變始於兒童期，動脈粥樣硬化病變的形成是一個漫長的過程，因此，必須從小養成良好的生活習慣、健康的生活方式。膳食結構要合理，避免攝入過多的脂肪和大量的甜食，加強體育運動，預防肥胖、高脂血症、高血壓和糖尿病的發生。超重和肥胖者更應主動減少熱量攝入，並加強運動量。高血壓、高脂血症和糖尿病患者，除重視危險因素干預外，更要積極控制好血壓、血糖和血脂。大力宣傳戒煙活動，特別是要阻止兒童成為新一代煙民。

第四節│高血脂

血脂指正常人體內血液脂質的含量，人體血液脂質包括膽固醇、甘油三酯、β脂蛋白，它們正常的含量為膽固醇220％毫克，甘油三酯150％毫克，β脂蛋白60％毫克以下。如果其中某一種持續高於正常時，則稱為高血脂症。它容易誘發動脈粥樣硬化和冠心病。

調查顯示，高血脂已成為中老年人的常見病，而由此引發的各種心腦血管病已成為威脅中老年人生命的罪魁禍首。

高血脂症有原發性和繼發性兩種。原發性高血脂症，有遺傳因素的稱為遺傳性或家庭性高血脂症。環境因素主要包括飲食習慣、營養因素、生活習慣，和很多其他尚不清楚的因素。

繼發性高血脂症主要繼發於某種疾病，最常見的是糖尿病、腎病綜合症、慢性肝病、甲狀腺功能過低、肥胖症、某些藥物的影響和免疫性疾病等。

一、哪些人易發高血脂症

罹患高血脂症，的確有些脈絡可循。我們可從下列幾個方面去探索

是不是屬於高危險群——

【生活飲食方面】 飲食不當（高熱量、高膽固醇、高飽和脂肪酸類的食物）、肥胖、運動量不足、外在和情緒壓力、吸煙，都會導致總膽固醇、低密度脂蛋白、甘油三酯上升，高密度脂蛋白下降。

【疾病方面】 甲狀腺機能低下、糖尿病、腎病症候群、阻塞性黃疸、女性更年期等疾病，若沒獲得良好的控制，高血脂症將伴隨而生。

【藥物方面】 常見的藥物有類固醇和避孕藥。

【家族性遺傳】 此類患者的低密度脂蛋白會很高，冠狀動脈硬化發生率高，惟一避免的方法只有儘早接受治療。

二、檢查血脂的注意事項

高血脂症導致心腦血管疾病是一個相當緩慢的過程，常常從青壯年就開始侵襲血管，早期幾乎沒有任何症狀，常被人們忽視。所以定期檢查血脂非常重要，但血脂檢查前，應注意以下幾點——

【禁食】 採血前一天晚 10 點鐘開始禁食，次日早上 9 點至 10 點鐘採取靜脈血，即空腹 12 小時以上晨間取血。

【取血化驗前的最後一餐應注意】 忌用高脂食物；不飲酒，因為飲酒能明顯升高血漿富含甘油三酯的脂蛋白，以及高密度脂蛋白（HDL）濃度，導致化驗結果有所誤差。

【在生理和病理狀態比較穩定的情況下進行化驗】 血脂水準可隨一些生理及病理狀態變化。如創傷、急性感染、發熱、心肌梗塞、婦女月經、妊娠等。

【不要在服用某些藥物時做檢查】 如避孕藥、β 受體阻滯劑（如心得安），噻嗪類利尿劑（如雙氫克尿噻、氯噻酮）、激素類藥物等可影響血脂水準，導致檢驗的誤差。

血脂檢查易受許多因素的影響，到醫院化驗前務必注意上述的幾種情況，這樣才能保證化驗結果的準確無誤。

如果檢查血脂異常，應當間隔一段時間後，再次復查血脂，最後請醫生幫助確定高血脂症的診斷。

三、高血脂症的治療指導

怎樣開始治療？降低血脂最好的辦法首先是少吃富含膽固醇和飽和脂肪酸的食物，多吃富含碳水化合物和纖維素的食物比如水果、蔬菜、穀類。另外，增加運動量和減重，治療引起膽固醇升高的疾病如糖尿病、甲狀腺功能減退症等也很重要。如果通過這些方法不能將膽固醇降到目標水準，應該開始藥物治療。在藥物治療過程中繼續保持上述生活方式。

【飲食方面應該注意】 脂肪中含有的熱量是碳水化合物和蛋白質的兩倍，所以應該限制所有脂肪的攝入量。如果體重超重，那麼減輕體重是降低膽固醇的重要步驟。

【有規律的運動】 專家建議每個成人每天都應進行中等強度的運動，累計時間不低於 30 分鐘，可以分成幾個小段來完成。對心臟最有益的鍛鍊方式包括：走路、跑步、溜冰、游泳、划船、騎自行車。

除了有規律的運動，每天還應該儘量增加活動量，儘量以步行代替坐車，到遠一點的地方買東西，爬樓梯代替搭電梯，工作間歇適當運動，多做家務等。

【進行藥物治療】 所有高血脂症的患者，首先要進行飲食控制、增加運動，經過 3 個月以後如果血脂沒達到目標水準，就要進行藥物治療。

四、高血脂症合理的膳食結構

(1) 保持熱量均衡分配，饑飽不宜過度，不要偏食，切忌暴飲暴食或塞飽式進餐，改變晚餐豐盛和入睡前吃夜宵的習慣。

(2) 主食應以穀類為主，粗細搭配，粗糧中可適量增加玉米、莜麥

麵粉、燕麥等成分，保持碳水化合物供熱量占總熱量的55%以上。

(3) 增加豆類食品，提高蛋白質利用率，以乾豆計算，平均每日應攝入30克以上，或豆腐乾45克或豆腐75～150克。

(4) 在動物性食物的結構中，增加含脂肪酸較低而蛋白質較高的動物性食物，如魚、禽、瘦肉等，減少陸生動物脂肪，最終使動物性蛋白質的攝入量，占每日蛋白質總攝入量的20%，每日總脂肪供熱量不超過總熱量的30%。

(5) 食用油保持以植物油為主，每人每日用量以25～30克為宜。

(6) 膳食成分中應減少飽和脂肪酸，增加不飽和脂肪酸（如以人造奶油代替黃油，以脫脂奶代替全脂奶），使飽和脂肪酸供熱不超過總熱量的10%，單不飽和脂肪酸占總熱量10%～15%，多不飽和脂肪酸占總熱量7%～10%。

(7) 提高多元不飽和脂肪酸與飽和脂肪酸的比值。西方膳食推薦方案應達到的比值為0.5～0.7，我國傳統膳食中因脂肪含量低，多不飽和脂肪酸與飽和脂肪酸的比值一般都在1以上。

(8) 膳食中膽固醇含量不宜超過300毫克／日。

(9) 保證每人每日攝入的新鮮水果及蔬菜達400克以上，並注意增加深色或綠色蔬菜的比例。

(10) 減少精製麵食、糖果、甜糕點的攝入，以防攝入熱量過多。

(11) 膳食成分中應含有足夠的維生素、礦物質、植物纖維，以及微量元素，但應適當減少食鹽的攝入量。

(12) 少飲酒，最好不飲。

(13) 少飲含糖多的飲料，多喝茶；咖啡可刺激胃液分泌並增進食欲，但也不宜多飲。

五、高血脂的食療藥粥

高血脂症屬於中醫痰症、眩暈、心悸、胸痹等症的範疇。

中醫認爲此病外因久食膏粱厚味和肥甘之品，內因老年衰弱或先天不足造成腎的陰陽失調。其病機是肝腎虧損，痰瘀內阻。

1. 山楂粥 山楂 30 ～ 45 克（或鮮山楂 60 克），粳米 100 克，砂糖適量。將山楂煎取濃汁，去渣，同洗淨的粳米同煮，粥將熟時放入砂糖，稍煮 1 ～ 2 沸即可。作爲點心熱服；10 日爲 1 個療程。此粥健脾胃，助消化，降血脂。適用於高血脂、高血壓、冠心病，以及食積停滯，肉積不消。不宜空腹食用及冷食。

2. 澤瀉粥 澤瀉 15 ～ 30 克，粳米 50 ～ 100 克，砂糖適量。先將澤瀉洗淨，煎汁去渣，入淘淨的粳米共煮成稀粥，加入砂糖，稍煮即成。每日 1 ～ 2 次，溫熱服。此方降血脂，瀉腎火，消水腫。適用於高血脂症、小便不利、水腫等。此方法長期服方能見功效。陰虛病人不宜。

3. 菊花決明子粥 菊花 10 克，決明子 10 ～ 15 克，粳米 50 克，冰糖適量。先把決明子放入砂鍋內炒至微有香氣，取出，待冷後與菊花煎汁，去渣取汁，放入粳米煮粥，粥將熟時，加入冰糖，再煮 1 ～ 2 沸即可食。每日 1 次；5 ～ 7 日爲 1 個療程。本粥清肝明目，降壓通便。適用於高血壓、高血脂症，以及習慣性便秘等。此方大便泄瀉者忌服。

4. 三七首烏粥 三七 5 克，製何首烏 30 ～ 60 克，粳米 100 克，大棗 2 ～ 3 枚，冰糖適量。先將三七、首烏洗淨放入沙鍋內煎取濃汁，去渣，取藥汁與粳米、大棗、冰糖同煮爲粥。供早晚餐服食。本粥益腎養肝，補血活血，降血脂，抗衰老。適用於老年性高血脂，血管硬化，大便乾燥，頭髮早白，神經衰弱。此方大便溏薄者忌服。服首烏粥期間，忌吃蔥、蒜。

六、高血脂症患者宜選用何種食用油

人們日常食用的油脂有動物油和植物油兩大類。一般說來，多數動物油中飽和脂肪酸的含量較高，而植物油中則是不飽和脂肪酸的含量居多，因此高血脂症和冠心病患者宜食用植物油。植物油可分爲三類——

第一類是飽和油脂，如椰子油和棕桐子油，這些油中飽和脂肪酸的含量高，經常食用可以使血膽固醇水準增高。飲食中應減少這類油脂。

第二類是單不飽和油脂，包括花生油、蔬菜油和橄欖油，這些油中單不飽和脂肪酸含量較高，它們不改變血膽固醇水準。

第三類是多不飽和油脂，如大豆油、玉米油、芝麻油、棉子油、紅花油和葵花子油，這些油中多不飽和脂肪酸含量較高，它們可以降低血膽固醇水準。多不飽和脂肪酸主要有omega－6脂肪酸和omega－3脂肪酸兩種類型。大部分omega－6脂肪酸是亞油酸，存在於前面所述的植物油中。omega－3脂肪酸主要存在於一些海魚中，故而海魚和魚油適合於高血脂症患者食用。

但要注意的是，油脂所含的熱能高，如果過多食用，可以引起體重的增加。

七、怎樣防治血脂增高

防治血脂增高，首先是飲食預防。主要包括——

1. 限制熱能供應量 每天攝取量與消耗量應保持平衡，如熱能供過於求，則熱能會轉變為脂肪。

2. 減少飲食中動物脂肪和膽固醇攝入量 長期食入高飽和脂肪酸、高膽固醇會直接引起血脂增高，故應盡量減少其攝入量。

3. 提倡多吃蔬菜和水果：蔬菜和水果中的纖維素含量多，攝入一定量纖維素，可降低血液中膽固醇含量。

4. 飲食預防應從兒童時期開始 兒童應避免過食、偏食，少吃霜淇淋、巧克力、甜食，及其他高脂肪、高能量、高膽固醇的食物。總之對血脂增高的飲食防治原則，應掌握「五低」，即熱能低、總脂肪量低、飽和脂肪酸低、膽固醇低和食鹽量低等。

【改善生活方式】

1. 減肥 肥胖就是脂肪過剩，也是動脈粥樣硬化的外在標誌。

2. 戒煙 煙草中的尼古丁、一氧化碳引發和加重動脈粥樣硬化的發生和發展。

3. 控制酒精 酒少飲有利，多飲有害。酒的熱量高，多喝加重肥胖。

4. 有氧運動 進行對心臟有益的運動，如走路、慢跑、騎自行車等。

5. 心理健康 保持樂觀豁達的心情。

第五節｜骨質疏鬆症

骨質疏鬆是一個世界性的、越來越引起人們重視的健康問題。目前全世界約有 2 億的人患有骨質疏鬆症，其發病率已躍居常見病、多發病的第七位。

目前認為，骨質疏鬆是以骨量減少、骨的顯微結構受損、骨骼脆性增加，從而導致骨骼發生骨折的危險性升高為特徵的一種疾病現象。

由於骨質疏鬆在無聲無息中進行，因此在早期病人可無任何感覺，以後有的僅有腰背疼痛。有的病人則由於脊椎壓縮性骨折而矮了一截，比原來身高「縮」了 2 ～ 3 釐米（公分）甚至 10 釐米。有的則導致脊柱後突，後者又引起胸廓畸形，影響肺功能。更有甚者，出現骨折。骨折的部位以椎體、股骨頸，和腕部為多見。股骨頸骨折不但多見，而且危害最大，骨折一旦發生，患者須長期臥床，從而使活動大大受限，體力和健康水準急遽下降，抵抗力降低，易發生皮膚損害，呼吸系統，和泌尿系統等較易感染。

骨質疏鬆並無特殊症狀，需借助 X 光攝影和骨密度撿查等方法來加以診斷。當骨質疏鬆能在 X 光片上顯示出來時，一般礦物質已丟失 30%～ 50%，往往已有十餘年漫長的積累過程。

在正常人群中，約有 5%～ 10%患有程度不等的骨質疏鬆症。其中

40 歲以上可達 10%～ 25%，60 歲以上竟高達 30%～ 50%。女性在絕經期的前後，骨質疏鬆發病呈直線上升，約爲男性的 4 ～ 10 倍，患病率高達 40%～ 65%，70 歲以上者幾乎達到 100%。

一、骨質疏鬆的分類及症狀

骨質疏鬆症可分爲三大類。第一類爲原發性骨質疏鬆症，此類又分爲兩型，即 I 型（絕經後骨質疏鬆症）和 II 型（老年性骨質疏鬆症）。第二類爲繼發性骨質疏鬆症。第三類爲特發性骨質疏鬆症，常見於 8 ～ 14 歲的青少年或成人。

【骨質疏鬆的常見症狀有】

1. 疼痛　原發性骨質疏鬆症最常見的病症以腰背痛多見，占疼痛患者中的 70%～ 80%。疼痛沿脊柱向兩側擴散，仰臥或坐位時疼痛減輕，直立時後伸或久立、久坐時疼痛加劇，日間疼痛輕，夜間和清晨醒來時加重，彎腰、肌肉運動、咳嗽、大便用力時加重。一般骨流丟失 12%以上即可出現骨痛。老年人患骨質疏鬆症時，椎體骨小梁萎縮，數量減少，椎體壓縮變形，脊柱前屈，腰肌爲了糾正脊柱前屈而加倍收縮，肌肉疲勞甚至痙攣，產生疼痛。新近胸腰椎壓縮性骨折，亦可產生急性疼痛，相應部位的脊柱棘突可有強烈壓痛及叩擊痛，一般 2 ～ 3 週後可逐漸減輕，部分患者可呈慢性腰痛。若壓迫相應的脊神經可產生四肢放射痛、雙下肢感覺運動障礙、肋間神經痛、胸骨後疼痛類似心絞痛，也可出現上腹痛類似急腹症。若壓迫脊髓、馬尾還會影響膀胱、直腸功能。

2. 身長縮短、駝背　多在疼痛後出現。脊椎椎體前部多由鬆質骨組成，而且此部位是身體的支柱，負重量大，尤其第 11、12 胸椎及第 3 腰椎，負荷量更大，容易壓縮變形，使脊椎前傾，背曲加劇，形成駝背。隨著年齡增長，骨質疏鬆加重，駝背曲度加大，致使膝關節攣拘顯著。每人有 24 節椎體，正常人每一椎體高度約 2 釐米左右，老年人骨質疏鬆時椎體壓縮，每椎體縮短 2 毫米左右，身長平均縮短 3 ～ 6 釐米。

3. **骨折**　這是退行性骨質疏鬆症最常見，和最嚴重的併發症。

4. **呼吸功能下降**　胸、腰椎壓縮性骨折，脊椎後彎，胸廓畸形，可使肺活量和最大換氣量顯著減少，患者往往可出現胸悶、氣短、呼吸困難等症狀。

二、骨質疏鬆的原因

骨質疏鬆曾被認爲是老年人的專利，然而，今天的研究發現，鈣的流失其實從中年就開始了。大部分人的脊椎骨品質，在 25 ～ 30 歲之間到達巔峰，而長骨（例如腰骨）則在 35 ～ 40 歲之間到達巔峰。過了此巔峰年齡後，體內各處的骨骼開始降低密度。

發生骨質疏鬆症的原因有骨折、激素疾病、飲食中蛋白質，及鈣的含量低、骨軟化、骨老化、女性絕經、鈣—磷不平衡、缺乏運動、長期黃疸、胃切除、乳糖不耐症等。

缺乏鈣質是骨質疏鬆的主要因素，它將導致骨骼裂痕增多、身高下降、臀部及背部疼痛、脊椎骨彎曲。男性的骨品質約比女性多 30%，故此症主要影響女性。約 25% 過了更年期後的婦女受此症影響。缺乏女性荷爾蒙是造成停經期女性骨質疏鬆的主因。

女性是患骨質疏鬆症的最危險人群。科學家們還認爲骨質密度下降的速度和遺傳也有關係。另外黃種人和白種人比黑種人患病率高。其他容易患骨質疏鬆症的原因包括：大量飲酒，吸煙，長期服用類固醇藥等。

三、易患骨質疏鬆症的人群

1. **絕經期後的婦女**　婦女在絕經後，雌激素水準明顯降低，由此而造成體內骨骼的正常生理代謝，即骨吸收與骨形成之間的平衡被打破，骨吸收明顯高於骨形成。

2. **甲狀旁腺機能亢進患者**　這類患者甲狀腺分泌甲狀旁腺素增高，促進體內破骨細胞活性增加，使骨鈣溶解，從而造成骨量減少。

3. **糖尿病患者** 由於體內隨著糖代謝障礙存在的蛋白質、脂肪代謝障礙，可使骨的生成及骨對營養物質的吸收失調，成骨細胞活性減弱，而破骨細胞活性相對增強。同時，由於糖尿病人大量排尿，導致大量的鈣、磷由尿中排出體外。

4. **乳糖缺乏症患者** 一些人飲用牛奶時，奶中的乳糖不能被消化分解吸收而發生腹痛、腹瀉等症，這類人也易患骨質疏鬆症。另外，男性性功能低下、亂用濫用藥物和偏食厭食以及缺少運動、日光照射少的人均易患此病。

另外還有有骨骼疾病的家族病歷，白種人，膚色白皙，骨架較小，體脂肪較少，四十歲以上，已切除卵巢，未生過小孩，停經期提早，對乳品過敏，長期節食，患有厭食症、易饑症，長期無月經或月經失調的人，較容易得骨質疏鬆症。

四、家庭防治措施

1. **經常運動** 活力充沛的人容易保住骨骼中的鈣質，而久坐少動的人則容易流失鈣質。請定期做運動。運動後可改善此症，可維持骨骼的力量，防止發生骨質疏鬆症。任何年齡開始運動，都永遠不嫌遲。研究顯示，婦女在更年期後運動，同樣可增加骨質的密度。

2. **有效的運動方式** 研究發現，需要承受重量的運動，能增加骨品質。史丹福大學的一項研究顯示，男性及女性慢跑者，骨頭裏的礦物含量較不跑步者多 40％。甚至步行也對骨骼有益，走路是讓骨骼充分運動的極佳方式，同時也很安全。專家建議 1 週至少步行 3 ～ 4 天，1 天至少步行 20 分鐘。

3. **每天曬一會兒太陽** 維生素D也很重要，因為它能影響身體吸收及保存鈣質的效率。每天曬幾分鐘太陽，就足以產生體內所需的維生素D。如果不曬太陽，則每天需補充 400 國際單位的維生素D。

4. **要預防跌倒骨折** 每年都有數十萬人因骨質疏鬆而導致骨折。

在這些年過65歲的骨折患者之中，12％～20％將在1年內死亡。因此，骨質疏鬆症也有致命性。

五、專家提供的防止跌倒及骨折的方法

當你站立時利用家具，例如手扶著桌子，來支撐你的身體。穿底部防滑彈性良好的鞋子，以增加保護作用。

當你坐著時使雙膝高過臀部。若不行，不妨將身體向前傾，並將手臂置於桌上，以支持背部。勿扭腰。假如你掉了東西，應從椅子上起身去撿它。

此外，下列建議使你的居家環境更安全。

避免使用不平穩的地板覆蓋物（例如地毯），以免將自己絆倒。晚上睡覺時，留一盞小夜燈，以免半夜起床在黑暗中摸索。勿使家具擺設過擠，留一些活動空間給自己。如果站立不穩，要使用手杖。將鬆脫的地毯或電線等容易使人絆倒的危險物品移開。

1.保持正確姿勢　不要彎腰駝背，以免增加骨骼負擔。不要經常採取跪坐的姿勢。四十歲以上的人，應該避免從事太激烈、負重量太大的運動。

2.慎用藥物　老年人應慎用藥物，如利尿劑、甲狀腺補充品、抗血凝素、四環素、異煙肼、抗癌藥、強的松等均可影響骨質的代謝。若正服用利尿劑，需提高鈣質的劑量。噻嗪利尿劑（4 h i a z i d e）具危險性，而且可能引起腎結石。勿將此利尿劑與鈣及維生素D合用。

3.戒煙：吸煙會流失鈣質，並降低女性荷爾蒙的含量，這將增加女性患骨質疏鬆症的機率。

4.限制飲酒　酒精會妨礙骨質的形成。研究顯示，酗酒者尤其更容易流失骨質。因此喝酒應該適可而止。男性一天不超過1～2杯，女性則不應超過1杯。

5.積極治療　骨質疏鬆症一旦發生，想要使它逆轉相當困難，而

且在診斷確定前發生的損害，通常都是永久性的。但你不應放棄努力，使用激素、鈣劑及氟化物治療，可使病情的發展緩慢下來，甚至停止。

6. 補充乳酸鈣　老年人經常缺乏胃酸，應在飲食中補充乳酸鈣（若對牛奶不過敏）或磷酸鈣。多吃富含鈣質及維生素D的食物。

7. 檢驗鈣片的品質　許多雜牌產品，配方低劣，使鈣質無法充分溶解。因此有必要測試你所服用的鈣質補充物。將兩片鈣片投入6盎司醋內，等待30分鐘，每隔2～3分鐘，攪拌一會兒。假使這些鈣片裂成若干碎塊，表示它可能會在胃內充分溶解。假使鈣片仍維持原狀，則應馬上更換另一種品牌。

8. 攝取足夠的維生素D　我們所需要的維生素D，可能只有10%來自太陽。我們一天至少需要400國際單位（ＩＵ）的維生素D。年過65歲，且不經常接觸陽光、不吃乳品的人，可能一天需要800國際單位。一杯250毫升的牛奶中，約有125國際單位的維生素D。維生素D的最佳天然來源是鮭魚、沙丁魚及鮪魚。另外，有些鈣質補充物也含維生素D。醫生一般不推薦服用維生素D補充物，因為劑量過高時，反而可能對身體有害。

9. 多吃富含鈣的食物　青花菜、球芽甘藍、豆芽、椿菜、甘藍菜、芥末水芹、瑞士甜菜，以及其他綠色蔬菜都富含容易吸收的鈣質。但菠菜雖然含有大量鈣質，卻不易被人體吸收。

10. 容易被吸收的鈣質　容易被吸收的鈣質來源有：蕎麥、優酪乳、酸乳酪、蒲公英菜、比目魚、開菲（發酵乳）、海帶、糖蜜、堅果及種子、燕麥、海苔、豆腐、大部分的蔬菜、小麥胚芽、全麥產品。綠花椰菜、甘藍、蘿蔔葉也是很好的鈣質來源，而且它們不含高量的草酸，此物抑制鈣質的吸收。吃沙丁魚及鮭魚（包括魚刺）也很有益。

11. 多吃豆類　研究發現，多吃大豆食品可使老人保持強壯的骨骼，從而可減少骨折和骨質疏鬆的危險。豆類富含鈣質，一杯煮過的豆子的含鈣量，超過100毫克。同時這些食物裏也含鎂，而鎂和鈣都是骨質成

長的要素。

12. 多喝橙汁和優酪乳　一杯約 240 毫升的橙汁中，含有約 300 毫克的鈣，而且非常容易吸收。酸乳中含豐富的鈣質，但它同時亦含有動物性蛋白、乳糖、動物生長素，及脂肪和膽固醇，也許脫脂優酪乳比較合適。

13. 加醋　熬大骨湯時，加點醋，以幫助溶解骨頭中的鈣。0.5 升高湯裏的鈣量，相當於 1 升牛奶裏的鈣量。

14. 勿同時攝取糙米及鈣　因為全麥等完整的穀物裏，含某種會與鈣結合的物質，阻礙了鈣質的吸收。睡前服用鈣質，最易被吸收，並能幫助睡眠。

15. 少吃動物性蛋白　魚肉、豬肉、紅肉，以及雞蛋容易溶解骨質中的鈣質，鈣質溶入血液，再經由腎臟過濾後進入尿液，而植物性蛋白似乎沒有這樣的作用。以植物為主的飲食提供了足量但不過多的蛋白質，能幫助體內的鈣質保留在骨骼裏。

16. 少吃鹽　鈉鹽也會促進鈣質流向腎臟。每日鈉的攝取量能減少 1～2 克的人，一天平均可以減少 160 毫克鈣質的需要量。平常應避免吃鹽分含量高的點心食品，和加了鈉的罐頭食品。在家烹煮和出外吃飯，都應減少鹽的分量。

17. 避免咖啡因　咖啡因的利尿作用造成水分透過腎臟流失，連帶的也會使鈣質流失。

18. 少吃糖　糖類也容易造成鈣質流失，糖類對鈣的影響足以增加尿道中草酸鈣的流失比率。

19. 注意攝取纖維的量　高纖飲食可能與胃中的鈣質結合，因而限制了鈣質的吸收量。不過，除非你的飲食含異常高量的纖維，否則無須採取極端作法，猛然驟減纖維攝取量，畢竟纖維對腸的蠕動，以及降低膽固醇均相當有益。

20. 避免含草酸的飲食　例如，汽水、高動物性蛋白質食品、酒精。

限制下列食物用量：杏仁果、甜菜葉、腰果、大黃、菠菜，因為它們含大量的草酸。

21. 常吃香蕉 經常吃香蕉可防治骨質疏鬆症。

這裏，再向您推薦幾則保健藥膳──

22. 海帶蝦皮湯 海帶、蝦皮各適量，加油、鹽等調味品，每日做湯食用，可以補鈣。

23. 牛奶粥 取牛奶 500 克、粳米或糯米 200 克，加適量水煮粥，熟後加白糖適量，每天早晨食用，也是補鈣食品。

24. 海帶燉排骨 海帶 200 克，溫水泡發洗淨，切成絲狀，豬排骨 500 克洗淨切成段，用沸水略焯。鍋內放排骨、蔥、薑，加水煮沸，撇去浮沫，煮 20 分鐘，加入海帶及其他調料煮沸 10 分鐘即可食用。可以補鈣和碘，老人和中年人都可經常食用。

25. 黃芪山藥湯 粳米 100 克，黃豆粉 20 克，核桃仁 10 克，山藥 20 克，黃芪 10 克，黑芝麻 10 克，紅棗 5 枚。同煮至熟爛。可長期食用，可以滋補防衰、養精益氣。

26. 豬蹄湯 豬蹄 2 隻，去毛洗淨，加青豆 250 克，放水適量，小火煨至熟爛，加入調料，每日適量飲服湯汁，吃豬蹄肉，是滋補佳品。

27. 羊肉枸杞湯 羊腿肉 500 克，枸杞子 30 克，山藥 50 克。羊肉先煮八九成熟時切成方塊，加少許薑末，放入枸杞子、山藥，加入清湯與調料燒開，用文火燉至肉爛即可食用。補腎填精，壯腰健骨。

28. 棒骨粥 取脛骨若干（豬、牛、羊骨均可），洗淨，先煮 1 小時，去骨後加紅棗 15 枚、糯米 100 克，煮成稀粥，經常服食。此方最宜老人食用，能補腎填髓，強筋壯骨。

29. 黑豆枸杞粥 黑豆 50 克，粳米 100 克，枸杞子 30 克。加水煮粥至黑豆糜爛，加紅糖調服。能益氣血，填骨髓，烏鬚髮，增氣力，延年益壽。為老人的滋補珍品。

第六節｜肥胖症

在醫學上，肥胖的定義是指：身體內所含的脂肪組織超出了維持生理正常功能的比例。成年男性體內脂肪組織超出體重的 25％，或女性超出了體重的 30％，便可稱爲「肥胖」。

美國國家衛生局和世界衛生組織建議以ＢＭＩ（身體質量指數）來評估肥胖的程度。因爲身體品質指數比較能反映身體的總脂肪含量，也更能顯示出肥胖與其他疾病的相關性。身體品質指數是以體重（千克）除以身高（米）的平方計算出來的，若是ＢＭＩ＜ 18.5 稱爲過瘦，ＢＭＩ＝ 18.5 ～ 24.9 爲正常體態，ＢＭＩ＝ 25.0 ～ 29.9 爲過胖，ＢＭＩ＞ 30 則稱爲肥胖。而ＢＭＩ＝ 30 ～ 34.9 爲第一級肥胖，35.0 ～ 39.9 爲第二級肥胖，40 爲第三級（重度）肥胖。

一、肥胖症的病因及症狀

肥胖症是因身體攝入的熱量超過消耗的熱量引起。遺傳和環境因素也對體重有影響，但它們究竟如何相互作用影響人的體重尚不清楚。有一種解釋是體重的調節水準是根據一「調節點」的範圍來決定的，就像是一個恒溫器設定溫度一樣。如果設定的調節點高於正常，就能解釋爲什麼某些人會肥胖，爲什麼減肥後很難保持。

【遺傳因素】　最近研究提出：按平均來說，遺傳對體重的影響約占 33％，但對某些人來說影響可能大於或小於 33％。

【社會因素】　這種因素對肥胖有很重要的影響，特別是婦女。

【心理因素】　曾經認爲情緒失調是引起肥胖的重要原因，現在認爲這是對肥胖人的一種偏見和歧視。

【生長因素】　脂肪細胞的數量或體積增加或體積和數量都增加，

導致身體貯存的脂肪量增多。肥胖人，特別是在兒童時期已經開始肥胖的人，脂肪細胞的數量可能比正常體重的人多 4 倍。由於細胞數量無法減少，減輕重量只能減少每個細胞的脂肪含量。

【體力活動】　體力活動減少可能是富裕社會中肥胖人增多的主要原因之一。在美國，儘管現在每日平均消耗熱量比 1900 年時減少了 10%，但肥胖症發生率比那時多 2 倍。經常坐著的人需要的熱量較少。體力活動增加，體重正常的人可能會增加攝入量，而肥胖人的攝入量卻不一定會增加。

【激素】　少見的個案是因內分泌障礙導致肥胖症。

【腦損傷】　很少見。大腦損傷，特別是下丘腦損傷，可引起肥胖症。

【藥物】　一些常用藥物能引起體重增加。包括皮質類固醇類藥物，如強的松、抗抑鬱劑，以及很多用於治療精神疾患的藥物。

二、肥胖症的症狀

在膈下和胸壁中堆積的過多脂肪組織會壓迫肺，即使活動量很小，也會引起呼吸困難和氣促。呼吸困難可能嚴重干擾睡眠，引起短暫的呼吸暫停（睡眠窒息），導致白天嗜睡和其他併發症。

肥胖症可引起各種方面的問題，包括下背疼痛，骨關節炎加重，特別是髖部、膝和踝。皮膚病很常見。肥胖人身體表面積與體重相比相對較小，不能有效排出身體熱量，因此，出汗比瘦子多。常見足踝部水腫。

三、肥胖症的分類

肥胖可分為單純性肥胖和繼發性肥胖。單純性肥胖症指非內分泌、代謝等疾病所致的體內脂肪增多。繼發性肥胖是繼發於其他疾病，如腦炎、腦損傷、腎上腺皮質功能亢進、性功能低下、甲狀腺功能過低等疾病，都可引起肥胖。

　　單純性肥胖症患者脂肪分布均勻，男性多分布在頸部、軀幹和頭部，女性則以腹部、下腹部、胸部乳房和臀部為主。可有自卑感、焦慮、抑鬱等身心相關問題，而行動則可引起氣急、關節痛、浮腫、肌肉酸痛，致使體力活動減少。此外，單純性肥胖患者的肌體抗病能力較差，極易患感冒、感染等病症，並容易發生冠心病、高血壓病、糖尿病、膽石症等，婦女可見月經減少、閉經、不育等現象。

四、肥胖症的治療原則

　　以控制飲食和增加體力活動為主，藥物為輔。肥胖症治療不能依賴藥物，長期服藥難免產生副作用，且未必持久見效。必須清醒認識肥胖的危害性，自覺長期堅持飲食控制和體育運動。每個人的治療方案視具體情況而定，不要盲目照搬他人經驗。

　　輕度肥胖僅須限制脂肪、糖、甜食、糕點、啤酒等，使每日攝入總熱量低於消耗量（收支平衡），多做體力勞動和運動。如使體重每月減輕 500 ～ 1000 克而漸漸達到正常標準體重，不必用藥物治療。

五、肥胖症的飲食療法

　　控制攝食過多，營養應適度，每天總熱量男性為 6270 ～ 8360 千焦（1500 ～ 2000 千卡），女性為 4900 ～ 6270 千焦（1200 ～ 1500 千卡）。蛋白質每天每千克體重為 1 克，碳水化合物每天 150 ～ 200 克，其餘以脂肪補充，並給以足量的維生素。控制動物性脂肪的攝入，低鹽飲食，戒除煙酒，改變吃零食及甜食的習慣。

　　純蛋白質每克產生熱量 17 千焦（4 千卡），但蛋白質組織中水分較多，實際每克僅能產熱 3.4 千焦（0.8 千卡），脂肪組織含水量少，每克產熱約 34 千焦。飲食控制早期有效，但數週數月後可漸失效。據研究，飲食治療早期蛋白質消耗較多，以致體重下降較快而呈負氮平衡，當持續低熱卡飲食時發生保護性氮質貯留反應，逐漸重建氮平衡，於是

脂肪消耗逐漸增多，但脂肪產熱約 10 倍於蛋白質，故脂肪組織消失量明顯少於蛋白質。而蛋白質合成較多時，可使體重回升，這是人體對限制熱卡後的調節過程。因此有時飲食治療效果不顯著，在此情況下，宜用運動療法以增加熱量消耗。

飲食療法可據熱量限制程度分為——

(1) 絕食：目前很少採用，僅在嚴密監護下做短期間斷性應用。

(2) 極低熱量飲食：每日攝熱量 500 卡左右。

(3) 低熱量飲食：每日攝熱量 900 卡左右。

【運動療法】　和飲食療法一樣也是肥胖的基礎治療。運動有兩種基本形式，即全身運動和增強肌力的靜態運動。全身運動可以促進體脂消耗，增加肌肉組織血流量，增強心肺功能。靜態運動可以增強肌力，防止肌肉組織塊丟失，提高末梢組織對胰島素的敏感性。運動量等於運動強度和運動持續時間的乘積（運動量＝運動強度 × 持續時間）。具體運動量設計可按以下步驟：日常生活調查→計算一日消耗能量→將其總量的 10％作為日運動量→轉換成具體運動種類及時間→根據療效和反應調整。

【藥物療法】　當飲食和運動療法未能奏效時，可採用藥物輔助治療。減肥藥的分類入下所述——

(1) 食欲抑制劑：中樞性食欲抑制劑、肽類激素、短鏈有機酸。

(2) 消化吸收阻滯劑：糖類吸收阻滯劑、脂類吸收阻滯劑。

(3) 脂肪合成阻滯劑。

(4) 胰島素分泌抑制劑。

(5) 代謝刺激劑。

(6) 脂肪細胞增殖抑制劑。

再次強調不能依賴藥物，應以適當的飲食控制和運動療法為主，藥物為輔。

【肥胖症的禁忌食品】

1. 忌脂肪 肥胖者體內脂肪已過剩，在飲食過程中，就必須限制脂肪的攝入量，尤其需要限制動物性脂肪。每日脂肪量應控制在 50 克以下，如屬重型者更須減少。

2. 限制糖類 根據觀察研究證明，症者在攝入糖後，易以脂肪的形式沉著於肌體中，而不變成糖原積存於肝臟和肌肉內，這是由於碳水化合物（糖）在體內也能轉變為脂肪。故對肥胖者來說，必須限制糖類物品的攝入，這類食品有大米、精製麵粉、蠶豆、豌豆、甘薯、藕粉、馬鈴薯、蘋果、桃、梨、香蕉、大棗、蜂蜜、巧克力、煉乳等。此外，一些甜點心，如奶油蛋糕、甜麵包等也必須限食。

3. 限制水分 患肥胖症時，組織的親水性增高（脂肪組織具有滯留大量水分和鹽類的特徵），使體內殘餘物質排出減緩而積蓄於組織內，故在治療肥胖症的過程中，限制水的攝入量具有很大意義。肥胖病人的飲水量（包括飲料及菜餚中的液體），每日應在 800 ～ 1500 毫升以內，超過或低於此值均為不合適，因為大於這個量可增加血液循環的負擔，並使體內積存的水分增多，體重增加。限制水分過多則會使肥胖者汗腺分泌紊亂，體內的代謝殘渣排出也會有障礙，尿液濃縮會引起鹽類沉積於尿道而引起絞痛。

4. 限制食鹽 食鹽具有很強的親水性，每 1 克食鹽必須加入 110 毫升水才能變成生理性水，過多食入食鹽，能引起口渴和刺激食欲，從而使體重增加。此外，低鈉飲食利尿，有助於漿代謝殘渣從體內排出。

5. 限制含嘌呤的食物 這些食物包括動物內臟（肝、腎、心等）、豆類、雞湯、鴨湯、肉湯等，因為嘌呤能增進食欲和增加肝、腎、心的中間代謝負擔。

6. 忌食油煎、油炸的食品 油煎、油炸的食品含有較多的脂肪，並能刺激食欲。這類食品有油煎饅頭、油炸豬排、油炸牛排、春捲、油炸雞排等等。

第三部 | **掌握急救常識，**
處理緊急情況

第 9 章
家庭急救幾項原則

第一節 ｜ 一般急救原則

對受到化學傷害的人員進行急救時，幾項首先要做的緊急處理是：

（1）置神志不清的病員於側臥，防止氣道梗阻，呼吸困難時給予氧氣吸入；呼吸停止時立即進行人工呼吸；心臟停止者立即進行胸外心臟擠壓（ＣＰＲ）。

（2）皮膚污染時，脫去污染的衣服，用流動清水沖洗；頭面部灼傷時，要注意眼、耳、鼻、口腔的清洗。

（3）眼睛污染時，立即提起眼瞼，用大量流動清水徹底沖洗至少 15 分鐘。

（4）當人員發生凍傷時，應迅速恢復體溫。復溫的方法是採用 40 ～ 42℃恒溫熱水浸泡，使其在 15 ～ 30 分鐘內溫度提高至接近正常。在對凍傷的部位進行輕柔按摩時，不要將傷處的皮膚擦破，以防感染。

（5）當人員發生燒傷時，應迅速將患者衣服脫去，用水沖洗降溫，用清潔布覆蓋創傷面，避免創傷面污染；不要把水泡弄破。患者口渴時，可適量飲水或飲用含鹽飲料。

(6) 口服毒物者，可根據物料性質，對症處理；有必要進行洗胃。經現場處理之後，應迅速護送至醫院急救。

第二節　家庭急救九大禁忌

【急性腹痛忌服用止痛藥】　以免掩蓋病情，延誤診斷，應儘快送醫查診。

【腹部受傷內臟脫出後忌立即復位】　脫出的內臟須經醫生徹底消毒處理後再復位。防止感染造成嚴重後果。

【使用止血帶結紮忌時間過長】　止血帶應每隔1小時放鬆1刻鐘，並做好紀錄，以防止因結紮肢體過長造成遠端肢體缺血壞死。

【昏迷病人忌仰臥】　應使其側臥，防止口腔分泌物、嘔吐物吸入呼吸道引起窒息。更不能給昏迷病人進食、進水。

【心源性哮喘病人忌平臥】　因為平臥會加重肺臟瘀血及心臟負擔，使氣喘加重，危及生命。應採取半臥位使下肢自然下垂。

【腦出血病人忌隨意搬動】　如有在活動中突然跌倒昏迷，或患過腦出血的癱瘓者，很可能有腦出血，隨意搬動會使出血更加嚴重，應平臥，抬高頭部，即刻送醫院。

【小而深的傷口忌馬虎包紮】　若被銳器刺傷後馬虎包紮，會使傷口缺氧，導致破傷風桿菌等厭氧菌生長，應清創消毒後再包紮，並注射破傷風抗毒素。

【腹瀉病人忌亂服止瀉藥】　在未消炎之前亂用止瀉藥，會使毒素難以排出，導致腸道炎症加劇。應在使用消炎藥之後再使用止瀉藥。

【觸電者忌徒手拉救】　若發現有人觸電後立刻切斷電源，並馬上用乾木棍、竹竿等絕緣體排開電線。

第 10 章
兒科急救

第一節 ｜ 小兒溺水的急救

對於不慎溺水的小兒，及時營救常常是搶救成功的關鍵。因為小兒溺水 5～6 分鐘後，心跳呼吸就可因為缺氧太久而停止，從而造成無法挽回的局面。

所以，營救溺水兒童，應想方設法儘量使其頭部托出水面，並儘快使其離水上岸。上岸後首先應將患兒取頭低腳高位的俯臥姿勢，或將患兒俯臥於成人的大腿上，或木凳、斜坡上，並擠壓其胸腹以促其排出呼吸道和胃內的積水。溺水小兒救起時，多半全身青紫，肢體軟癱，口鼻常有泥沙和雜草堵塞，因此，及時清除口腔鼻內的異物，保持呼吸道的通暢尤為重要。

倘若此時小兒呼吸已停止，就應不失時機地進行口對口的人工呼吸，以幫助其建立有效的肺呼吸，倘若心跳也已停止，則應有規律地給予體外心胸按摩，否則，患兒一旦缺氧時間過久，搶救生還的希望，就會完全失去，尤其是在急送醫院的過程中，我們絕對不能放棄這種寶貴的搶救。

第二節│小兒高溫驚厥如何急救

　　嬰幼兒時期常因高熱而發生驚厥，遇見這樣情況，不能過於緊張，在送小孩去醫院的過程中，學會正確的急救是十分重要的。

　　(1) 小兒發生痙攣時神志經常不清楚，因此保持呼吸道通暢，以防止嬰幼兒的舌頭後墜造成窒息，這是最為重要的。

　　(2) 痙攣時小兒常常發生無意識的舌咬傷，您可用清潔紗布包裹小木板，置於小兒的口腔中。

　　(3) 為防患兒嘔吐時胃內容物嗆入氣道而發生窒息，應有意識地將小孩的頭側向一邊。

　　(4) 高熱時應鬆解衣褲，將患兒置於通風涼爽的地方，同時給以冰袋物理降溫。高熱驚厥的症狀是嚴重的，病因是複雜的，所以必須送醫院做進一步地診治。

第三節│小兒發生食物中毒如何急救

　　如果小孩不幸發生急性食物中毒，家長不能驚惶失措，而應該當機立斷地採取下列措施——

　　(1) 如果你估計食物中毒發生的時間在 2～4 小時內，可用手指或筷子刺激小孩的咽後壁以催吐，以儘量排出胃內殘留的食物，防止毒素進一步地被身體吸收。

　　(2) 如果進食時間在 4 小時以上，可給小孩吞飲大量的淡鹽開水，並配合指壓的方法催吐。

　　（3）對可疑變質或有毒的食品除立刻停止食用外，還應妥善保存，供醫生急救時分析處理，同時應通知衛生檢疫部門協助鑒定。

　　（4）因導致食物中毒的原因錯綜複雜（可能是變質也可能是殘留的農藥），以及臨床中毒症狀的輕重不一，故在簡單的急救處理後須送醫院做進一步的診治，以免延誤病情。

第四節│幼兒氣管異物急救法

　　氣管異物是較常見的兒童意外急症，也是引起 5 歲以下幼兒死亡的常見原因之一。

　　當幼兒出現異物嗆入氣管的情況時，家長千萬別驚惶失措，不要試圖用手把異物挖出來，可採用以下兩種方法儘快清除異物──

　　【倒立拍背法】　對於嬰幼兒，家長可立即倒提其兩腿，頭向下垂，同時輕拍其背部。這樣可以通過異物的自身重力，和嗆咳時胸腔內氣體的衝力，迫使異物向外咳出。

　　【推壓腹部法】　可讓患兒坐著或站著，救助者站其身後，用兩手臂抱住患兒，一手握拳，大拇指向內放在患兒的臍與劍突之間，用另一手掌壓住拳頭，有節奏地使勁向上向內推壓，以促使橫膈抬起，壓迫肺底讓肺內產生一股強大的氣流，使之從氣管內向外沖出，逼使異物隨氣流直達口腔，將其排除。

　　若上述方法無效或情況緊急，應立即將患兒送醫急救，醫生會根據病情施行氣管鏡鉗取術，或做氣管切開術。

第五節｜孩子頭部撞傷昏迷時急救

頭部受到強烈撞擊發生昏迷時，正確的急救措施是挽救受傷兒童生命的重要保證，應該採取下列急救手段——

【採用容易呼吸的體位】　先仰臥，使下頜向上揚起，讓氣管擴張、氣道通暢；再將臉偏向一側，除去嘔吐物，以免阻塞喉嚨。避免移動身體，使其就地平躺。一般不要隨便移動頭部和頸部，若必須移動時，一定要幾個人同時抬起患兒，輕抬輕放，千萬要小心。

【止血】　傷口有出血時，用消毒紗布或乾淨的布塊壓迫止血。鼻和耳朵出血，不要用填塞東西的方法來止血，只要擦去血液即可。

【使身體保持溫暖】　出血較多時，身體會特別冷，所以要加蓋毛毯、被子等物品，使身體保持溫暖。

【給予安慰】　對於意識清醒的受傷兒童，可以用「不要緊」、「沒關係」的語言安慰他。但切記不能搖晃和吵鬧，要保持安靜。

第六節｜小兒誤服藥物或毒物的處理方法

家長首先要辨明孩子吃的是什麼藥物或毒物，如果搞不清楚，就要將裝藥品或毒物的瓶子及小孩的嘔吐物，一同帶往醫院檢查。

現場急救的主要內容是立即催吐、解毒。催吐的目的在於儘量排出胃內的毒物，減少其吸收量。如果是兩歲以下的嬰兒，可一手抱著，另一手深入嬰兒的口內刺激咽部使其將藥物反吐出來。若是兩歲以上的小孩，可先給其整杯的清水飲下，然後刺激咽部使其反吐出來。催吐必須

及早進行，若超過三四個小時，則毒物已經進入腸道，催吐也就失去了意義。同時還需要注意的是已經昏迷的患兒和誤服汽油、煤油等石油產品者不能進行催吐，以防發生窒息。

發現小兒抽搐，家長應及時送孩子去醫院。在路途中，家長要採用一些緊急處理的方法，以免發生意外。

(1) 用紗布或手帕裹在筷子或小調羹上，塞在小兒上下齒之間，以防咬破舌頭。如果牙齒咬得很緊，不要強行撬開，可用筷子從兩旁牙縫中插入。

(2) 保持呼吸道暢通。解開小兒領口，放鬆褲帶，讓小兒平臥，頭側向一側，以防嘔吐物吸入呼吸道而造成窒息。

(3) 針刺人中穴或用手指重按人中穴位，有時也可起到止痙的效果。當小兒因高熱而抽搐時，還應當讓孩子睡在涼快的地方，解開衣服，用冷水浸濕毛巾置於額部、腋窩及腹股溝大血管處，以加速肌體散熱，促使體溫下降。

除了高熱外，低血鈣、低血糖、癲癇、腦膜炎、腦炎及細菌性痢疾等，也會引起抽搐，因此，最好請兒科醫生檢查治療。

第七節｜嬰兒窒息急救（1歲以內）

【背部拍擊及胸部按壓】　拍背4次，如果異物未吐出再按壓胸部4次。重複以上過程直至異物吐出。

1. 背部拍擊　患兒面向下方，用一隻手托住患兒頭部。用食指及拇指托住患兒下頜，用另一隻手的手掌拍擊肩背部。

2. 胸部按壓　使患者處於仰臥頭低位，用食指及中指放在乳頭下的胸骨口，快速按壓。

如果患兒神志喪失，要清理患兒口腔。注意：不要試圖取出嵌入咽喉的物品。

3. 清理口腔　抓住患兒舌頭，向下牽下頜，如果您能夠看到口腔內異物並認爲可以較爲容易地取出來，則可以把您的小指伸入患兒口腔內，將異物清理出來。

【人工呼吸】　用一隻手使患兒頭部後仰，而另一隻手則向下牽開下頜，用口對患兒口及鼻行兩次人工呼吸，在兩次人工呼吸後要把您的嘴移開。人工呼吸時要用力，但也不要用力太大，以免空氣進入患兒的胃。

如果在人工呼吸時患兒胸部仍無抬高，**繼續進行人工呼吸、背部拍擊、胸部按壓並清理口腔**。重新給予 2 次人工呼吸，4 次背部拍擊，4 次胸部按壓，然後清理口腔直至異物吐出，或醫務人員趕到爲止。

第八節｜小兒鼻子出血的緊急處理方法

外傷是引起鼻出血最常見的原因。此外，高熱引起鼻黏膜乾燥、毛細血管擴張也可引起出血。鼻腔異物以及全身性的疾病（如急性傳染病、血液病、維生素 C 和 K 缺乏等），都可以造成鼻出血。小兒鼻出血如何處理呢？方法有以下兩種——

【指壓止血法】　如出血量小，可讓患兒坐下，用拇指和食指緊緊地壓住患兒的兩側鼻翼，壓向鼻中隔部，暫時讓患兒用嘴巴呼吸。同時在患兒前額部敷以冷水毛巾，一般壓迫 5～10 分鐘左右，出血即可止住。

【壓迫填塞法】　如果出血量大，或用上法不能止住出血時，可採用壓迫填塞的方法止血。其具體做法是——用脫脂棉捲成如鼻孔粗細的

條狀，向鼻腔充填。不要鬆開填塞，因為填塞太鬆，達不到止血的目的。

【注意】 捏鼻止血時，安慰患兒不要哭鬧，張大嘴呼吸，頭部不要過分後仰，以免血液流入喉中。經過上述處理之後，一般鼻出血都可止住。如仍出血不止者，需及時送醫院，在醫院除繼續止血外，還應查明出血的原因。

第九節│小兒眼睛進了異物怎麼辦

一旦有異物進入孩子眼睛，應先將孩子的上下眼瞼輕輕翻開，並用嘴小心將異物吹出，或是用生理食鹽水將異物直接沖出來，也可以滴入眼藥水，促使異物隨藥水和眼淚一起流出來。一旦異物出來後，應堅持滴眼藥水或塗眼藥膏以防止繼發感染。

第 11 章
內科急救

第一節 │ 中風的急救

　　中風時患者的表現各不相同，輕者可見一側口角向下偏斜，並不斷流出口水；重則可突然倒地、大小便失禁，旋即進入昏迷狀態。因中風病人多有偏癱，為防從椅子或床上跌下，救助者若在跟前要立即上前將其扶住，對於清醒的患者要設法消除他的緊張情緒，以免血壓進一步升高，增加顱內出血。若病人此時坐著或躺著則無須改變其體位，原先坐著的病人，由於心臟到腦的水平高度差，還可相對保證血液沖入腦內的壓力不致太高。所以，任何不必要的體位改變或搬動，都會增加腦內的出血量，從而加重病情。只要病人坐得不勉強就無須使其躺下。

　　如中風後病人當即失去意識或倒地，此時的搶救仍應盡可能避免將其搬動，更不能抱住病人又搖又喊，試圖喚醒病人。此時的病人不僅無法喚醒，而且反覆地搖晃只會加重腦內的出血。正確的作法是：若病人坐在地上尚未倒伏，可搬來椅子將其支撐住，或直接上前將其扶住。若病人已完全倒地，可將其緩緩撥正到仰臥位，同時小心地將其頭偏向一側，以防嘔吐物誤入氣管而導致窒息。解開病人衣領，取出口內的假牙，

以使其呼吸通暢。若病人鼾聲明顯，提示其氣道被下墜的舌根堵住，此時應抬起病人下頜，使之成仰頭姿勢，同時，要用毛巾隨時擦去病人的嘔吐物。

對於昏迷的病人，若醫生一時尚不能到來，可立即從冰箱中取出冰塊裝在塑膠袋內，小心地放在病人頭上。低溫可起到保護大腦的作用。

中風病人無論是否清醒，在現場急救的同時，都應儘快請醫生和救護車前來救護。對於因高血壓病引起的中風，不能爲了急於送往醫院，而用拖拉機等顛簸劇烈的運輸工具。條件許可的話，在發病當地當場進行搶救效果最好。

第二節｜急性心肌梗塞

急性心肌梗塞多見於年紀較大之人，是一突發而危險之急病，但在發病前多會出現各種先兆症狀。

如自覺心前區悶脹不適、鈍痛，鈍痛有時向手臂或頸部放射，伴有噁心、嘔吐、氣促及出冷汗等，要立刻停止任何重體力活動，平息激動的情緒以減輕心肌耗氧量，同時口服硝酸甘油片或亞硝酸異戊酯等速效擴清血管的藥物，能使部分病人避免心肌梗塞的發生。

當急性心肌梗塞發生時，患者自覺胸骨下或心前區劇烈而持久的疼痛，同時伴有面色蒼白、心慌、氣促和出冷汗等症狀，有些患者無劇烈胸痛感覺，或由於心肌下壁缺血表現爲突發性上腹部劇烈疼痛，但其他症狀會表現更加嚴重，休息和服用速效擴血管藥物不能緩解疼痛。若身邊無救助者，患者本人應立即呼救，撥通119急救電話或附近醫院電話。在救援到來之前，可深呼吸然後用力咳嗽，其所產生胸壓和震動，與心肺復甦（ＣＰＲ）中的胸外心臟按摩效果相同，此時用力咳嗽可爲後續

治療贏得時間，是有效的自救方法。

據醫學統計治療表明，在心肌梗塞發生的最初幾小時是最危險的時期，大約有 2 / 3 的患者在未就醫之前死亡。而此時慌亂搬動病人、背負或攙扶病人勉強行走去醫院，都會加重心臟負擔使心肌梗塞的範圍擴大，甚至導致病人死亡。

因此，急救時患者保持鎮定的情緒十分重要，家人或救助者更不要驚慌，應就地搶救，讓病人慢慢躺下休息，盡量減少其不必要的體位變動，並立即呼叫救護車或醫生前來搶救。

第三節｜煤氣（瓦斯）中毒的家庭急救

在現代家庭發生的有害氣體中毒事件中，煤氣中毒是最常見的一種。家庭急救要做到緊張有序，按照以下四個步驟進行——

首先要打開門窗將病人從房中搬出，搬到空氣新鮮、流通而溫暖的地方，同時關閉瓦斯開關，將瓦斯爐抬到室外。

檢查病人的呼吸道是否暢通，發現鼻、口中有嘔吐物、分泌物應立即清除，使病人自主呼吸。對呼吸淺表者或呼吸停止者，要立即進行口對口呼吸，方法是：讓病人仰臥，解開衣領和緊身衣服，術者一手緊捏病人的鼻孔，另一手托起病人下頜使其頭部充分後仰，並用這隻手翻開病人嘴唇，術者吸足一口氣，對準病人嘴部大口吹氣，吹氣停止後，立即放鬆捏鼻的手，讓氣體從病人的肺部排出。如此反覆進行。頻率是成人每分鐘 14 ～ 16 次，兒童 18 ～ 24 次，幼兒 30 次。直到病人出現自主呼吸或明顯的死亡徵象為止。

給病人蓋上大衣或毛毯、棉被，防止受寒發生感冒、肺炎。可用手掌按摩病人軀體，或在腳和下肢放置熱水袋，可促進吸入毒物的消除。

對昏迷不醒者，可以手指尖用力掐人中（鼻唇溝上１／３與下２／３交界處）、十宣（兩手十指尖端，距指甲約０.１寸處）等穴位；對意識清楚的病人，可給飲服濃茶水或熱咖啡。一般輕症中毒病人，經過上述處理，都能逐漸使症狀消失。對於中毒程度重的病人，在經過上述處理後，應儘快送往醫院，並應注意在運送病人途中不可中斷搶救措施。

第四節｜急性中毒的快速處理方法

居家誤服有毒物質中毒時，如果病人清醒宜給予催吐。催吐之方法：可將手指放入患者之舌根部位，刺激咽喉使其嘔吐；或者讓患者服下吐根糖漿（syrup of ipecac），可達到催吐之目的。

但是如果是強酸、強鹼、石油類碳氫化合物、樟腦中毒，患者昏迷或抽筋；或是孕婦，則不可催吐。因為強酸及強鹼再催吐，會造成食道反覆灼傷；石油類碳氫化合物，服食後不會造成中毒，但是嘔吐後不幸吸入肺部，反而會造成吸入性或化學性肺炎；樟腦會很快讓患者昏迷或抽筋，嘔吐時極容易讓嘔吐物嗆入氣管裏面，造成呼吸困難；孕婦如果催吐，可能會因為腹部壓力上升，而有流產之危險。所以上述幾種狀況均不宜催吐。

如果患者昏迷則須側躺送醫，以免自然嘔吐時，將嘔吐物吸入氣管裏面。

服食有毒物質中毒時，也不可作口對口人工呼吸，以免將毒物吸食進入施救者體內造成中毒。

吸入毒物中毒時，宜將病人移行至空氣新鮮處，或將門窗打開，然後將病人送醫，但是如果空氣中有極毒性之化學物質，如地窖或溫泉槽中所形成之硫化氫，則必須戴有含濾罐或氧氣之面罩，方可救人，否則

往往施救者亦會中毒昏迷，甚至造成死亡。

此外，還必須注意紗布口罩對氣體或化學氣味，幾乎沒有防護功能，因此不可只戴紗布口罩即進入現場救人。

如果皮膚接觸有毒物質，應先除去污染衣物，用清水或肥皂反覆沖洗 20 ～ 30 分鐘，並注意清除毛髮及指甲之殘留物，然後將病人送醫。

如果眼睛污染，宜用溫水由眼內往眼外沖洗 15 ～ 20 分鐘，因為眼內角有一小管通往鼻腔，如果由眼外往眼內沖，會把有毒物質沖往鼻腔，繼而進入腸胃道內，造成另一途徑之中毒，不可不慎。

一旦眼睛沖洗過後還有刺激、痛、腫、流淚及畏光等症狀時，必須再請眼科醫師繼續治療。送醫時，請將毒物帶往醫院，醫師將更容易快速處理。

誤飲洗滌劑後的救護措施。由於誤飲的洗滌劑不同，救護的方法也有所不同。洗衣粉的用途最廣，也極易被誤食。洗衣粉的主要成分是月桂醇硫酸鹽、多聚磷酸鈉及螢光劑，人服後可出現胸痛、噁心、嘔吐、腹瀉、吐血和便血，並有口腔和咽喉疼痛。誤飲洗衣粉後應儘快予以催吐，催吐後可飲牛奶、雞蛋白、豆漿、稠米湯，並立即送醫急救。

洗滌餐具、蔬菜和水果的洗滌劑也較易誤飲，其成分主要是碳酸鈉、多聚磷酸鈉、矽酸鈉和一些表面活性劑，鹼性強於洗衣粉。因其鹼性強，誤食對食道和胃破壞性較大，後果更為嚴重。誤飲後應立即內服約 200 毫升牛奶或優酪乳、水果汁等，同時可給予少量的食油，以緩解對黏膜的刺激，並送醫院急救。一般說來，嚴禁催吐和洗胃。

至於供洗滌衛生間用的潔廁劑類極少發生誤服，如故意服食毒性更大，後果更嚴重。這些洗滌劑中，液體的多用鹽酸、硫酸配製；粉末的主要成分是氨基磺酸，易溶於水，也是強酸性的。誤服這些強酸性的洗滌劑極易造成食道和胃的化學性燒傷，治療較困難。當出現口腔、咽部、胸骨後和腹部發生劇烈的灼熱性疼痛，嘔吐物中有大量褐色物，以及黏膜碎片等症狀和體徵時，應警惕強酸性洗滌劑中毒，可馬上口服牛奶、

豆漿、蛋清和花生油等，並儘快送醫院急救處理，切忌催吐、洗胃，以及灌腸。

第五節｜誤服藥物的急救處理

成人由於忙亂、粗心等原因導致吃錯藥、過量服藥甚至誤服毒物時，不要過分緊張，無論是病人本身還是救助者，首先要弄清楚吃的是什麼藥或毒物，如果搞不清楚，就要將裝藥品或毒物的瓶子及病人嘔吐物，一同帶往醫院檢查。然後根據誤服藥物或毒物的不同，而採用相應的措施，積極進行自救與互救。

如果是過量服用了維生素、健胃藥、消炎藥等，通常問題不大，只要大量飲水使之大部分從尿中排出，或將其嘔吐出來即可。

若是大量服用了安眠藥、有機磷農藥、石油製品及強酸強鹼性化學液體等毒性或腐蝕性較強的藥物時，如果醫院在附近，原則上應立即去醫院搶救。若醫院離家較遠，在呼叫救護車的同時進行現場急救。

現場急救的主要內容是立即催吐及解毒。催吐的目的是儘量排出胃內的毒物，儘量減少吸收的毒物。

對於誤服安眠藥、有機磷農藥的病人，可讓其大量飲用溫水，然後用手指深入口內刺激咽部催吐。如此反覆至少十次，直至吐出物澄清、無味為止。催吐必須及早進行，若服毒時間超過3～4個小時，毒物已進入腸道被吸收，催吐也就失去了意義。同時還要注意：已昏迷的病人和誤服汽油、煤油等石油產品的病人，不能進行催吐，以防窒息發生。病人喪失意識或者出現抽搐時，也不宜催吐。

對於誤服強酸強鹼性化學液體的患者，不可給予清水及催吐急救，而是應該立即給予牛奶、豆漿、雞蛋清服下，以減輕酸鹼性液體對胃腸

道的腐蝕。若是有機磷農藥中毒的病人，呼出的氣體中有一種大蒜味，可讓其喝下肥皂水反覆催吐解毒。同時立即送醫急救。

　　胃部內容物少者，不容易嘔吐，要讓其喝水。一般體重 1 公斤給喝 10～15 毫升。成年者喝水後可用手指刺激舌根部引發嘔吐。對於小孩，可以將孩子腹部頂在救護者的膝蓋上，讓頭部放低。這時再將手指伸入孩子喉嚨口，輕壓舌根部，反覆進行，直至嘔吐為止。如果讓孩子躺著嘔吐的話，要側躺，要防止嘔吐物再堵塞喉嚨，吐後殘留在口中的嘔吐物要及時清除掉。

　　催吐不能套用土辦法，即不能讓其喝帶辛辣的湯水。

　　誤服藥物後，原則上都應該幫助病人嘔吐出來解毒。但以下情況以不讓催吐為好——

　　(1) 病人失去意識時，因這時催吐容易引起嘔吐物堵塞氣道而導致窒息。

　　(2) 病人有抽搐時。

　　(3) 誤服以下東西者原則上以不讓嘔吐、緊急送醫為好，比如：蠟、香蕉水、漂白劑、洗滌劑、石油、蓄電池液、鹼、鞋油、去鏽液、汽油、生石灰、亞鉛化合物等。

　　(4) 誤服了什麼物品不清楚時，不要勉強地讓其嘔吐，也應立即送醫急救。

第六節｜癲癇的急救

　　癲癇的大發作俗稱「羊癲瘋」，是神經系統常見病之一。

　　一般來說，癲癇病人在發作前有先驅自覺症狀，例如感覺異常、胸悶、上腹部不適、恐懼、流涎、聽不清楚聲音、視物模糊等。因此，患

者本人在預感到癲癇發作前應儘快離開如公路上、水塘邊、爐火前等危險境地，及時尋找安全地方坐下或躺下。患者的家屬也應學會觀察病人發作前的表現，以便儘早做出預防措施，防止其他意外傷害的發生。在病人未發作起來時，立即用針刺或手指掐人中、合谷等穴位，有時亦可阻止癲癇發作。

癲癇小發作時，患者表現為短暫的意識喪失，通常只有幾秒鐘，沒有抽搐痙攣，臉色發白或發紅，小孩表現為原地打轉等，一般容易被人忽視。局限性癲癇通常表現為局限性的手、腳、面部等處的痙攣抽搐。發現有上述表現的一定要送醫院接受檢查治療，按醫囑堅持服藥。

癲癇大發作時，病人表現為腿部痙攣抽搐，頭部後仰，大叫一聲摔倒在地，全身肌肉呈強直性收縮、痙攣，嘴巴緊閉，兩眼上翻，僵直期一般持續數秒至半分鐘，轉為陣攣期，此期全身肌肉呈有節律的強烈收縮，呼吸恢復，隨呼吸口中噴出白沫或血沫，尿失禁，一次發作持續 2～3 分鐘，多的可達 7～8 分鐘。

當病人發生全身抽搐前將要倒地時，患者家屬或救助者若在附近，要立即上前扶住病人，儘量讓其慢慢倒下，以免跌傷。同時，趁病人嘴巴未緊閉之前，迅速將手絹、紗布等捲成卷，墊在病人的上下齒之間，預防牙關緊閉時咬傷舌部。

對於已經倒地並且面部著地的，應使之翻過身，以免呼吸道阻塞。此時若病人已牙關緊閉，不要強行撬開，否則會造成病人牙齒鬆動脫落。然後救助者可解開病人的衣領和褲帶，使其呼吸通暢。為防止病人吐出的唾液或嘔吐物吸入氣管而引起窒息，救助者或家人應始終守護在病人身旁，隨時擦去病人的吐出物。

病人抽搐時，不可強行按壓其肢體，以免造成韌帶撕裂、關節脫臼甚至骨折等損傷。也不要強行給其灌藥。癲癇發作中，為免使病人再受刺激，不要採用針刺、指掐人中穴的搶救方法。更不要用涼水沖澆病人。

少數患者的大發作，可接連發生，在間歇期間仍是神態昏迷，表現

爲癲癇的持續狀態。這是該病的一種危重情況，如不及時搶救，可出現腦水腫、腦疝、呼吸循環衰竭甚至死亡的嚴重後果。一旦發生癲癇的持續狀態，可先給一次較大劑量的藥物，然後儘快將病人送往醫院急救。

當病人全身肌肉抽搐痙攣停止，進入昏睡期後，應迅速將病人的頭轉向一側，同時抽去其上下牙之間的墊塞物，讓病人口中的唾液和嘔吐物流出，避免窒息。

此時病人的全身肌肉已放鬆，可將其原來的強迫姿勢改爲側臥，這樣可使病人全身肌肉放鬆，口水容易流出防止窒息，同時舌根也不易後墜而阻塞氣道。並注意病人保暖及周圍環境的安靜。

病人睡醒後，常感頭痛及周身酸軟，對發作過程，除先前徵兆外大都並無記憶。救助者及家屬均不要向其描述倒地抽搐時的「可怕」場景，以免增加其精神負擔。給病人的飲食應注意清淡，避免油膩、辛辣等刺激性食物。

第七節│中暑的急救

當人們在夏季長時間受到強烈陽光的照射，或停留在悶熱潮濕的環境之中，以及在炎熱的天氣裏長途行走過度疲勞等情況下，均容易發生中暑。

在上述條件下，一旦出現大量出汗、口渴、頭暈、胸悶、噁心、全身無力、注意力不集中等表現時，應想到這是中暑的先兆。

此時，要儘快離開高溫潮濕的環境，轉移到陰涼通風處坐下休息，喝些糖鹽水或其他飲料，在兩側太陽穴擦些清涼油，經過一段時間休息後大多可恢復。

當救助者發現有人中暑倒下時，要根據病人不同的症狀，給予不同

的治療。如果是因為在強烈的陽光下，或悶熱的環境中停留時間過長，表現為面色潮紅、皮膚發熱的病人，要根據現有條件給予降溫處理。迅速將病人抬到陰涼通風的環境下躺下，頭稍墊高，脫去病人的衣褲，用紙扇或電扇扇風。同時用冷水擦身或噴淋，以加快病人體內熱量的散發。有條件的可用酒精擦身加散熱。也可將冰塊裝在塑膠袋內，放在病人的額頭、頸部、腋下和大腿根部。若無電扇、冰塊等降溫條件，也可將病人直接浸泡在河水或海水之中降溫，救助者始終保持病人頭部露出水面，以防病人溺水。

上述降溫處理時間不宜過長，只要病人體溫下降並清醒過來即可。為避免皮膚很快冷卻引起皮下血管收縮，妨礙體內熱量散發，救助者還應不時按摩病人的四肢及軀幹，直至皮膚發紅，以促使循環血液將體內熱量帶到體表散出。

神志清醒者，可餵以清涼飲料、糖鹽水及人丹（rendan mini-pills，夏季防暑的常用藥）、十滴水（shi dishui tincturt，主要成分為樟腦、乾薑、大黃等）或霍香正氣水（常用治療中暑的中成藥）等清熱解暑藥。若病人昏迷不醒，則可針刺或用手指甲掐病人的人中穴（位於鼻唇之間中上 1／3 交界處）、內關穴（位於手腕內側上方約 5 釐米處），以及合谷穴（即虎口）等，促使病人蘇醒。

出現嘔吐時，應將其頭部偏向一側，以免嘔吐物嗆入氣管引起窒息。對於高燒不退或出現痙攣等表現的病人，在積極進行上述處理的同時，應將其儘快送往醫院搶救。

如果是在潮濕悶熱的環境中大量活動，過度疲勞，表現為面色蒼白、皮膚濕冷、心慌、呼吸困難的病人，應儘快將病人抬到涼爽通風的地方躺下，鬆解其衣領、腰帶，保持呼吸通暢。用冷手巾濕敷前額及頸部即可，不要給予其他任何降溫處理，以免使症狀惡化。對於昏迷不醒的病人，則可針刺或用手指甲掐病人的人中穴、內關穴及合谷穴等，促使病人蘇醒。然後給予足量的清涼飲料、糖鹽水，以補充出汗造成的體

液損失。

　經解救清醒後的病人，必須在涼爽通風處充分安靜休息，並飲用大量糖鹽水以補充體液損失。因為此時體內的抗中暑機能處於疲勞狀態，若再重回炎熱的環境或參加體力活動，則後果將比上次中暑更加嚴重。

〈全書終〉

國家圖書館出版品預行編目資料

求醫也要求己，陽春　著，初版，新北市，
新視野 New Vision，2022.10
　　面；　公分 --
　　ISBN 978-626-95822-8-0（平裝）
1. CST：心理衛生 2. CST：生活指導

172.9　　　　　　　　　　　　111013139

求醫也要求己
陽春　著

主　　編　林郁
出　　版　新視野 New Vision
製　　作　新潮社文化事業有限公司
　　　　　電話 02-8666-5711
　　　　　傳真 02-8666-5833
　　　　　E-mail：service@xcsbook.com.tw

印前作業　東豪印刷事業有限公司
印刷作業　福霖印刷有限公司

總 經 銷　聯合發行股份有限公司
　　　　　新北市新店區寶橋路 235 巷 6 弄 6 號 2F
　　　　　電話 02-2917-8022
　　　　　傳真 02-2915-6275

初版一刷　2022 年 10 月